일본문화의 이해와 일본어교육

▌천호재

- 현재 계명대학교 인문대학 일본어문학과 부교수로 2000년도부터 재직중
- 일본 東北大學大學院 문학연구과에서 문학박사학위(Ph.D)를 취득.
- 한국일어일문학회 일본어교육분과 이사와 편집위원, 대한일어일문학회 편집위원

일본문화의 이해와 일본어교육

저 자 천호재

초판 1쇄 인쇄 2014년 8월 18일
초판 1쇄 발행 2014년 8월 25일

펴낸곳 도서출판 역락
등 록 1999년 4월 19일 제303-2002-000014호
펴낸이 이대현
편 집 박선주
디자인 이홍주

주소 서울시 서초구 동광로 46길 6-6(문창빌딩 2F)
전화 02-3409-2058(영업부), 2060(편집부)
팩시밀리 02-3409-2059
e-mail youkrack@hanmail.net

정가 20,000원
ISBN 979-11-5686-065-5 03730
잘못된 책은 구입처에서 바꿔 드립니다.

이 도서의 국립중앙도서관 출판시도서목록(CIP)은 서지정보유통지원시스템 홈페이지(http://seoji.nl.go.kr)와 국가자료공
동목록시스템(http://www.nl.go.kr/kolisnet)에서 이용하실 수 있습니다.(CIP제어번호 : CIP2014021494)

일본문화의
이해와
일본어교육

천호재

　본 저자는 일본어문법을 전공하는 사람으로, 다년간 대학생들을 가르치면서 느낀 것은 목표언어(일본어)의 문법 습득이 언어학습의 최종 목적이 될 수 없다는 것이었다. 대부분의 일본어 학습자들은 문법 그 자체보다 일본인과 의사소통을 하는 데에 우선순위를 둔다. 다소 거칠게 들릴지도 모르나 대부분의 일본어 학습자들은 문법을 의사소통을 위한 방편으로 여기는 경향이 강하다. 나아가 일본어 학습자들은 일본인들의 행동양식이나 사고양식의 이해에 강한 욕구를 드러낸다. 반면에 문법 습득 그 자체를 위해 일본어를 학습하려는 학습자는 거의 찾아보기 어렵다. 바로 이러한 점에서 본 저자는 일본어 습득의 최고 정점에 일본문화가 자리 잡고 있다는 결론에 이르게 되었다. 더 구체적으로 말하면 학습자들이 일본어의 음성학, 음운론, 형태론, 통사론, 의미론, 화용론 등과 같은 언어학적 지식을 습득해 나가지만, 이들 모든 지식은 일본문화에 도달하기 위한 사다리로 여기는 학습자들의 태도를 참으로 많이 지켜보아 왔다.

　그러나 그렇다고 해서 문법을 포함한 이들 언어학적 지식들을 폄하하는 것은 절대 아니다. 오히려 본 저자는 이들 언어학적 지식들을 문화에 다다르기 위한 거룩한 과정으로 본다. 왜냐하면 이들 언어학적 지식들은 선학들의 각고의 노력으로 이루어진 지적 소산물이기 때문이다.

다만 본 저자는 일본어 학습자들의 성향을 통해서 일본어교육(일본어학)의 정점에 문화가 자리잡고 있다는 것, 문화 콘텐츠를 매개로 한 일본어교육(의사소통 교육)도 이들 언어학적 지식들만큼이나 중요하다는 것을 강조하고 싶다.

본서의 목적은 두 가지인데, 하나는 '일본의 거리풍경', '스시', '라면', '우동', '소바', '영화', '드라마', '연예인', '애니메이션', '만화', '캐릭터', '코스프레' 등의 일본문화 콘텐츠를 통해서 일본어교육의 가능성을 모색하는 데에 있다. 더 엄밀히 말하자면 이들 문화 콘텐츠에 대한 깊이 있는 이해를 도모하고자 일본어교육을 어떻게 활용할 수 있는지를 살펴본다는 것이 더 적절한 표현일 것이다.

다른 하나는 언어문화인 '오야지 개그'와 '외래어'의 일본어학적 고찰이다. 전자의 목적을 수행하는 데에 있어서는 일본어교육학적 지식을 도입하였고, 후자의 목적을 수행하는 데에는 일본어학적 지식을 도입하였다.

이와 같이 본서는 일본문화와 일본어교육(일본어학)과의 상관관계를 고찰하고 있지만, 본 저자는 본서에서 다루고 있는 내용들이 궁극적으로 일본사정의 이해로 귀결될 수 있다는 점을 강조하고자 한다. 본 저자는 이를 위해 각장에서 각 문화 콘텐츠에 관련되는 용어들을 독자들이 손쉽게 이해할 수 있도록 예비지식의 형태로 간결하게 설명하였다. 해당 문화 콘텐츠에 관련된 사진을 직접 제시하는 것을 가급적 자제하고 상세하게 설명하지 않은 이유는 독자들이 커피숍에 앉아서 모바일을 통해 자기주도적으로 해당 문화 콘텐츠를 이해하면서 시간을 보냈으면 하는 바람이 있었기 때문이다.

또한 본서는 일본어 학습자들이 일본문화를 두고 일본인들과 어느 정도 교감을 나눌 수 있는지 그 가능성을 모색했다는 점에 그 특징이 있다. 즉 일본문화에 대한 학습자들의 인지도가 높고 낮음에 따라 일본인들과의 의사소통 가능성을 살펴보고자 한 것이다. 학습자들의 일본문화에 대한 관심이 크다고는 하지만, 구체적으로 어느 정도로 관심을 두고 있느냐에 대해서는 기존의 연구에서는 거의 논의된 적이 없었다. 본서에서는 학습자들의 일본문화에 대한 관심을 구체적으로 살펴보기 위해 일본문화에 대한 인지도뿐만 아니라 필요에 따라서 경험도나 선호도까지도 조사하였다. 콘텐츠의 성격상 인지도, 경험도, 선호도 모두를 측정할 수 있는 경우도, 반대로 없는 경우도 있었다. 그러나 기본적으로 모든 문화 콘텐츠(생활문화, 음식문화, 대중문화)에 대한 인지도는 반드시 들어가 있다. 본서에서 제시한 '일본의 거리풍경', '스시', '라멘', '우동', '소바', '영화', '드라마', '연예인', '애니메이션', '만화', '캐릭터', '코스프레'라는 문화 콘텐츠 그 자체는 세월이 흘러도 크게 변하지 않을 것이리라 생각한다.

이에 반해 '거리풍경'이나, '영화', '드라마', '연예인', '애니메이션', '만화', '캐릭터', '코스프레'에 들어가는 구체적 요소들은 사람에 따라, 시대에 따라 유동적일 것이라는 점에서 이들 구체적 요소에 대한 인지도 파악에는 당연히 한계가 있다고 할 수 있다. 그러나 본서가 특정 시대를 살아가는 일본어 학습자들의 다양하고 생산적인 문화적 교감 가능성을 알아보기 위한 지견을 독자들에게 제공할 것이라는 점에서 본서가 매우 유용할 것이라고 본 저자는 확신하고 있다.

이미 언급한 바와 같이 본서에서는 오야지 개그와 외래어라는 언어문화를 다루고 있다. 이들 부분에 대해서는 일본어학적 잣대를 들이대어 보았다. 오야지 개그와 외래어는 일본인과의 의사소통에 커다란 기여를 한다고 볼 수 있는데, 본 저자는 이들 오야지 개그와 외래어라는 언어문화를 언어학적으로(일본어학적으로) 해명하기 위해 음운론적, 형태론적, 통사론적, 의미론적인 방법을 사용하였다(외래어는 음운론적, 형태론적 연구 방법을 사용하였다.). 그리고 외래어라는 언어문화를 들여다보는 것에 의해 일본인들의 외래어에 대한 문제의식과 외래어가 실제로 일본인들의 의사소통(일본인과 외국인의 의사소통)에 어떻게 작용할 수 있는지에 대해서 알아보고자 하였다.

본서는 총4부로 구성되어 있다. 제1부의 주제는 일본 생활문화의 이해와 일본어교육의 가능성이다. 제2장에서는 일본 거리풍경의 이해와 일본어교육이라는 제목으로 본 저자가 직접 촬영한 사진을 제시하면서 일본 거리풍경의 특징적인 면을 부각시켰고 그것을 활용한 일본어교육의 가능성을 모색하였다.

제2부의 주제는 일본 음식문화의 이해와 일본어교육이다. 제3장에서는 일본 스시의 이해와 일본어교육의 가능성을 고찰하였으며, 제4장에서는 일본 라멘에 대한 일본어 학습자들의 인지도를 측정하고 라멘을 활용한 일본어교육의 가능성을 모색하였다. 제5장에서는 일본 우동, 제6장에서는 일본 소바에 대한 일본어 학습자의 인지도를 조사하였으며 이들 콘텐츠를 활용한 일본어교육의 가능성을 모색하였다.

제3부의 주제는 일본 대중문화의 이해와 일본어교육이다. 제7장에서는 일본 영화, 제8장에서는 일본 드라마, 제9장에서는 일본 연예인, 제10장에서는 일본 애니메이션, 제11장에서는 일본 만화, 제12장에서는 일본 캐릭터, 제13장에서는 일본 코스프레에 대한 일본어 학습자들의 인지도를 조사하였으며 이들 콘텐츠를 활용한 일본어교육의 가능성을 모색하였다.

마지막으로 제4부의 주제는 언어문화의 일본어학적인 이해이다. 제14장에서는 오야지 개그의 음성학적 특징, 형태론적 특징, 통사론적 특징, 의미론적 특징에 대해서 고찰하였으며, 제15장에서는 외래어에 나타나는 다양한 현상이 궁극적으로 언어문화론적 관점과 언어생활론적 관점에 어떻게 영향을 미치는지, 나아가 외국인과 일본인과의 의사소통 가능성은 어떠한지를 모색하였다.

끝으로 이 저서를 이 세상에 나오게 해 주신 역락의 이대현 사장님, 박태훈 본부장님, 편집에 많은 고생을 아끼지 않으신 박선주 님, 표지 제작에 애써 주신 이홍주 국장님, 설문 조사에 성실히 임해 준 K대학교 일본어문학과 학생들에게 깊이 감사드린다.

천 호 재

차례CONTENTS

일본 생활문화의 이해와
일본어교육

● ● ●
일본 대중문화의 이해와
일본어교육

● ● ● ●
언어문화의
일본어학적 이해

이론적 배경

1_ 최근 일본문화 교육의 흐름

일본문화에 관련한 선행 연구의 경향을 종합하면 대략 일곱 가지로 나눌수 있다(cf. 천호재(2011bc), 천호재·윤명옥(2011), 천호재·윤주희(2011), 천호재·이은선(2010), 최광준(2013)).

❶ 일본문화의 소개
❷ 일본문화 교육의 필요성
❸ 일본문화와 일본어 학습동기
❹ 일본문화와 일본어 교과서
❺ 일본문화와 인터넷
❻ 일본문화에 대한 학습자의 관심
❼ 일본문화를 활용한 교실활동

첫째, 일본문화의 소개에 관련된 연구이다. 일본이 오랜 역사 속에서 어떠한 흐름으로 오늘날의 문화(역사, 일본인의 생활상)로 변모해왔는지, 다양한 문화 콘텐츠를 사진과 함께 소개하고 있다.

둘째, 일본문화 교육의 필요성을 강조한 연구이다. 예를 들면 일본어 학습자들(고등학생)의 일본문화(대중문화)에 대한 관심이 높으므로 수업 시간에 일본문화를 적극적으로 가르쳐야 한다는 것이 주요 골자이다. 그러나 일본문화에 대한 일본어 교사들의 지식이 전반적으로 무지하며, 일본문화를 어떻게 가르쳐야 할지에 대한 기본 지식조차 없는 경우가 많으므로 우선 일본어 교사들이 일본문화 지식 습득에 주력해야 한다는 지적이 많이 보인다.

셋째, 일본문화와 일본어 학습동기와의 상관관계의 연구이다. 예를 들면 일본어 학습자들이 일본문화, 그 중에서도 대중문화(게임, 애니메이션, 음악, 영화, 드라마)에 대한 관심이 매우 높으므로 이 관심을 일본어 학습동기를 드높이기 위한 도구로 삼자는 주장이다. 즉 일본문화를 교실활동에 도입함으로써 일본어 학습자들의 학습의욕을 고취하고 나아가 수업에 소극적인 일본어 학습자들의 태도를 개선해보자는 것이다.

넷째, 일본문화와 일본어 교과서의 상관관계에 대한 연구이다. 일본문화에 대한 학습자들의 관심은 매우 높은 반면에 일본어 교과서에는 학습자들의 일본문화에 대한 관심을 충족할만한 다양한 문화가 편성되어 있지 못하다는 것이다. 따라서 금후의 교과서 집필에 있어 학습자들의 만족을 채워줄 수 있는 다양한 문화의 편성을 고려해보자는 것이다.

다섯째, 일본문화와 인터넷에 관련된 연구이다. 고등학생의 인터넷 활용능력이 상당한 수준이기 때문에 전통적인 수업 방식을 벗어나 인터넷을 활용한 일본문화 교육을 시행해보자는 것이다.

여섯째, 일본문화(대중문화)에 대한 학습자들의 관심을 조사한 연구이다. 일본의 대중문화를 '영화', '드라마', '애니메이션', '만화', '음악', '게임', '코스프레', '연예인' 등으로 카테고리를 정하고, 다시 영화는 '멜로(로맨스)', 'SF', '공포', '액션', '판타지', '애니메이션'으로, '드라마'는 '사극', '가족극', '멜로', '학원', '형사물', '의학물'로, 그리고 '애니메이션'은 다시 '멜로', '코믹', 'SF', '공포', '액션', '판타지'로 나눈다. 또한 '만화'는 '코믹', '액션', 'SF', '학원', '판타지', '순정(로맨스)', '스포츠', '무협'으로, '음악'은 '발라드', '댄스', 'J-POP', '랩', '록', 'R&B', '엔카'로, '게임'은 '록맨', '몬스터 헌터', '드래곤볼', '슈퍼로봇대전', '삼국지', '슈퍼마리오', '메탈기어', '위닝 일레븐'으로, '스포츠'는 '야구', 'J-리그', '피겨', '스모'로, '코스프레'는 '애니메이션', '게임', '창작', '팬코스'로 나누어 이들 각 장르에 대한 일본어 학습자들의 관심도를 조사하였다.

마지막으로 일본문화를 활용한 교실활동이다. 예를 들어 전통의상인 '유카타(浴衣)', '하이쿠(俳句)', '화도(華道)', '서도(書道)', '요리'를 활용한 교실활동 방안을 제시한 연구이다.

한국에 소개된 일본문화 관련 연구서(교양서)의 내용을 정리하면 이상의 일곱 가지로 정리가 가능한데, 본서의 내용은 이들 일곱 가지의 연구 흐름과 모두 관련을 지닌다. 우선 본서에서는 거리문화, 음식문화, 대중문화, 언어문화에 관련된 다양한 장르를 각장에서 설명하고 있기 때문에 본서는 일본문화를 소개하는 데에 나름대로 기능을 하고 있다고 생각한다.

그러나 본서는 단순히 일본문화를 소개하는 데에 머무르고 있지 않다. 본서 전반을 통해 일본문화 교육의 필요성을 알리는 메시지를 독자들에게 끊임없이 전달하고 있기 때문이다. 본서에서는 각 문화 콘텐츠에 대한 일본어 학습자들의 인지도를 조사하였는데, 이는 결과적으로 일본문화 교육의 필요성을 더더욱 부각시킨다. 일본문화에 대한 일본어 학습자들의 인지도를 통해 일본어 학습자들과 일본인들과의 의사소통 가능성을 가늠하게 되는데, 그 정도가 전반적으로 낮은 편이어서 자연스럽게 일본문화 교육의 필요성을 절감하게 될 것이다.

셋째, 본서는 일본문화와 일본어 학습동기와의 상관관계를 매우 명확하게 제시하고 있다는 점에서 기존의 연구와는 차이를 보인다. 기존의 연구에서는 일본문화가 일본어 학습동기를 촉진시키는 매개체가 된다는 점을 지적하고 있지만, 일본문화를 교실활동에 도입하였다고 해서 무조건 학습동기가 제고되는 것은 아니다. 그리고 대중문화, 예를 들어 일본 영화를 교실활동에 도입한다고 해서 일본어 학습동기가 저절로 생기지 않는다. 일본어 학습자들이 흥미를 가지는 것을 교실활동에 도입하는 것이 필요한데, 본서에서는 학습자들의 흥미를 파악하기 위해 다양한 콘텐츠에 대한 인지도, 경험도, 선호도를 조사하였다는 점에서 의의가 있다고 생각한다.

넷째, 기존의 일본어 교과서에 도입된 일본문화가 전통문화 일변도라는 점에서 교과서 집필자들이 본서를 통해서 금후 어떤 문화적 콘텐츠를 교과서에 편성해야 하는지에 대한 다양한 지견을 얻게 될 것이라는 점에서 의의가 있다고 생각한다.

다섯째, 본서에서는 일본문화 콘텐츠에 관련된 다양한 키워드를 제시하고 있으므로 이를 본 학습자들이 자기주도적으로 인터넷을 통하여 특정 문화 콘텐츠에 관련된 내용이나 사진, 동영상을 검색할 수 있다는 점에서 의의가 있다고 생각한다.

여섯째, 본서에서는 음식문화, 대중문화에 대한 학습자들의 인지도(경험도, 선호도)를 조사하여 그 결과를 제시하였기 때문에, 학습자들의 일본문화에 대한 인지 정도, 실제 경험 유무, 선호도가 어느 정도인지, 나아가 무엇을 먼저 가르치고, 무엇을 나중에 가르쳐야 하는지, 혹은 안 가르쳐도 되는지 명확한 판단이 가능하다는 점, 일본인과 한국인 일본어 학습자들이 어느 정도의 문화적 교감을 나눌 수 있는지, 즉 특정한 문화 콘텐츠에 대해 어느 정도로 의사소통의 가능성이 있는지 수치를 통해서 대략 유추가 가능하다는 점에서 의의가 있다고 생각한다.

　마지막으로 본서는 거리문화, 음식문화, 대중문화 등과 같은 현대의 일본문화를 활용한 일본어교육의 가능성을 검토하였다는 점에서 일본어교육과 일본문화 교육에 공헌할 수 있다고 생각한다. 또한 오야지 개그와 외래어라는 언어문화를 해명하기 위해 언어학적 지식(일본어학적 지식)을 도입하였기 때문에, 언어학적 지식을 통한 언어문화 고찰이 가능해졌다는 점에서도 의의가 있다고 생각한다.

2_ 의사소통을 중시하는 최근의 일본어교육−언어4기능 교육

　본서에서는 거리문화, 음식문화, 대중문화 등과 같은 현대의 일본문화를 활용한 일본어교육의 가능성을 검토하였다. 이 표현은 얼핏 일본어교육 그 자체를 위해 단순히 일본문화를 활용하고 있는 것처럼 생각될지도 모르지만, 근본적으로 일본문화를 이해하기 위해 일본어교육을 활용한다고 생각하는 것이 더 타당하다. 책머리 부분에서 언급한 바와 같이 외국어 학습의 목표는 문법이나 언어4기능 그 자체를 연마하는 데에 있는 것이 아니라 문화를 이해하는 데에 주안점이 두어지기 때문이다. 즉 문법이나 언어4기능은 문화의 이해에 다다르기 위한 도구로 보는 것인데, 이하에서는 최근 의사소통의 능력 향상과 연관된 언어4기능 즉 듣기, 말하기, 읽기, 쓰기 방안 방안에 대해서 소개하고자 한다.

　제1~3부에서 각 문화 콘텐츠를 활용한 일본어교육의 가능성은 이하에서 제시하는 언어4기능 방안 가운데 하나를 응용한 것이다. 독자들의 각자 취향에 따라 본 저자가 제시한 방안과는 다른 보다 더 흥미로운 방안을 생각해 볼 수도 있을 것이다. 이하에서 제시하는 내용은 가와구치 외(川口 外 2003ab), 김효경 외(金孝卿 外 2010), 니홍고교이쿠각카이(日本語教育学会 1995abcd), 아베 외(阿部 外 2008), 요코야마(横山 2008), 임현하(2003), 천호재(2009, 2012abcde)에서 인용한 것이다.

1) 듣기

❶ 목적을 가지고 필요한 정보, 예를 들어 주식시세나 일기예보 등을 선별하면서 듣기
❷ 자기소개를 하고 질문에 대답하기
❸ 청자 자신이 이해하지 못한 것을 다시 상대방에게 질문하기
❹ 어디를 안내하는지, 무슨 이야기인지, 누구와 누구의 이야기인지, 청자와 화자가 어떠한 관계인지, 무슨 용건으로 걸려온 전화인지 이해하기
❺ 어떤 내용을 듣고 대의를 파악하기
❻ 이야기가 어떻게 전개될지 예측하기
❼ 그림이나 사진 혹은 문자를 보면서 관련된 것을 듣고 이해하기
❽ 어떤 내용을 듣고 관련되는 것을 고르기
❾ 텍스트 내용에 대한 질문에 대답하기

2) 말하기

❶ 사진이나 그림에 관련된 질문을 하면 학습자들이 그 질문에 대답하기
❷ 퀴즈나 수수께끼를 일본어로 설명하고 일본어(한국어)로 알아맞히기
❸ 일본어로 인터뷰하고 그 결과를 일본어로 토론 또는 발표하기

❹ A논리와 B논리를 가진 각각의 팀이 서로의 논리에 대한 타당성을 일본어로 스피치하기

❺ 아르바이트 정보에 대해서 일본어로 묻고 일본어로 대답하기

❻ 자료의 내용을 일본어로 보고하기 또는 발표하기

❼ 입사 지원동기에 대해서 일본어로 말하기

❽ 잡담하기

❾ 롤 플레이하기

3) 읽기

❶ 읽기와 모어 번역을 동시에 하기

❷ 제시된 단어를 텍스트 본문에서 찾아서 그것을 볼펜으로 표시하기

❸ 특정 단락과 연결되는 다른 단락 찾기

❹ 여러 단락의 전개 순서를 번호를 붙여가며 표시하기

❺ 제시된 문장 중에서 본문 내용과 합치하는 것은 'O', 합치하지 않는 것은 '×'로 표시하기

❻ 반대말 찾기 게임

❼ 시 낭독하기

❽ 특정 사진에 관련된 문장을 찾아서 읽기

❾ 글쓴이의 의도 파악하기

4) 쓰기

❶ 사진이나 그림을 보여주고 특정한 정보를 문장으로 작성하기

❷ 스터디 그룹 일정에 대해서 작성하기

❸ 전언 메모 작성하기

❹ 선생님에게 책 대출을 의뢰하는 메일 작성하기

❺ 상점이나 레스토랑을 대상으로 한 의견이나 요망 사항 작성하기

❻ 감사 편지 쓰기

❼ 상담 내용 작성하기

❽ 가게나 이벤트 광고문 작성하기

❾ 메일 작성하기

❿ 뉴스 레터 만들기

⓫ 일기 작성하기

⓬ 노트 작성하기

⓭ 리포트나 논문 작성하기

⓮ 자기소개서 작성하기

5) 복합지도

이것은 언어4기능 향상이 동시에 이루어지도록 하는 것이다. 예를 들어 아래의 논쟁하기, 시뮬레이션, 프로젝트 워크가 교실활동으로 이루어지면 각 그룹 구성원들의 듣기 훈련과 말하기 훈련이 이루질 것이다. 합의된 사항을 서로 기록하면 쓰기 훈련이 이루어질 것이고, 합의된 사항을 다른 조원들 앞에서 읽거나 발표하면 읽기와 말하기 훈련이 이루어질 것이다.

❶ 논쟁하기 – 자신이나 자신이 속한 조에서 주장하는 바를 논리적으로 주장하는 것.

❷ 시뮬레이션-실제로 있을 법한 사회문제를 선정해서 그 문제를 둘러싸고 두 가지 이상의 대립된 그룹으로 나누어서 각각의 입장에서 일본어로 토론하는 것.

❸ 프로젝트 워크-조별로 결정된 프로젝트를 실시하기 위해 우선 각조 구성원들이 무엇인가를 분담한다. 그리고 계획을 세우고, 인터넷, 책자, 설문조사를 통한 정보 수집을 행하고 그것을 보고서로 발표한다.

제1부, 제2부, 제3부에서는 위에서 제시한 언어4기능 방안에 몇가지 다른 방안을 덧붙여서 일본어교육의 가능성을 검토하도록 하겠다.

일본 생활문화의
이해와
일본어교육

02

일본 거리풍경의 이해와 일본어교육

1_ 들어가는 말

일본의 거리를 걷다보면 일본 특유의 풍경을 볼 수도 있고 한국의 거리 풍경과 별 차이가 없는 경우도 많이 본다. 그런데 일본에서 여행이나 유학을 마치고 돌아온 학생들한테 일본의 거리 풍경을 물어보면 대부분 전혀 생각이 나지 않는다고 말한다. 거리풍경도 그 나라 특유의 문화가 될 수 있다. 거리에서 느껴지는 풍경들은 특정 지역에 거주하는 사람들의 의식적 혹은 무의식적인 감정이 표출한 결과물로 볼 수 있다. 그러한 결과물을 이해함으로써 일본인들의 사고관을 들여다 볼 수 있고, 그러한 사고관을 들여다봄으로써 우리 한국사람들의 자화상도 엿볼 수 있다. 본 장에서는 본 저자가 일본 도쿄의 도심을 걸으면서 눈 가는 대로 촬영한 사진을 제시하고 사진들과 관련된 설명을 하고자 한다. 그리고 도쿄의 도심풍경 사진을 활용한 일본어교육의 가능성에 대해서 살펴보고자 한다.

2_ 일본 도쿄거리 걸으면서 관찰하기

　저자는 2013년도 7월 1일부터 7월 20일까지 도쿄에 체류한 적이 있다. 이 시기에 도쿄 도심(신쥬쿠, 이케부쿠로, 긴자, 시부야, 스가모, 하라쥬쿠)을 걸으면서 다양한 모습을 사진으로 담아보았다.

　먼저 거리의 건물부터 보도록 하자.

1	2	3
4	5	6

　도쿄 도심을 거닐다보면 현대적인 건물도 많지만 의외로 낙후되었거나 옛 정경이 느껴지는 건물을 자주 보게 된다. 1에 보이는 건물을 보면서 근대풍의 하라주쿠(原宿)역 청사로 약간의 위엄을 느꼈다. 2의 사진은 우에노(上野)역 건물에 부속된 파출소를 촬영한 것인데, 매우 낙후된 초라한 건물이라는 인상을 받았다. 그러나 파출소로서의 기능은 완벽하게 발휘되고 있었다. 3,

4,5 사진 속에 보이는 건물을 보면서 매우 낙후된 건물(스가모, 巢鴨 일대)이긴 하지만 오히려 본 저자는 정겨움을 느꼈다. 선진국이며 현대화된 일본에서 본 저자가 오랫동안 잊어왔던 어린 시절의 옛 건물의 정경을 느낄 수 있었기 때문이다. 6을 보면서 본 저자는 전철역(스가모, 巢鴨 일대)과 동네가 전혀 이질감이 들지 않을 정도로 한 데 어우러져 있는 모습에 오히려 부러움을 느꼈다.

일본의 거리를 걷다 보면 정말 숨이 탁탁 막히게 하는 것이 있는데 그것은 바로 거리 곳곳에 '~하지 말라'라는 금지, 경고, 주의 같은 벽보나 간판이다.

1	2	3	4
	5	6	7
8	9	10	
11	12	13	14

100미터 정도 걸으면 한국(서울)의 경우는 두세 개 이하인 반면에, 일본 도쿄 도심의 경우는 10개 이상은 되는 것 같다.

1은 자전거 세우지 말라는 간판이다. 2는 자전거, 바이크 방치하지 말라는 간판이고, 3은 진입하지 말라는 간판이다. 4는 달리는 전차를 향해 돌 던지지 말라는 간판이고, 5는 주류 금지를 알리는 입간판이고 6은 자전거 과속 금지를 촉구하는 간판이다. 7은 차로에 아이들이 뛰쳐나오는 것을 주의하라는 간판이고, 8은 무려 12가지의 금지 행위를 알리는 벽보이고, 9는 방범을 알리는 입간판이다. 10은 아동들이 보호자와 함께 걷기를 알리는 간판이고, 11은 화기엄금을 알리는 것이고, 12는 출입금지를 알리는 입간판이다. 13은 보도에서 자전거 속도를 낮추라는 입간판이다. 마지막으로 14는 자전거가 가야할 길을 알리는 표시이다.

도쿄 도심을 거닐다 보면 친절하고 상냥한 경고나 주의 문구도 눈에 띈다.

1은 'やさしさがはしるこの街、この道路(상냥함이 달리는 이 거리, 이 도로)'라는 문구를 통해서 알 수 있듯이 매우 부드러운 어조로 운전자들에게 주의를 촉구하고 있다. 2는 '自転車は車道寄りをゆっくり通行しましょう(자전거는 차도에 붙어서 천천히 통행합시다)'라는 문구에서 보듯 완곡한 표현으로 주의를 촉구하고 있다. 3은 그림으로 장소를 안내하고 있는 사진이며, 4는 전철 건널목에서 '鳴ったら渡らないで(종소리가 나면 건너지 마세요)'라는 표현으로 완곡하게 통행인에게 주의를 촉구하는 사진이다. 5는 '芝生の中には入らないようにお願いします(잔디 안에는 들어가지 않도록 부탁드립니다)'라는 완곡한 표현으로 주의를 촉구하는 사진이다. 6은 '危険ですので池に近寄らないでください(위험하므로 연못에 접근하지 마세요)'라는 표현으로 통행인에게 주의를 촉구하는 사진이다. 강한 어조로 경고하는 한국과는 사뭇 다른 모습이다.

2013년 7월의 일본은 국회의원 선거가 한창이었다. 여기저기에서 벽보가 많이 보였다.

1은 총리가 들어간 선거 벽보이다. '일본이 움직이기 시작했다'라는 표현이 눈에 띈다. 2는 민주당 소속의 입후보자 선거 벽보이다. '생활을 지키는 힘이 되겠다'라는 문구가 눈에 띈다. 3은 선거 기간 동안 임시로 만든 벽보 시설물로 선거가 끝나면 철거된다. 4의 사진은 프로 레슬러 출신인 안토니오 이노키(アントニオ 猪木)의 유세 차량을 촬영한 것이다. '일본을 건강하게'라는 캐치 프레이즈가 눈에 띈다. 5를 보고 본 저자는 깜짝 놀랐다. 입후보자가 국회의원이 되면 핵무장을 실천하고 한일국교를 단절하겠다는 공약을 걸었기 때문이다.

도쿄의 도심을 걷다보면 상업용 간판도 많이 눈에 띈다.

1은 성우양성소 간판이다. 2의 사진에 보이는 간판은 각종 헤어스타일로 머리를 손질할 경우 드는 비용을 알리는 간판이다. 3의 사진에 보이는 간판은 공수도 회관 간판이며, 4의 사진에 보이는 간판은 야키니쿠(焼き肉)를 무제한 먹을 수 있다는 것을 알리는 간판이다. 5의 사진에 보이는 간판은 애니메이션 관련 용품을 파는 간판이며, 6의 사진에 보이는 간판은 아크릴이 아닌 페인트로 칠한 간판이다. 요즈음의 한국에서는 잘 볼 수 없는 간판이다. 7의 사진에 보이는 간판은 히라가나로 표기된 간판이며, 8은 가타가나로 표기된 간판을 촬영한 사진이다. 9의 사진은 로마자로 표기된 간판을 촬영한 것이며, 10의 사진은 한자로 표기된 간판을 촬영한 것이다. 11은 '커피'를 한자로 표기한 커피숍 간판을 촬영한 사진이다. 12는 일본에서 흔히 볼 수 있는 초대형 간판을 촬영한 사진이다.

1 2 3
4 5 6
7 8 9
10 11 12
オフィス東附属
声優養成所
目白おかの内科
1
CUT
4200
2
PERM
9970~
3
COLOR
5770~
4
国際空手道連盟
極真会館
焼肉 B1F
食べ放題
¥2,480~
牛
菜
午前11:30~24:00
TEL.5953-8929
靴修理・合鍵・カサ直し・カバン
やきとり家 すみれ
SMILE
薬 ツルハドラッグ
AOKI'
お茶の心を伝える
愛国製茶
珈琲
ブラジル
SECRE
ワクワクメール
8F

    일본의 거리를 걸어보면 참 깨끗하고 도로나 골목에 무단 주차된 차가 거의 없다는 사실이 너무나도 신기하게 느껴진다. 한국의 거리나 골목과는 크게 대조되는 모습이다.

    거리를 걷다 보면 오가는 사람들을 많이 볼 수 있다.

담배 피우는 사람, 코스프레하는 사람, 1시간 동안 꿈적도 않고 서있는 사람(행위예술하는 사람), 복권 사는 사람, 칠월칠석(七夕祭り)을 맞이하여 소원이 들어간 용지를 대나무에 거는 사람, 길 묻는 사람, 길 가르쳐 주는 사람, 일과를 끝내고 힘겹게 걸어가는 경찰관, 이상한 차림새로 가게 선전하는 사람들이 보인다.

거리를 걷다보면 우체국 통도 보이고, 부엉이 동상도 보이고, 쓰레기 통도 보이고, 마을 번영을 기원하는 'かっぱ' 동상도 보인다.

3_ 일본어교육으로의 활용 가능성

천호재·윤주희(2011a : 149-160, 171)에서는 사진이 일본어 교재로써의 기능을 충분히 수행할 수 있다는 사실을 주장하고 있다. 사진을 소재로 일본어교육을 실시할 경우, 사진은 사진교재가 된다. 사진교재는 언어4기능 능력의 신장을 도모할 수 있는 훌륭한 교재가 될 수 있다. 다시 말하면 사진교재는 여분의 정보로 인해 학습내용을 장기기억화하는 데에 매우 유리하다. 사진교재를 활용하여 언어4기능 교육을 실시하면 일본문화의 이해뿐만 아니라 실질적인 언어교육에도 그만큼 효과적이라는 점을 여기에서 다시 한번 강조하고자 한다. 사진교재의 이러한 장점을 근거로 이하에서는 일본 도쿄 도심을 걸으면서 촬영한 사진을 활용하여 듣기, 말하기, 읽기, 쓰기 방안을 모색해보기로 한다.

먼저 듣기이다. 사진을 활용하여 JPT 시험에 나오는 청해 형식으로 교실활동을 해보는 방안을 제시해 볼 수 있겠다. 본 저자의 개인적인 체험이지만 교수자가 직접 촬영한 사진을 가지고 듣기 수업을 하면 학습자들의 집중도가

매우 높아지는 것을 볼 수 있다. 학습자들에게 사진만을 보여주고 교수자는
아래의 네 문장을 읽고, 사진에 관련된 문장을 학생들로 하여금 맞히게 하는
방식이다.

① 黒いタクシーの後ろに
　黄色いパトカーが止まっています。
② 黒いパトカーの後ろに
　黄色いタクシーが止まっています。
③ 黒いタクシーの後ろに
　黄色いタクシーが止まっています。
④ 道がタクシーで渋滞しています。

① 女の人が人力車を引いています。
② 人力車の上に乗っている人はみんな
　眼鏡をかけています。
③ 人力車の上に乗っている人はみんな髪の
　毛が短いです。
④ 男の人が人力車を引きながら二人の
　お客さんと話しています。

　그 다음으로 말하기와 듣기 방안이다. 예를 들어 다음의 사진을 보면서 일
본어로 말하게 하는 방안을 들 수 있다. 학습자가 도중에 말을 못하면 교수
자는 계속해서 사진을 내용을 묻고 학습자가 대답을 하도록 유도해 나간다.
교수자가 묻고 학습자가 대답하면 듣기와 말하기 기능의 발달이 이루어질
것이다.

아래의 질문을 일본어로 하고 학습자는 일본어
로 대답한다. 편의상 한국어 문장으로 한다.

① 염색하는 데에는 얼마죠?
② 컷하는 데에는 얼마죠?
③ 니그로퍼머는 얼마죠?
④ 스포츠 컷은 얼마죠?
⑤ 퍼머는 얼마인가요?

　마지막으로 쓰기이다. 위의 사진을 보여주고, 사진에 관련된 서면 질문에
대답의 형태로 쓰게 하면 쓰기 능력이 향상될 것이다. 단순한 대답의 차원을
넘어서려면 아래의 사진과 같이 복잡한 모습이 들어간 사진을 복수 제시하여
여러 문장으로 표현하도록 하는 방법도 강구해볼 수 있을 것이다.

4_ 나오는 말

서두에서 언급한 바와 같이 일본의 도쿄 거리에서 느껴지는 풍경들은 도쿄라는 특정 지역에 거주하는 사람들의 의식적 혹은 무의식적인 사고방식이 표출한 결과물이다. 여러 사진을 보면서 한국의 거리풍경과는 사뭇 다른 풍경을 확인할 수 있었다는 점이 본 저자의 이러한 생각을 뒷받침한다. 그리고 사진을 활용한 일본어교육의 가능성을 고려하면서 교수자가 어떻게 사진을 활용하느냐에 따라서 언어4기능 교육이 다양하게 이루어질 수 있음을 확인할 수 있었다.

일본 음식문화의
이해와
일본어교육

일본 스시의 이해와 일본어교육

1_ 들어가는 말

본 장에서는 스시를 내용물(생선류, 갑각류, 조개류, (어)란류)과 조리법으로 나누고 내용물과 조리법으로 분류된 스시에 대해 일본어 학습자들의 인지도와 경험도(먹은 적이 있느냐는 것)를 측정하고자 한다. 아울러 본 장에서는 일본 스시를 활용한 일본어교육의 가능성을 모색한다.

2_ 스시 관련 예비지식

본서에서는 스시의 종류를 내용물과 조리법에 따라 분류한다. 내용물은 밥위에 무엇인가가 놓인 것을 내용물의 종류에 따라 말하는 것으로 생선류, 갑각류, 조개류, (어)란류로 나뉜다.

먼저 생선류가 포함된 스시이다. '대뱃살 참치 스시(大とろ寿司)', '중뱃살 참치 스시(中とろ寿司)', '연어 스시(鮭寿司)', '방어 스시(ぶり寿司)', '송어 스시(ます寿

司)', '광어 스시(ひらめ寿司)', '농어 스시(すずき寿司)', '복어 스시(ふぐ寿司)', '명태 스시(明太寿司)', '고등어 스시(さば寿司)', '삼치 스시(さわら寿司)', '전어 스시(このしろ寿司)', '장어 스시(うなぎ寿司)', '붕장어 스시(穴子寿司)', '시샤모 스시(ししゃも寿司)' 등을 들 수 있다. 둘째, 갑각류가 포함된 스시로는 '멍게 스시(ほや寿司)', '오징어 스시(いか寿司)', '단새우 스시(あまえびすし)', '생새우 스시(えびおどり寿司)', '게 스시(かに寿司)' 등을 들 수 있다. 셋째, 조개류가 포함된 스시로는 '전복 스시(あわびすし)', '피조개 스시(赤貝寿司)', '새조개 스시(鳥貝寿司)', '가리비 스시(帆立て貝寿司)', '관자 스시(平貝寿司)', '굴스시(かきすし)' 등을 들 수 있다. 넷째, (어)란류가 포함된 스시로는 '명태알 스시(明太子寿司)', '연어알 스시(いくらすし)', '캐비어 스시(キャビア寿司)', '날치알 스시(飛び子寿司)', '성게알 스시(うに寿司)', '청어알 스시(数の子寿司)' 등을 들 수 있다.

조리법에 따른 스시로는 '니기리즈시(握りずし)', '마키즈시(巻き寿司)', '이나리즈시(いなり寿司)', '치라시즈시(ちらし寿司)', '고모쿠즈시(五目寿司·ばらずし)', '나레즈시(なれずし)', '오시즈시(押し寿司)', '스케로쿠즈시(すけ六寿司)'를 들 수 있다. '니기리즈시(握りずし)'는 손으로 쥐어서 만든 스시를 말한다. '마키즈시(巻き寿司)'는 둥글게 말아서 만든 스시를 말한다. '이나리즈시(いなり寿司)'는 새콤달콤하게 삶은 내용물에 밥을 메워서 만든 스시를 말하며, '치라시즈시(ちらし寿司)'는 그릇에 넣은 스시밥 위에 여러가지 내용물(어패류)을 흩뿌려서(얹어서) 만든 스시를 말한다. '고모쿠즈시(五目寿司·ばらずし)'는 내용물(어패류나 야채)을 잘게 썰어서 스시와 뒤범벅해서 만든 스시를 말하며, '나레즈시(なれずし)'는 민물고기를 소금과 쌀밥으로 발효시켜 만든 스시를 말한다. '오시즈시(押し寿司)'는 용기(상자)에 넣어 눌러 만든 스시를 말하며, '스케로쿠즈시(すけ六寿司)'는 '이나리즈시(いなり寿司)'와 '마키즈시(巻き寿司)'가 함께 들어간 것이다.

3절에서는 이상 열거한 스시의 인지도와 경험도에 대해서 살펴보도록 하겠다.

3_ 일본어 학습자의 인지도, 경험도 조사

우선 스시에 대한 일본어 학습자의 인지도와 경험도를 조사하기 전에 설문의 개요 및 조사 방법에 대해서 간략하게 언급을 해두고자 한다. 설문 조사는 2013년도 9월 9일~9월 13일 사이에 행해졌다. 조사 대상은 K대학교의 일본어문학과 학생(2학년/3학년)이었다. 설문 조사에 응해 준 학생은 전체 79명으로 남학생 28명, 여학생 51명이었다. 조사 대상 인원이 79명이라는 점과 남학생이 28명으로 여학생과 성비가 맞지 않는다는 점이 일본 스시에 대한 학습자들의 인지도를 객관적으로 포착하기엔 턱없이 부족하다는 사실을 본 저자는 잘 알고 있다. 그러나 본 저자는 스시에 대한 인지도 측정을 위한 지견과 스시를 활용한 일본어교육의 가능성을 제시하는 데에 중점을 두고 있다는 점에 유의해 주길 바란다. 이러한 사정은 제3장에서 제13장에 걸쳐 그대로 적용된다.

설문 조사 방법은 다음과 같다. 2절에서 언급한 바와 같이 스시의 종류를 내용물과 조리법으로 나누고 내용물은 다시 생선류, 갑각류, 조개류, (어)란류로 다시 나누었다. 생선류는 다시 '대뱃살 참치 스시(大とろ寿司)', '중뱃살 참치 스시(中とろ寿司)', '연어 스시(鮭寿司)', '방어 스시(ぶり寿司)', '송어 스시(ます寿司)' 등으로 나뉘는데, 아래와 같이 예를 들어 생선류에 속하는 스시명을 나열하고 (실제로 사진도 보여주며) 해당 생선류에 속하는 스시의 인지 및 경험 여부를 학생들이 복수 체크하도록 하였다.

∎ 표 1_ 설문 조사 방법(예시)

일본 스시	알고 있다	먹은 적이 있다
대뱃살 참치 스시(大とろ寿司)	√	
중뱃살 참치 스시(中とろ寿司)	√	√
연어 스시(鮭寿司)	√	
방어 스시(ぶり寿司)	√	
송어 스시(ます寿司)	√	

분석은 각종 스시(전체 스시도 포함)에 대한 전체 일본어 학습자와 남학생과 여학생의 인지도, 경험도의 평균을 산출하여 각 평균치의 높낮이를 비교 논의하는 방식을 취하였다.

그러면 이하에서는 일본 스시에 대한 한국인 학습자의 인지도와 경험도를 스시의 내용물, 조리법으로 나누어서 살펴보도록 한다.

1) 내용물로 본 인지도와 경험도

첫째 생선류이다. 다음의 표는 생선류가 포함된 스시의 인지도와 경험도이다.

∎ 표 2_ 생선류 스시에 대한 학습자들의 인지도, 경험도(%)

	大とろ	中とろ	鮭	ぶり	ます	ひらめ	すずき	ふぐ
알고 있다	76	60	86	26	47	78	39	45
먹은 적이 있다	30	26	73	13	21	43	15	10

	明太	さば	さわら	このしろ	うなぎ	穴子	ししゃも	평균
알고 있다	34	58	41	41	93	43	13	52
먹은 적이 있다	10	30	15	13	67	15	0	25

표 2를 보면 생선류 스시에 대한 일본어 학습자의 평균 인지도는 52%이며, 경험도는 25%이다. 표 상단에서 가장 높은 인지도를 보인 것은 '연어 스시(鮭寿司)'로 86%의 인지도를 나타냈다. '광어 스시(ひらめ寿司)'가 78%, '대뱃살 참치 스시(大とろ寿司)'가 76%로 각각 그 뒤를 이었다. 경험도는 '연어 스시(鮭寿司)'가 73%, '광어 스시(ひらめ寿司)'가 43%, '대뱃살 참치 스시(大とろ寿司)'가 30%로 나타났다.

하단에 표시된 생선류에서 '장어 스시(うなぎ寿司)'가 93%로 가장 높은 인지도를 나타냈으며, '고등어 스시(さば寿司)'가 58%, '붕장어 스시(穴子寿司)'가 43%로 각각 그 뒤를 이었다. 경험도는 '장어 스시(うなぎ寿司)'가 67%로 가장 높은 수치를 나타냈으며, '고등어 스시(さば寿司)'는 30%, '붕장어 스시(穴子寿司)'와 '삼치 스시(さわら寿司)'가 각각 15%의 수치를 보였다.

둘째, 갑각류이다. 다음의 표는 갑각류가 포함된 스시의 인지도와 경험도를 나타낸 것이다.

표 3_ 갑각류 스시에 대한 학습자들의 인지도, 경험도(%)

	ほや	いか	あまえび	えびおどり	かに	평균
알고 있다	50	89	89	86	84	80
먹은 적이 있다	10	78	73	71	58	58

표 3에서 생선류가 포함된 스시의 평균 인지도는 80%였다. 그 중에서 가장 높은 인지도를 보인 것은 '단새우 스시(あまえびすし)'와 '오징어 스시(いか寿司)'로 각각 89%의 인지도를 나타냈다. '생새우 스시(えびおどり寿司)'가 86%로 그 뒤를 이었다.

한편 평균 경험도는 58%로 나타났다. '오징어 스시(いか寿司)'가 78%로 가장 높았으며, '단새우 스시(あまえびすし)'와 '생새우 스시(えびおどり寿司)'가 각각 73%, 71%로 그 뒤를 이었다.

셋째, 조개류이다. 다음의 표는 조개류 스시에 대한 일본어 학습자의 인지도와 경험도를 나타낸 것이다.

표 4_ 조개류 스시에 대한 학습자들의 인지도, 경험도(%)

	あわび寿司	赤貝寿司	鳥貝寿司	帆立て貝寿司	平貝寿司	かき寿司	평균
알고 있다	78	71	45	67	56	54	62
먹은 적이 있다	36	34	19	39	30	28	31

위의 표에서 알 수 있듯이 조개류 스시의 평균 인지도는 62%이다. 그 가운데에서 가장 높은 인지도를 보인 것은 '전복 스시(あわび寿司)'로, 78%의 수치를 나타냈다. '피조개 스시(赤貝寿司)'가 71%, '가리비 스시(帆立て貝寿司)'가 67%로 각각 그 뒤를 이었다. 한편 경험도는 평균 31%였으며, '가리비 스시(帆立て貝寿司)'가 39%, '전복 스시(あわび寿司)'가 36%, '피조개 스시(赤貝寿司)'가 34%로 인지도와는 다른 양상을 나타냈다.

마지막으로, (어)란류이다. 다음의 표는 (어)란류 스시에 대한 일본어 학습자들의 인지도와 경험도를 나타낸 것이다.

표 5_ (어)란류의 스시에 대한 학습자들의 인지도, 경험도(%)

	明太子寿司	いくら寿司	キャビア寿司	飛び子寿司	うに寿司	数の子寿司	평균
알고 있다	50	73	73	89	45	28	60
먹은 적이 있다	15	45	6	71	17	6	27

표 5에서 알 수 있듯이 (어)란류 스시에 대한 일본어 학습자들의 평균 인

지도는 60%이다. 이 가운데에서 '날치알 스시(飛び子寿司)'가 89%로 가장 높은 인지도를 나타냈으며, '연어알 스시(いくらすし)'와 '캐비어 스시(キャビア寿司)'가 각각 73%로 그 뒤를 이었다. 한편 경험도는 평균이 27%이고 '날치알 스시(飛び子寿司)'가 71%로 가장 높은 수치를 나타냈으며, '연어알 스시(いくらすし)'와 '성게알 스시(うに寿司)'가 각각 45%, 17%로 그 뒤를 이었다.

2) 조리법으로 본 인지도와 경험도

다음의 표는 조리법으로 분류된 스시의 인지도와 경험도이다.

표 6_ 조리법으로 본 학습자들의 인지도, 경험도(%)

	握り ずし	巻き 寿司	いなり 寿司	ちらし 寿司	五目寿司・ ばらずし	なれ ずし	押し 寿司	すけ六 寿司	평균
알고 있다	80	78	71	47	15	15	30	47	48
먹은 적이 있다	69	65	67	13	2	4	2	30	32

표 6에서 알 수 있듯이 조리법으로 분류된 스시 중에서 평균 인지도는 48%이다. 가장 높은 인지도를 보인 것은 '니기리즈시(握りずし)'로 80%의 수치를 나타냈다. '마키즈시(巻き寿司)'와 '이나리즈시(いなり寿司)'가 각각 78%와 71%로 그 뒤를 이었다.

경험도는 평균이 32%로 나타났다. '니기리즈시((握りずし)'가 69%로 가장 높고, '이나리즈시(いなり寿司)' 67%, '마키즈시(巻き寿司)' 65%로 각각 그 뒤를 이었다.

4_ 정리

스시(내용물, 조리법)에 대한 일본어 학습자들의 인지도를 다시 정리하면 다음과 같다.

표 7_ 스시(내용물, 조리법)에 대한 일본어 학습자들의 평균 인지도(%)

내용물에 따른 스시류				조리법에 따른 스시류	전체 평균
생선류	갑각류	조개류	(어)란류	48	56
52	80	62	60		

스시에 대한 일본어 학습자들의 평균 인지도는 56%로 나타났다. 표에는 제시하지 않았지만 내용물에 따른 스시류의 평균 인지도는 64%이다. 반면에 조리법에 따른 스시류의 평균 인지도는 48%로 내용물에 따른 스시류보다 인지도가 떨어지는 것을 알 수 있다.

5절에서는 스시를 통한 일본어교육 활용 가능성을 모색하고자 한다.

5_ 일본어교육으로의 활용 가능성

이하 스시를 활용한 듣기, 말하기, 읽기, 쓰기 교육의 가능성에 대해서 살펴보고자 한다. 먼저 듣기 교육의 가능성부터 살펴보기로 한다. 아래의 일본어 문장을 보도록 하자.

> これは寿司のネタ等として使われるマグロの特定の部位の呼称。脂質の含量が高い
> 腹部の身を指す。語源は肉質がトロリとしている事からで、この語の定着以前は脂
> 身である事からアブと呼ばれていた。かつての日本、特に江戸時代以前では、マグ
> ロといえば赤身を指し、赤身に比べ品質が劣化しやすいトロの部分は上等な部位と
> は考えられておらず、切り捨てられるか、せいぜい葱鮪鍋などにして加熱したもの
> が食べられていた。―中略― 特によく脂の乗った部分を（　　　）という。
>
> 　　　　　　　　　　　　　―위키페디아 일본판(2014.03.19)에서 인용함, 괄호는 저자.

위의 문장을 교수자가 학습자에게 읽어주고, 교수자로부터 들은 위의 내용
을 학습자들이 아래의 사진 가운데 하나를 고르는 교실활동을 생각해볼 수
있다. 사진 아래에 있는 '楽天市場', '八丈島のおいしい暮らし', '北々亭 旭川店',
'イオンモール八幡東店'은 각각 블로그명이다. 이 블로그명을 '구글'에서 검색
하면 아래의 사진이 나온다.

①　楽天市場　　②　八丈島のおいしい暮らし　　③　北々亭 旭川店　　④　イオンモール八幡東店

둘째, 읽기 교육의 가능성에 대해서 살펴보도록 하자. 교수자는 아래의 4장
의 사진들을 학습자들에게 보여주고, 개별 학습자나 전체 학습자들에게 각
사진에 해당하는 4개의 설명문을 고르도록 한 뒤, 해당 설명문을 읽도록 하는
교실활동을 생각해볼 수 있다. 어려운 한자는 요미가나를 달아서 학습자들이

쉽게 읽도록 한다.

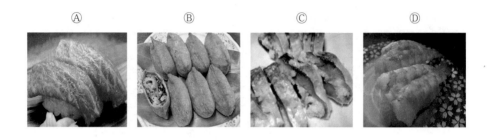

Ⓐ　　　　　　Ⓑ　　　　　　Ⓒ　　　　　　Ⓓ

①これは寿司のネタ等として使われるマグロの特定の部位の呼称。脂質の含量が
高い腹部の身を指す。語源は肉質がトロリとしている事からで、この語の定着
以前は脂身である事からアブと呼ばれていた。かつての日本、特に江戸時代以
前では、マグロといえば赤身を指し、赤身に比べ品質が劣化しやすいトロの部
分は上等な部位とは考えられておらず、切り捨てられるか、せいぜい葱鮪鍋な
どにして加熱したものが食べられていた。ー중략ー　特によく脂の乗った部分
を(　　　)という。

　　　　　　　　　　ー위키페디아 일본판(2014.03.19)에서 인용함, 괄호는 저자

②袋状に開いた油揚げを甘くあるいは甘辛く煮付け、寿司飯をそのまま、あるい
はニンジンやシイタケなどの具材を煮込んで混ぜた寿司飯を詰める一種の印籠
寿司である。稲荷神社の稲荷神は商売繁盛と共に豊作の神様であり、米を使用
した俵型の稲荷寿司につながる。一般的には米俵を模した俵型(円筒に近い直
方体)に仕上げる。-중략-いわゆる高級な寿司屋ではあまり見られないが、庶民
的な店やテイクアウト専門の寿司屋では人気の安価な食べ物であり、家庭で作
るなど行楽の弁当などにも良く登場する。

　　　　　　　　　　　　　ー위키페디아 일본판(2014.03.19)에서 인용함

③昭和30年代後半まで浜仕事や田植え時期にはイカを使ったイカずしがたべられていたが、昭和40年頃からは漁師の家庭ではエビの炊き込みごはんが作られるようになり運動会やお祝いの席に出される様になった。エビの独特の甘味と香りを醸し出す鵜戸を代表する一品である。この時期、予約をすれば地元ドライブインでも作ってくれる所もあるそうです。

― J-F net(2014.03.19)에서 인용함

④(　　　　　　　　　)は主に魚を塩と米飯で乳酸発酵させた食品である。現在の寿司は酢飯を用いるが、(　　　　　　　　)は乳酸発酵により酸味を生じさせるもので、これが本来の鮨(鮨)の形態である。現在でも各地でつくられている。現在の主流であるにぎり寿司を中心とした早ずし(江戸前寿司)とは全く違う鮨である。

― 위키페디아 일본판(2014.03.19)에서 인용함, 괄호는 저자.

셋째, 쓰기 교육의 가능성에 대해서 살펴보도록 하자. 먼저 교수자가 다음의 사진을 학습자들에게 제시한다.

大とろ　　　　いなり寿司　　　　なれずし　　　　えびおどり

교수자는 학습자들에게 위의 사진을 보여주고 학습자들에게 아래의 질문이 들어간 용지를 배부하거나 스크린 화면으로 보여주면서 질문에 대해 일본어로 작성하도록 하는 교실활동을 생각해 볼 수 있다. 편의상 한국어 문장으로 질문을 만들었다.

> ① 위의 스시 중에서 어느 스시를 좋아합니까? – 학습자들이 특정 스시명을 적는다.
> ② 왜 그 스시를 좋아하는지 일본어로 적어보세요. – 학습자들이 특정한 스시를 좋아하는 이유를 일본어로 작성한다.
> ③ 한국어로는 각각의 스시가 어떠한 이름으로 불리거나 표기되고 있나요? – 학습자들은 가타카나로 답을 표기한다.
> ④ 일본의 스시에 대한 여러분들의 생각(감상, 느낌)을 다섯줄(혹은 열줄) 이내로 적어보세요. – 학습자들이 일본어로 작문한다.

마지막으로 말하기 교육의 가능성에 대해서 살펴보도록 하자. 우선 다음의 사진을 교수자가 학습자들에게 제시한다.

大とろ　　　　いなり寿司　　　　なれずし　　　　えびおどり

그 다음으로 교수자는 학습자들에게 다음과 같은 질문 내용이 들어간 용지나 화면을 배부 또는 제시하고, 일정한 시간 동안 아래의 질문에 어떻게 대답할지 준비하도록 한다.

① 위의 스시 중에서 어느 스시를 가장 좋아합니까? -학습자는 특정한 스시를 말한다.
② 왜 그 스시를 좋아하는지 그 이유를 말해보세요. -학습자는 그 스시를 좋아하는 이유를 일본어로 말한다.
③ 한국어로는 위의 스시가 어떻게 불리고 있나요? -학습자는 한국어명을 말한다.
④ 일본의 스시에 대한 여러분들의 생각(감상, 느낌)을 간단하게 말해보세요. -학습자들이 일본어로 말한다.

6_ 나오는 말

일본어 학습자들의 스시에 대한 평균 인지도가 56%로 나타났다. 이 수치는 즉 일본어 학습자(대학생)들의 일본 스시문화에 대한 인지도가 56%라는 말이다. 다시 말하면 일본인들과 교류를 하면서 스시라는 문화적 교감을 나눌 수 있는 가능성이 어림잡아 56%라는 말이다. 그런데 여기에서 문제가 되는 것은 이 56%라는 수치가 다른 일본문화 콘텐츠에 비해 높으냐 혹은 낮느냐는 것이다. 이 수치가 차지하는 비중은 제4장 이하에서 확인될 것이다.

5절에서 제시한 스시를 통한 일본어교육 방안은 바로 일본의 스시문화에 대한 이해를 촉진하는 도구가 될 수 있을 것으로 본 저자는 확신한다. 물론 그 방안은 매우 단순하지만, 이 글을 읽는 독자들, 그 중에서도 특히 인터넷에 조예가 깊은 독자들은 본 저자가 상상할 수 없을 정도로 다채롭고 훌륭한 교육 방안을 제시할 수 있으리라 믿는다.

❶ 아래의 스시에 해당하는 요미가나와 뜻을 본문 혹은 인터넷을 통해서 기입해보
세요.

- 大とろ寿司 ⟶ _____
- 中とろ寿司 ⟶ _____
- 鮭寿司 ⟶ _____
- ぶり寿司 ⟶ _____
- ます寿司 ⟶ _____
- ひらめ寿司 ⟶ _____
- すずき寿司 ⟶ _____
- ふぐ寿司 ⟶ _____
- 明太寿司 ⟶ _____
- さば寿司 ⟶ _____
- さわら寿司 ⟶ _____
- このしろ寿司 ⟶ _____
- うなぎ寿司 ⟶ _____
- 穴子寿司 ⟶ _____
- ししゃも寿司 ⟶ _____
- ほや寿司 ⟶ _____
- いか寿司 ⟶ _____
- あまえびすし ⟶ _____
- えびおどり寿司 ⟶ _____
- かに寿司 ⟶ _____
- あわび寿司 ⟶ _____
- 赤貝寿司 ⟶ _____
- 鳥貝寿司 ⟶ _____
- 帆立て貝寿司 ⟶ _____
- 平貝寿司 ⟶ _____

- かき寿司　　　➡
- 明太子寿司　　➡
- いくら寿司　　➡
- キャビア寿司　➡
- 飛び子寿司　　➡
- うに寿司　　　➡
- 数の子寿司　　➡
- 握り寿司　　　➡
- 巻き寿司　　　➡
- いなり寿司　　➡
- ちらし寿司　　➡
- 五目寿司・ばらずし　➡
- なれ寿司　　　➡
- 押し寿司　　　➡
- すけ六寿司　　➡

일본 라멘의 이해와 일본어교육

1_ 들어가는 말

본 장에서는 일본 라멘(라면)을 타레, 국물, 건더기, 지역별로 나누고 이들 분류에 속하는 라멘에 대한 일본어 학습자들의 인지도와 경험도를 측정하고자 한다. 아울러 본 장에서는 일본 라멘을 활용한 일본어교육의 가능성도 모색한다.

2_ 라멘 관련 예비지식

본서에서는 라멘을 타레가 주가 되는 라멘, 국물이 주가 되는 라멘, 건더기가 주가 되는 라멘, 지역별로 본 라멘으로 분류한다.

첫째, 타레가 주가 되는 라멘으로는 '간장라면(醬油ラーメン)', '소금라면(塩ラーメン)', '된장라면(味噌ラーメン)'이 있다. 타레(垂れ)란 요리에 사용하는 액체 상태의 일종의 조미료를 말한다. 액체 상태의 간장이나 소금, 된장이 들어간 라멘

을 각각 '간장라면(醬油ラーメン)', '소금라면(塩ラーメン)', '된장라면(味噌ラーメン)'
이라고 하는 것이다.

둘째, 국물(だし)이 주가 되는 라멘으로는 '돼지뼈 국물 라면(豚骨ラーメン)',
'멸치(잔 물고기) 육수 라면(煮干しラーメン)', '날치 육수 라면(あごだしラーメン)', '가다
랑어 육수 라면(節仕込ラーメン)', '생선 육수 소금 라면(魚だし塩ラーメン)' 등을 들 수
있다. 명칭에서 성분이 예상되므로 각 라멘의 설명은 생략하기로 하겠다.

셋째, 건더기가 주가 되는 라멘으로는 '챠수멘(チャーシュー麺)', '완탄멘(ワンタ
ン麺)', '간톤멘(広東麺)', '텐신멘(天津麺)', '고모쿠멘(五目麺)', '파코멘(パーコー麺)',
'참뽕멘(チャンポン麺)', '탄멘(タン麺)', '네기라멘(ねぎラーメン)', '와카메라멘(わかめ
ラーメン)', '우나기라멘(うなぎラーメン)', '카레라멘(カレーラーメン)' 등을 들 수 있
다. '챠수멘(チャーシュー麺)'은 돼지의 넓적다리 부위의 고기를 납작하게 썰어서
면 위에 얹은 라멘을 말한다. '완탄멘(ワンタン麺)'은 중국식 만두가 들어간 라
멘을 말하며, '간톤멘(広東麺)'은 양배추, 피망, 죽순 메추라기 알 등이 들어간
라멘을 말한다. '텐신멘(天津麺)'은 게살을 건더기로 한 라멘을 말한다. '고모쿠
멘(五目麺)'은 새우, 오징어, 야채, 조갯살, 돼지고기가 들어간 라멘을 말한다.
'파코멘(パーコー麺)'은 튀긴 삼겹살, 돈까스를 건더기로 한 라멘을 말한다. '참
뽕멘(チャンポン麺)'은 짬뽕이 들어간 라멘을 말한다. '탄멘(タン麺)'은 볶은 고기
와 야채를 건더기로 하는 라멘을 말한다. '네기라멘(ねぎラーメン)'은 파가 들어
간 라멘을 말하며, '와카메라멘(わかめラーメン)'은 미역이 들어간 라멘을 말한
다. '우나기라멘(うなぎラーメン)'은 장어가 들어간 라멘을 말하며, '카레라멘(カ
レーラーメン)'은 카레가 들어간 라멘을 말한다.

마지막으로 지역별 라멘이다. 지역별 라멘은 그 종류가 매우 다양한데, 본
서에서는 '삿뽀로 라멘(札幌ラーメン)', '하카타 라멘(博多ラーメン)', '나가사키 라
멘(長崎ラーメン)'으로 한정한다. '삿뽀로 라멘(札幌ラーメン)'은 삿뽀로를 대표하는

라멘이고, '하카타 라멘(博多ラーメン)'는 하카타를 대표하는 라멘이다. '나가사키 라멘(長崎ラーメン)'은 나가사키를 대표하는 라멘이다.

3절에서는 이상 분류한 라멘에 대한 일본어 학습자의 인지도, 경험도, 선호도에 대해서 고찰하기로 한다.

3_ 일본 라멘에 대한 일본어 학습자의 인지도, 경험도, 선호도 조사

우선 라멘에 대한 일본어 학습자의 인지도, 경험도, 선호도를 조사하기 전에 설문의 개요 및 조사 방법에 대해서 간략하게 언급을 해두고자 한다. 설문 조사는 2013년도 9월 16일~9월 20일 사이에 행해졌다. 조사 대상은 K대학교의 일본어문학과 학생(2학년/3학년)이었다. 설문 조사에 응해 준 학생은 전체 75명으로 남학생 22명, 여학생 53명이었다.

설문 조사 방법은 다음과 같다. 예를 들어 타레가 주가 되는 '간장라면(醬油ラーメン)', '소금라면(塩ラーメン)', '된장라면(味噌ラーメン)'을 아래와 같이 나열하고 해당 라멘에 대한 일본어 학습자의 인지, 경험, 선호 여부를 복수 체크하도록 하는 방식을 취했다.

┃표 1_ 설문 조사 방법(예시)

일본 라멘	알고 있다	먹은 적이 있다	좋아한다
간장라면(醬油ラーメン)	√		
소금라면(塩ラーメン)	√	√	
된장라면(味噌ラーメン)	√		

분석은 각종 라멘에 대한 일본어 학습자들의 인지도, 경험도의 평균을 산출하여 각 평균치의 높낮이를 비교 논의하는 방식을 취하였다.

그러면 이하에서는 일본 라멘에 대한 일본어 학습자의 인지도, 경험도, 선호도에 대해서 살펴보도록 하겠다.

1) 타레의 종류별로 본 인지도, 경험도, 선호도

이 절에서는 타레 종류별 라멘에 대한 일본어 학습자들의 인지도, 경험도, 선호도에 대해서 살펴보겠다. 다음의 표를 보도록 하자.

▌표 2_ 타레의 종류별 라멘에 대한 학습자들의 인지도, 경험도, 선호도(%)

라멘 종류	안다			먹은 적이 있다			좋아한다		
	남	여	전체	남	여	전체	남	여	전체
醬油ラーメン	82	91	88	59	66	64	32	42	39
塩ラーメン	82	77	79	41	40	40	18	13	15
味噌ラーメン	91	94	93	45	51	49	23	25	24
평균	86	87	87	50	53	51	23	26	25

타레 라멘에 대한 일본어 학습자의 평균 인지도는 87%로 나타났다. 남학생이 86%, 여학생이 87%로 차이가 거의 없다. '味噌ラーメン'이 93%로 가장 높고, '醬油ラーメン'과 '塩ラーメン'이 88%와 79%로 각각 그 뒤를 잇고 있다.

타레 라멘에 대한 일본어 학습자의 평균 경험도는 51%로 나타났다. 남학생은 50%, 여학생은 53%로 여학생 쪽이 약간 높다. '醬油ラーメン'에 대한 경험도가 64%로 가장 높고, '味噌ラーメン'과 '塩ラーメン'이 49%와 40%로 각각 그 뒤를 잇고 있다.

타레 라멘에 대한 평균 선호도는 25%로 나타났다. 남학생이 23%, 여학생이 26%로 여학생 쪽이 약간 높게 나왔다. '醬油ラーメン'에 대한 선호도가 39%로 가장 높았고, '味噌ラーメン'과 '塩ラーメン'이 24%, 15%로 각각 그 뒤를 잇고 있다.

2) 국물 종류별로 본 인지도, 경험도, 선호도

이 절에서는 국물 종류별 라멘에 대한 일본어 학습자들의 인지도, 경험도, 선호도에 대해서 살펴보겠다. 다음의 표를 보도록 하자.

▌표 3_ 국물 종류별 라멘에 대한 학습자들의 인지도, 경험도, 선호도(%)

라멘 종류	안다			먹은 적이 있다			좋아한다		
	남	여	전체	남	여	전체	남	여	전체
豚骨ラーメン	64	72	69	36	53	48	27	32	31
煮干しラーメン	18	15	16	14	6	8	5	2	3
あごだしラーメン	32	13	19	9	4	5	5	2	3
節仕込ラーメン	18	9	12	9	4	5	5	0	1
魚だし塩ラーメン	27	28	28	9	9	9	5	2	3
평균	32	28	28	14	15	15	9	8	8

국물 종류별 라멘에 대한 일본어 학습자의 평균 인지도는 28%로 나타났다. 남학생이 32%, 여학생이 28%로 나타났다. '豚骨ラーメン'이 69%로 가장 높고, '魚だし塩ラーメン'과 'あごだしラーメン'이 28%와 19%로 각각 그 뒤를 잇고 있다.

한편, 국물 종류별 라멘에 대한 일본어 학습자의 평균 경험도는 15%로 나타났다. 남학생은 14%, 여학생은 15%로 남녀차가 크지 않다. '豚骨ラーメン'에 대한 경험도가 48%로 가장 높고, '魚だし塩ラーメン'이 9%, '煮干しラーメン'이 8%로 각각 그 뒤를 잇고 있다.

국물이 중심이 되는 라멘에 대한 평균 선호도는 8%로 나타났다. 남학생은 9%, 여학생은 8%의 선호도를 나타냈다. '豚骨ラーメン'이 31%로 가장 높았다.

3) 건더기 종류별로 본 인지도, 경험도, 선호도

이 절에서는 건더기 종류별 라멘에 대한 일본어 학습자들의 인지도, 경험도, 선호도에 대해서 살펴보겠다. 다음의 표를 보도록 하자.

▮표 4_ 건더기 종류별 라멘에 대한 학습자들의 인지도, 경험도, 선호도(%)

라멘 종류	안다			먹은 적이 있다			좋아한다		
	남	여	전체	남	여	전체	남	여	전체
チャーシュー麺	59	66	64	36	55	49	32	34	33
ワンタン麺	23	28	27	18	13	15	14	4	7
広東麺	14	2	5	5	0	1	0	0	0
天津麺	14	9	11	5	4	4	5	4	4
五目麺	14	6	8	5	0	1	5	0	1
パーコー麺	18	4	8	0	2	1	0	0	0
チャンポン麺	36	49	45	18	28	25	14	17	16
タン麺	18	34	29	5	19	15	5	9	8
ねぎラーメン	50	58	56	23	26	25	23	13	16
わかめラーメン	32	23	25	0	9	7	0	2	1

うなぎラーメン	36	42	40	14	6	8	5	4	4
カレーラーメン	68	83	79	32	38	36	14	23	20
평균	32	34	33	14	17	16	9	9	9

건더기가 중심이 되는 라멘에 대한 일본어 학습자의 평균 인지도는 33%로 나타났다. 남학생이 32%, 여학생은 34%로 나타났다. '카레라멘(カレーラーメン)'이 79%로 가장 높고, '챠슈멘(チャーシュー麺)'과 '네기라멘(ねぎラーメン)'이 64%와 56%로 각각 그 뒤를 잇고 있다.

건더기가 중심이 되는 라멘에 대한 일본어 학습자의 평균 경험도는 16%로 나타났다. 남학생은 14%, 여학생은 17%로 여학생 쪽이 약간 높다. '챠슈멘(チャーシュー麺)'에 대한 경험도가 49%로 가장 높고, '카레라멘(カレーラーメン)'이 36%로 그 뒤를 잇고 있다.

건더기가 중심이 되는 라멘에 대한 평균 선호도는 9%로 나타났다. 남학생과 여학생 모두 9%를 차지하였다. '챠슈멘(チャーシュー麺)'에 대한 선호도가 33%로 가장 높고, '카레라멘(カレーラーメン)'이 20%로 그 뒤를 이었다.

4) 지역별로 본 인지도, 경험도, 선호도

이 절에서는 지역별 라멘에 대한 일본어 학습자들의 인지도, 경험도, 선호도에 대해서 살펴보겠다. 다음의 표를 보도록 하자.

표 5_ 지역별 라멘에 대한 학습자들의 인지도, 경험도, 선호도(%)

라멘 종류	안다			먹은 적이 있다			좋아한다		
	남	여	전체	남	여	전체	남	여	전체
札幌ラーメン	32	25	27	5	2	3	5	2	3

博多ラーメン	18	23	21	0	13	9	0	8	5
長崎ラーメン	55	47	49	14	26	23	9	17	15
평균	36	32	32	5	13	12	5	9	8

지역별 라멘에 대한 일본어 학습자의 평균 인지도는 32%로 나타났다. 남학생이 36%, 여학생이 32%로 큰 차이는 보이지 않는다. '나가사키 라멘(長崎ラーメン)'이 49%로 가장 높고, '삿뽀로 라멘(札幌ラーメン)'과 '하카타 라멘(博多ラーメン)'이 27%와 21%로 각각 그 뒤를 잇고 있다.

지역별 라멘에 대한 일본어 학습자의 평균 경험도는 12%로 나타났다. 남학생은 5%, 여학생은 13%로 여학생 쪽이 높았다. '나가사키 라멘(長崎ラーメン)'에 대한 경험도가 23%로 가장 높았다.

지역별 라멘에 대한 평균 선호도는 8%로 나타났다. 남학생이 5%, 여학생이 9%로 여학생 쪽이 높게 나왔다. '나가사키 라멘(長崎ラーメン)'에 대한 선호도가 15%로 가장 높았다.

4_ 정리

3절에서 제시한 일본 라멘의 평균 인지도는 다음과 같이 정리할 수 있다. 재차 설명하지만, 타레 라멘은 타레의 종류별로 나눈 라멘을 말하며, 국물 라멘은 국물 종류별로 나눈 라멘을 말한다. 건더기 라멘은 건더기 종류별로 나눈 라멘을 말하며 지역 라멘은 지역별로 나눈 라멘을 말한다.

표 6_ 라멘에 대한 일본어 학습자들의 평균 인지도(%)

일본 라멘				전체 평균
타레 라멘	국물 라멘	건더기 라멘	지역별 라멘	
87	28	33	32	45

일본 라멘에 대한 일본어 학습자의 전체 평균 인지도는 45%이다. 타레 라멘이 87%로 가장 높고, 건더기 라멘이 33%, 지역별 라멘이 32%, 국물 라멘이 28%로 각각 그 뒤를 이었다. 5절에서는 일본 라멘을 활용한 일본어교육의 가능성에 대해서 모색하고자 한다.

5_ 일본어교육으로의 활용 가능성

이하의 절에서는 일본 라멘을 활용한 듣기, 말하기, 읽기, 쓰기 교육의 가능성에 대해서 모색하고자 한다. 우선 4기능 교육의 가능성에 대해서 검토하기 전에 아래의 문장을 보도록 하자.

札幌には戦前から在日華人の調理人達によるあっさりしたスープのラーメンが存在しており、これが発祥とされる。この中でも中華料理店「竹家食堂」が1923年にはじめた醤油ラーメンが元祖といわれる。なお、この店は現存しないが、のれん分けした「竹家」が神戸市灘区で営業継続している。その後、札幌市内の中華料理店・喫茶店などに広がっていったが、太平洋戦争の物資統制による原料不足で全て姿を消した。現在のスタイルは終戦直後の1946年頃に満州などからの引揚者達が屋台で作った豚骨から煮出した濃いスープによるラーメンが源流である。元祖・発祥は各説あり定かではなく「竜鳳」「だるま軒」などの説がある。
当初は醤油味だったが、やがて「味の三平」の大宮守人が味噌ラーメンを考案し

た。これが雑誌やデパートの物産展などで全国的に広がったことから「札幌ラーメンは味噌ラーメン」と捉えられがちだが、多くの札幌ラーメン店では醤油味・味噌味・塩味の3種類を提供しており、特段味噌ラーメンのみに傾注しているわけではない。さらに1951年には初代札幌ラーメン横丁の誕生、「暮しの手帖」元編集長花森安治が札幌ラーメンの記事を1953年に「週刊朝日」へ、1955年に「暮しの手帖」へ執筆、1966年にはサンヨー食品がインスタントラーメンの『サッポロ一番しょうゆ味』を発売開始したことにより、日本全国に広く知られることとなった。2001年に札幌ラーメンを含む北海道のラーメンが北海道遺産として認定。

− 위키페디아 일본판(2014.03.20)에서 인용함.

위의 문장을 학습자들에게 들려준다. 모두 이해할 필요가 없다는 것을 교수자는 학습자들에게 강조한다. 이하 질문문은 편의상 한국어로 하도록 하겠다.

1. 무슨 라멘에 대한 설명인지 학습자들에게 묻는다 – 학습자들이 질문에 대답하거나 단답식의 형태로 쓰거나 혹은 해당 번호를 괄호 안에 기입한다.
   ① 札幌ラーメン ② 博多ラーメン ③ 長崎ラーメン ④ チャーシュー麺
2. 札幌ラーメン은 당초에는 무슨 맛이었는지 학습자들에게 묻는다 – 학습자들이 질문에 대답하거나 단답식 혹은 해당 번호를 괄호 안에 기입한다.
   ① 味噌味 ② 塩味 ③ 醤油味 ④ 薄味
3. 札幌ラーメン은 몇 년도에 北海道의 유산으로 인정이 되었는지 학습자들에게 묻는다 – 학습자들이 질문에 대답하거나 단답식 혹은 해당 번호를 괄호 안에 기입한다.
   ① 2001年 ② 2002年 ③ 2003年 ④ 2004年

'札幌ラーメン'에 대한 설명을 학습자들에게 들려주고, 그 들은 내용을 학습자들로 하여금 말하게 하거나, 쓰게 하거나 하면 듣기 교육, 쓰기 교육, 말하기 교육이 교실활동에서 실시된 셈이 된다. '札幌ラーメン'에 대한 위의 설

명문을 학습자들에게 읽게 하면 읽기 교육이 학습자들에게 실시된 셈이 된다. 교사는 학습자의 수준에 따라 다양한 언어4기능 교육을 교실에서 실시할 수 있다.

6_ 나오는 말

일본어 학습자들의 라멘에 대한 평균 인지도가 45%로 나타났다. 즉 일본인들과 교류를 하면서 라멘이라는 문화적 교감을 나눌 수 있는 능력이 어림잡아 45%라는 말이다. 이에 반해 제3장에서 확인한 것처럼, 스시에 대한 인지도는 56%로 훨씬 높았다. 이들 수치가 의미하는 바는 일본인들과 교류를 하면서 라멘과 스시를 접할 때 일본인과 문화적 교감을 나눌 수 있는 폭이 라멘보다 스시 쪽이 훨씬 넓다는 것이다.

5절에서 언급한 라멘을 활용한 일본어교육 방안은 그 내용이 비록 단순하다고 하더라도 라멘이라는 일본문화의 이해를 증진시킬 수 있는 현실적인 도구가 되기에 충분하다고 생각한다. 인터넷에 조예가 깊은 독자들은 본 저자의 능력을 훨씬 초월하는 방법으로 라멘의 교수법을 개발할 수 있으리라 믿는다.

1 아래의 라멘에 해당하는 요미가나 혹은 뜻을 본문 혹은 인터넷을 통해서 기입해보세요.

- 醤油ラーメン　→
- 塩ラーメン　→
- 味噌ラーメン　→
- 豚骨ラーメン　→
- 煮干しラーメン　→
- あごだしラーメン　→
- 節仕込ラーメン　→
- 魚だし塩ラーメン　→
- チャーシュー麺　→
- ワンタン麺　→
- 広東麺　→
- 天津麺　→
- 五目麺　→
- パーコー麺　→
- チャンポン麺　→
- タン麺　→
- ねぎラーメン　→
- わかめラーメン　→
- うなぎラーメン　→
- カレーラーメン　→
- 札幌ラーメン　→
- 博多ラーメン　→
- 長崎ラーメン　→

일본 우동의 이해와 일본어교육

1_ 들어가는 말

본 장에서는 면 상태별, 건더기 종류별, 먹는 방식별로 일반적으로 분류되는 일본 우동에 대한 일본어 학습자들의 인지도와 경험도를 측정하고자 한다. 아울러 본 장에서는 일본 우동을 활용한 일본어교육의 가능성도 모색한다.

2_ 우동 관련 예비지식

우동은 일반적으로 면 상태별, 건더기 종류별, 먹는 방식별로 분류된다. 먼저 면 상태별로 본 우동으로는 '치루도멘(チルド麺(うどん玉))', '호시우동(干しうどん)', '나마우동(生うどん)', '한나마우동(半生うどん)', '레이토우동(冷凍うどん)', '아부라아게멘(油揚げ麺(フライ麺))' 등으로 나눌 수 있다. '치루도멘(チルド麺(うどん玉))'은 0℃ 이내의 저온 상태로 된 우동을 말한다. '호시우동(干しうどん)'은 건조한 우동을 말하며, '나마우동(生うどん)'은 생우동을 말한다. '한나마우동(半生うどん)'

은 반 생우동을 말하며, '레이토우동(冷凍うどん)'은 냉동상태의 우동을 말한다. '아부라아게멘(油揚げ麺(フライ麺))'은 유부우동을 말한다.

둘째, 건더기 종류별로 본 우동으로는 '니쿠우동(肉うどん)', '쓰키미우동(月見うどん)', '싯뽀쿠우동(しっぽくうどん)', '다누키우동(たぬきうどん)', '카레우동(カレーうどん/カレー南蛮うどん)', '기자미우동(きざみうどん)', '덴뿌라우동(天ぷらうどん)', '야마가케우동(山かけうどん)', '붓가케우동(ぶっかけうどん)', '지카라우동(力うどん)', '가마아게우동(釜揚げうどん)', '오다마키우동(おだまきうどん)', '도지우동(とじうどん)', '자루우동(ざるうどん)', '기쓰네우동(きつねうどん)', '안가케우동(あんかけうどん)', '가야쿠우동(かやくうどん/五目うどん/おかめうどん)', '가케우동(かけうどん/素うどん)', '사누키우동(さぬきうどん)' 등을 들 수 있다.

'니쿠우동(肉うどん)'은 소고기가 들어간 우동을 말한다. '쓰키미우동(月見うどん)'은 날계란을 넣은 우동을 말하며, '싯뽀쿠우동(しっぽくうどん)'은 토란, 인삼, 무, 표고버섯, 유부 등이 들어간 우동을 말한다. '다누키우동(たぬきうどん)'은 튀김 부스러기를 얹은 우동을 말하며, '카레우동(カレーうどん/カレー南蛮うどん)'은 카레가 들어간 우동을 말한다. '기자미우동(きざみうどん)'은 유부를 얹은 우동을 말하며, '덴뿌라우동(天ぷらうどん)'은 튀김을 얹은 우동을 말한다. '야마가케우동(山かけうどん)'은 으깬 산마를 넣은 우동을 말한다. '붓가케우동(ぶっかけうどん)'은 먹는 사람이 우동에 국물을 부어서 먹는 우동을 말한다. '지카라우동(力うどん)'은 떡이 들어간 우동을 말하며, '가마아게우동(釜揚げうどん)'은 삶은 우동을 국물에 넣지 않고, 간장 등에 찍어서(적셔서) 먹는 우동을 말한다. '오다마키우동(おだまきうどん)'은 공기에 우동을 넣고 닭고기, 버섯, 어묵 등을 얹어 달걀을 풀어 공기째로 찐 우동을 말한다. '도지우동(とじうどん)'은 반숙한 계란을 우동 위에 덮은 것을 말하며, '자루우동(ざるうどん)'은 메밀로 된 우동을 간장 등에 찍어서 혹은 적셔서 먹는 우동을 말한다. '기쓰네우동(きつねうどん)'은 큰 유부가 들어간 우동을 말한다. '안가케우동(あんかけうどん)'은 국물에 녹말을 넣어서 뻑뻑하게 끓인 우동을 말한다. '가야쿠우동(かやくうどん/五目うどん/おかめうどん)'은 어묵이나 미역을 넣은 우동을 말하며, '가케우동(かけうどん/素うどん)'은 우동에 국물을 부어서 먹는 우동이다. 마지막으로 '사누키우동(さぬきうどん)'은 삶아서 건져 올린 우동에 간장, 쪽파, 계란을 얹어서 먹는 우동을 말한다.

셋째, 먹는 방식별로 본 우동으로는 '나베야키우동(鍋焼うどん)', '미소니코미우동(味噌煮込みうどん)', '야키우동(焼きうどん)', '아게우동(揚げうどん)'을 들 수 있다. '나베야키우동(鍋焼うどん)'은 돌냄비를 이용해서 먹는 우동을 말하며, '미소니코미우동(味噌煮込みうどん)'은 끓인 된장 국물에 우동을 넣은 것을 말한다. '야키우동(焼きうどん)'은 생우동을 전자레인지에 넣어 일정 시간 가열한 다음 간장을 곁들여서 먹는 우동을 말한다. 마지막으로 '아게우동(揚げうどん)'은 튀김을 넣어 먹는 우동을 말한다.

3_ 한국인 일본어 학습자의 인지도, 경험도, 선호도 조사

우선 일본 우동에 대한 일본어 학습자의 인지도, 경험도, 선호도를 조사하기 전에 설문의 개요 및 조사 방법에 대해서 간략하게 언급을 해두고자 한다. 설문 조사는 2013년도 9월 23일~9월 27일 사이에 행해졌다. 조사 대상은 K대학교의 일본어문학과 학생(2학년/3학년)이었다. 설문 조사에 응해 준 학생은 전체 75명으로 남학생 22명, 여학생 53명이었다.

설문 조사 방법은 다음과 같다. 예를 들어 '치루도멘(チルド麺(うどん玉))', '호시우동(干しうどん)', '나마우동(生うどん)', '한나마우동(半生うどん)'을 아래와 같이

나열하고 해당 우동에 대한 일본어 학습자의 인지 여부, 경험 여부, 선호 여부를 복수 체크하도록 하는 방식을 취했다.

▌표 1_ 설문 조사 방법(예시)

일본 우동	알고 있다	먹은 적이 있다	좋아한다
치루도멘(チルド麺(うどん玉))	√		
호시우동(干しうどん)	√	√	
나마우동(生うどん)	√		
한나마우동(半生うどん)			
레이토우동(冷凍うどん)	√	√	√

분석은 각종 우동(전체 우동도 포함)에 대한 전체 일본어 학습자(남학생/여학생)의 인지도, 경험도, 선호도의 평균을 산출하여 각 평균치의 높낮이를 비교 논의하는 방식을 취하였다.

그러면 이하에서는 면 상태별로 본 우동, 건더기 종류별로 본 우동, 먹는 방식별로 본 우동의 인지도, 경험도, 선호도에 대해서 살펴보도록 하겠다.

1) 면 상태별로 본 인지도, 경험도, 선호도

이 절에서는 면 상태별 우동에 대한 일본어 학습자들의 인지도, 경험도, 선호도에 대해서 살펴보겠다. 다음의 표를 보도록 하자.

표 2_ 면 상태별 우동에 대한 학습자들의 인지도, 경험도, 선호도(%)

	안다			먹은 적이 있다			좋아한다		
	남	여	전체	남	여	전체	남	여	전체
チルド麺(うどん玉)	32	34	33	18	15	16	14	4	7
干しうどん	18	9	12	9	6	7	9	4	5
生うどん	68	79	76	32	40	37	27	21	23
半生うどん	23	28	27	9	6	7	5	4	4
冷凍うどん	59	47	51	25	30	28	14	8	9
油揚げ麺(フライ麺)	27	40	36	14	19	17	9	8	8
평균	36	40	39	18	19	19	14	8	9

면 상태를 중심으로 한 우동의 평균 인지도는 39%로 나타났다. 남학생이 36%, 여학생이 40%로 남학생보다 여학생 쪽이 약간 높았다. '나마우동(生うどん)'이 76%로 가장 높았고, '레이토우동(冷凍うどん)'이 51%, '아부라아게멘(油揚げ麺(フライ麺))'이 36%로 각각 그 뒤를 이었다.

면 상태를 중심으로 한 우동의 평균 경험도는 19%로 나타났다. 남학생이 18%, 여학생이 19%로 남녀차가 거의 나지 않았다. '나마우동(生うどん)'이 37%로 가장 높았고, '레이토우동(冷凍うどん)'이 28%, '아부라아게멘(油揚げ麺(フライ麺))'이 17%로 각각 그 뒤를 이었다.

면 상태를 중심으로 한 우동의 평균 선호도는 9%로 나타났다. 남학생이 14%, 여학생이 8%로 남학생 쪽이 6% 높았다. '나마우동(生うどん)'이 23%로 가장 높았고, '레이토우동(冷凍うどん)'이 9%, '아부라아게멘(油揚げ麺(フライ麺))'이 8%로 각각 그 뒤를 이었다.

2) 건더기 종류별로 본 인지도, 경험도, 선호도

이 절에서는 건더기 종류별 우동에 대한 일본어 학습자들의 인지도, 경험도, 선호도에 대해서 살펴보겠다. 다음의 표를 보도록 하자.

▌표 3_ 건더기 종류별 우동에 대한 학습자들의 인지도, 경험도, 선호도(%)

	안다			먹은 적이 있다			좋아한다		
	남	여	전체	남	여	전체	남	여	전체
肉うどん	59	72	68	36	40	39	27	23	24
月見うどん	18	15	16	14	9	11	14	6	8
しっぽくうどん	9	8	8	0	0	0	0	0	0
たぬきうどん	45	43	44	27	21	23	18	11	13
カレーうどん/ カレー南蛮うどん	55	70	65	23	42	36	14	26	23
きざみうどん	9	9	9	5	4	4	0	0	0
天ぷらうどん	64	72	69	36	58	52	27	36	33
山かけうどん	14	8	9	0	2	1	0	0	0
ぶっかけうどん	14	21	19	0	9	7	0	8	5
力うどん	9	9	9	0	0	0	0	0	0
釜揚げうどん	5	9	8	0	2	1	0	0	0
おだまきうどん	5	6	5	0	0	0	0	0	0
とじうどん	5	2	3	0	0	0	0	0	0
ざるうどん	9	19	16	9	13	12	0	2	1
きつねうどん	32	30	31	32	19	23	18	11	13
あんかけうどん	0	13	9	0	4	3	0	2	1
かやくうどん/ 五目うどん/ おかめうどん	5	6	5	5	2	3	0	2	1

かけうどん/ 素うどん	9	11	11	5	8	7	0	2	1
さぬきうどん	14	30	25	5	19	15	0	6	4
평균	18	25	23	9	13	12	5	8	7

건더기 종류별로 본 우동의 평균 인지도는 23%로 나타났다. 남학생이 18%, 여학생이 25%로 여학생이 7% 더 높았다. '텐뿌라우동(天ぷらうどん)'이 69%로 가장 높았고, '니쿠우동(肉うどん)'이 68%, '카레우동(カレーうどん/カレー南蛮うどん)'이 65%로 각각 그 뒤를 이었다.

건더기 종류별로 본 우동의 평균 경험도는 12%로 나타났다. 남학생이 9%, 여학생이 13%로 여학생 쪽이 4% 높게 나타났다. '텐뿌라우동(天ぷらうどん)'이 52%로 가장 높았고, '니쿠우동(肉うどん)'이 39%, '카레우동(カレーうどん/カレー南蛮うどん)'이 36%로 각각 그 뒤를 이었다.

건더기 종류별로 본 우동의 평균 선호도는 7%로 나타났다. 남학생이 5%, 여학생이 8%로 역시 여학생 쪽이 3% 높게 나왔다. 선호도 순위는 인지도와 경험도 순과 동일하였다.

3) 먹는 방식별로 본 인지도, 경험도, 선호도

다음의 표 4는 먹는 방식별로 본 우동의 인지도, 경험도, 선호도를 수치로 제시한 것이다.

표 4_ 먹는 방식별로 본 학습자들의 인지도, 경험도, 선호도(%)

	안다			먹은 적이 있다			좋아한다		
	남	여	전체	남	여	전체	남	여	전체
鍋焼うどん	32	23	25	14	13	13	5	9	8

味噌煮込みうどん	32	21	24	9	11	11	5	8	7
焼きうどん	73	58	63	50	43	45	18	32	28
揚げうどん	27	9	15	27	4	11	14	2	5
평균	41	28	32	27	19	20	9	13	12

먹는 방식별로 본 우동의 평균 인지도는 32%로 나타났다. 남학생이 41%, 여학생이 28%로 남학생 쪽이 압도적으로 높았다. '야키우동(焼きうどん)'이 63%로 가장 높은 인지도를 나타냈다.

먹는 방식별로 본 우동의 평균 경험도는 20%로 나타났다. 남학생이 27%, 여학생이 19%로 남학생 쪽이 8% 높게 나왔다. 인지도와 마찬가지로 '야키우동(焼きうどん)'이 45%로 가장 높은 수치를 나타냈다.

먹는 방식별로 본 우동의 평균 선호도는 12%로 나타났다. 남학생이 9%, 여학생이 13%로 이번에는 여학생 쪽이 4% 가량 높게 나왔다. 인지도 및 경험도와 마찬가지로 '야키우동(焼きうどん)'이 28%로 가장 높은 수치를 나타냈다.

4_ 정리

3절에서 제시한 일본 우동에 대한 한국인 학습자의 평균 인지도는 다음의 표 5와 같이 정리할 수 있다.

▍표 5_ 일본 우동에 대한 일본어 학습자의 인지도(%)

일본 우동			전체 평균
면 상태별 우동	건더기 종류별 우동	먹는 방식별 우동	
39	23	32	31

일본 우동에 대한 일본어 학습자의 전체 평균 인지도는 31%이다. 면 상태별로 나눈 우동의 인지도는 39%, 먹는 방식별로 나눈 우동의 인지도는 32%, 건더기 종류별로 나눈 우동의 인지도는 23%로 나타났다.

5절에서는 일본 우동을 활용한 일본어교육의 가능성에 대해서 모색하고자 한다.

5_ 일본어교육으로의 활용 가능성

이 절에서는 일본 우동을 활용한 듣기 교육, 읽기 교육, 말하기 교육, 쓰기 교육의 가능성에 대해서 살펴보도록 하겠다.

1) 듣기 교육의 가능성

먼저 듣기 교육의 가능성으로 일본 우동의 설명문을 활용한 스캐닝(scanning), 스키밍(skimming), 자세하게 듣기 방안을 제시한다.

手軽な庶民食、米食の代用食として、また、祝い事に際して振る舞われる「ハレ」の食物として、古くから日本全国で食べられてきた。地域によって、調理法や具材が違っている。
麺を大きな鍋で茹で上げる場合には、鍋の周囲に引っ掛けた状態で茹でることができるよう、金属製あるいは竹製で深いザル状になっているうどんてぼ(うどん揚げ)が用いられることも多い。うどんを供する場合には丼(かけうどん)、皿(うどん鉢など)やざる(ざるうどん等)、鍋(すき鍋等)のほか、桶(うどん桶)も用いられる。

うどん専門店や蕎麦も提供する麺類の専門店のほか、外食チェーン店などのメニューともなっている。また、麺はスーパーマーケットなどで乾麺または茹で麺の状態で販売される。また、カップ麺としても販売されている。
自動販売機では、カップ麺の他に、茹で麺を湯切りしたあと調理し天ぷらを入れたものも販売されている(埼玉県等)。

－위키페디아 일본판(2014.03.22)에서 인용, 밑줄은 저자

첫째, 스캐닝 방식을 통한 듣기 교육의 가능성이다. 스캐닝(scanning)이란 필요한 정보만을 듣는 것이다. 구체적 방안을 제시하면 다음과 같다.

① 위의 문장을 들려주고 'うどん'이라는 단어가 몇 번 나왔는지 말하게 한다.
② 교수자가 특정한 단어 예를 들어 'うどん'이란 단어를 들려주고 그것을 쓰게 한다.
③ 반드시 단어에 국한될 필요는 없다. 문장을 들려주고 그 문장을 학습자들이 받아쓰게 하는 방안도 생각해 볼 수 있다.

둘째, 스키밍 방식을 통한 듣기 교육의 가능성이다. 스키밍(scanning)이란 대의를 파악하는 듣기 방식이다. 구체적 방안을 제시하면 다음과 같다.

① 일본 우동은 서민식입니까? － 학습자들이 대답한다.
② 우동은 종류가 다양합니까? － 학습자들이 대답한다.
③ 지역에 따라서 조리법이나 식자재가 비슷합니까? 혹은 전혀 다릅니까? － 학습자들이 대답한다.

셋째, 자세하게 듣기이다. 구체적 방안을 제시하면 다음과 같다. 내용과 일

치하면 'O', 일치하지 않으면 '×'를 괄호 속에 표시하게 한다.

① 자동판매기에서는 컵우동만을 판매합니다. (   )
② 수퍼마켓에서는 건면만을 판매합니다. (   )
③ 우동전문점에서만 우동을 먹을 수 있습니다. (   )

2) 읽기 교육의 가능성

이번에는 읽기 교육의 가능성에 대해서 살펴보도록 하자. 읽기 교육에서도 필요한 정보만을 찾는 스캐닝, 대의를 파악하는 스키밍, 한 단어에 이르기까지 정확하게 이해하고 모든 내용을 파악하는 정독이 있다.

手軽な庶民食、米食の代用食として、また、祝い事に際して振る舞われる「ハレ」の食物として、古くから日本全国で食べられてきた。地域によって、調理法や具材が違っている。
麺を大きな鍋で茹で上げる場合には、鍋の周囲に引っ掛けた状態で茹でることができるよう、金属製あるいは竹製で深いザル状になっているうどんてぼ(うどん揚げ)が用いられることも多い。うどんを供する場合には丼(かけうどん)、皿(うどん鉢など)やざる(ざるうどん等)、鍋(すき鍋等)のほか、桶(うどん桶)も用いられる。
うどん専門店や蕎麦も提供する麺類の専門店のほか、外食チェーン店などのメニューともなっている。また、麺はスーパーマーケットなどで乾麺または茹で麺の状態で販売される。また、カップ麺としても販売されている。
自動販売機では、カップ麺の他に、茹で麺を湯切りしたあと調理し天ぷらを入れたものも販売されている(埼玉県等)。

― 위키페디아 일본판(2014.03.22)에서 인용, 밑줄은 저자

첫째, 스캐닝 방식을 통한 읽기 교육으로 교수자가 위의 문장을 학습자들에게 제시하고 밑줄 친 부분을 불러주고 밑줄을 치게 하는 방안을 생각해 볼 수 있다. 또한 한자어가 몇 개 출현했는지, 명사가 모두 몇 개 출현했는지를 묻고 대답하게 하는 방안도 생각해 볼 수 있다.

둘째, 스키밍 방식을 통한 읽기 교육으로 아래의 질문지를 학습자들에게 배부하고, 위의 문장을 읽게 한 다음, 학습자들은 아래의 질문에 대답하도록 하는 방안을 생각해 볼 수 있다.

> ① 일본 우동은 서민식입니까? – 학습자들이 대답한다.
> ② 우동은 종류가 다양합니까? – 학습자들이 대답한다.
> ③ 지역에 따라서 조리법이나 식자재가 비슷합니까? 혹은 전혀 다릅니까? – 학습자들이 대답한다.

셋째, 자세하게 읽기로 위의 문장을 학습자들에게 읽게 하고, 학습자들이 아래의 질문지 빈칸에 '○', '×'를 기입하도록 하는 방안이다.

> ① 자동판매기에서는 컵우동만을 판매합니다. (   )
> ② 수퍼마켓에서는 건면만을 판매합니다. (   )
> ③ 우동전문점에서만 우동을 먹을 수 있습니다. (   )

3) 말하기 교육의 가능성

반복드릴, 대입드릴, 변형드릴, 결합드릴, 확장드릴, 완성드릴, 문답드릴 등의 기계드릴을 사용하는 방식과 장면드릴, 소회화드릴, 인포메이션 갭, 인터뷰 태스트, 롤플레이 등의 의미드릴을 사용하는 방식이 있다. 이 절에서는 기계드릴로 국한해서 말하기 교육의 방안을 제시하고자 한다.

먼저 기계드릴에서 반복드릴로는 다음과 같이 교수자(T)가 말한 것을 학습자(S)가 따라 말하는 방안을 들 수 있다.

T	かけうどん	S	かけうどん
T	ざるうどん	S	ざるうどん

둘째, 대입드릴로 다음과 같은 방안을 들 수 있다.

T　かけうどんは古くから日本全国で食べられてきました。ざるうどん
S　ざるうどんは古くから日本全国で食べられてきました。

셋째, 변형드릴로 다음과 같은 말하기 방안을 생각해 볼 수 있다.

T　食べる
S　食べられる

넷째, 결합드릴 방식을 통한 말하기 방안이다.

T　うどんは手軽な庶民食として古くから日本全国で食べられてきた。地域によって、調理法や具材が違っている。
S　うどんは手軽な庶民食として古くから日本全国で食べられてきており、地域によって、調理法や具材が違っている。

다섯째, 확장드릴 방식을 통한 말하기 방안이다.

> T　食べられてきた。
> S　食べられてきた。
> T　日本全国で
> S　日本全国で食べられてきた。
> T　古くから
> S　古くから日本全国で食べられてきた。

여섯째, 완성드릴 방식을 통한 말하기 방안이다.

> T　うどん、手軽、庶民食、古くから、日本全国で、食べられてきた。
> S　うどんは手軽な庶民食として古くから日本全国で食べられてきた。

일곱 번째, 문답드릴 방식을 통한 말하기 방안이다.

> T　일본 우동은 서민식입니까?-학습자들이 "예"하고 대답한다.
> T　우동은 종류가 다양합니까?-학습자들이 "예"하고 대답한다.
> T　지역에 따라서 조리법이나 식자재가 비슷합니까? -학습자들이 "아니오"하고
> 　　대답한다.

4) 쓰기 교육의 가능성

다음과 같이 교수자(T)가 말한 것을 학습자(S)가 쓰게 하는 방안을 들 수
있다.

학습자의 수준이 높을수록 문장이나, 감상문을 쓰게 하는 방안도 생각해 볼 수 있다.

T	かけうどんは古くから日本全国で食べられてきました。
S	かけうどんは古くから日本全国で食べられてきました。
T	일본 우동에 대해서 느낀 점을 작성해보세요
S	작성한다.

6_ 나오는 말

일본어 학습자들의 우동에 대한 평균 인지도가 31%로 나타났다. 스시에 대한 평균 인지도는 56%, 라멘에 대한 평균 인지도는 45%였다. 우동에 대한 평균 인지도가 31%라는 것은 현지 일본인들과 교류를 하면서 우동이라는 매개체를 가지고 문화적 교감을 나눌 수 있는 능력이 어림잡아 31%라는 말이다.

5절에서 언급한 우동을 활용한 일본어교육 방안은 그 내용이 스시나 라멘에 비해 좀 복잡한 편이다. 이는 특정 콘텐츠를 활용한 일본어교육 방안이 학습자의 수준에 따라 천편일률적이 아니라 매우 다채롭게 실현될 수 있다는 것을 의미한다. 즉 일본문화는 학습자의 수준에 따라 다양한 방법으로 교육되어질 수 있다는 말이다. 따라서 지금까지 본 저자가 강조해 온 것처럼, 일본어교육은 일본문화의 이해 증진을 위한 훌륭한 도구가 될 수 있다. 인터넷에 조예가 깊은 독자들은 저자의 상상을 훨씬 초월하는 방법으로 우동에 대한 훌륭한 교수법을 개발해 나가리라 믿어 의심치 않는다.

1 아래의 우동에 해당하는 요미가나 혹은 뜻을 본문 혹은 인터넷을 통해서 기입 해보세요.

- チルド麺 　　　→ _____
- 干しうどん 　　→ _____
- 生うどん 　　　→ _____
- 半生うどん 　　→ _____
- 冷凍うどん 　　→ _____
- 油揚げ麺 　　　→ _____
- 肉うどん 　　　→ _____
- 月見うどん 　　→ _____
- しっぽくうどん → _____
- たぬきうどん 　→ _____
- カレーうどん/カレー南蛮うどん → _____
- きざみうどん 　→ _____
- 天ぷらうどん 　→ _____
- 山かけうどん 　→ _____
- ぶっかけうどん → _____
- 力うどん 　　　→ _____
- 釜揚げうどん 　→ _____
- おだまきうどん → _____
- とじうどん 　　→ _____
- ざるうどん 　　→ _____
- きつねうどん 　→ _____
- あんかけうどん → _____
- かやくうどん/五目うどん/おかめうどん → _____
- かけうどん/素うどん → _____
- さぬきうどん 　→ _____

- 鍋焼うどん   ⟶
- 味噌煮込みうどん   ⟶
- 焼きうどん   ⟶
- 揚げうどん   ⟶

일본 소바(국수)의 이해와 일본어교육

1_ 들어가는 말

본 장에서는 통상 일반적 분류, 가케소바 종류별 분류, 오로시 소바의 종류 별로 분류되는 일본 소바에 대한 일본어 학습자들의 인지도와 경험도를 측정 하고자 한다. 아울러 본 장에서는 일본 소바를 활용한 일본어교육의 가능성 도 모색한다.

2_ 소바 관련 예비지식

본서에서는 일반적 분류, 가케소바 종류별, 오로시 소바의 종류별로 분류되는 소바를 본 저자의 지식(위키페디아에서 확인함)에 의거하여 설명한다.

먼저 일반적 분류로는 '자루소바(ざるそば/盛りそば)', '쓰케소바(つけそば)', '기쓰네소바(きつねそば/冷やしきつねそば)', '다누키소바(たぬきそば/冷やしたぬきそば)', '덴뿌라소바(天ぷらそば/天ざるそば)', '쓰키미소바(月見そば/冷やし月見そば)', '도로로

소바(とろろ(山かけ)そば/冷やしとろろそば)', '남방소바(南蛮そば)', '가모남방(鴨南蛮)', '도리남방(鳥南蛮)', '니쿠남방(肉南蛮)', '덴남방(天南蛮)', '산사이소바(山菜そば/冷やし山菜そば)', '나메코소바(なめこそば/冷やしなめこそば)', '고롯케소바(コロッケそば)' 등을 들 수 있다.

'자루소바(ざるそば/盛りそば)'란 사각형의 대발에 얹은 메밀국수를 말한다. '쓰케소바(つけそば)'란 간장이나 진한 국물에 찍어 먹는 국수를 말한다. '기쓰네소바(きつねそば/冷やしきつねそば)'는 양념이 들어간 유부와 파를 넣어서 만든 메밀국수를 말하는데, 우리말로는 메밀 유부국수라고도 한다. '다누키소바(たぬきそば/冷やしたぬきそば)'란 튀김 부스러기를 넣은 메밀국수를 말한다. '덴뿌라소바(天ぷらそば/天ざるそば)'는 튀김이 들어간 메밀국수를 말한다. '쓰키미소바(月見そば/冷やし月見そば)'는 날계란을 넣은 메밀국수를 말한다. '도로로소바(とろろ(山かけ)そば/冷やしとろろそば)'는 산마를 갈아서 국수에 넣어 먹는 것을 말한다. '남방소바(南蛮そば)'는 파를 넣은 국수를 말한다. '가모남방(鴨南蛮)'은 닭고기와 파를 넣은 국수를 말한다. '도리남방(鳥南蛮)' 역시 파와 닭고기가 들어간 국수를 말한다. '니쿠남방(肉南蛮)'는 고기와 파를 넣어 끓인 국수를 말한다. '덴남방(天南蛮)'은 국수에 튀김을 얹은 다음 국물을 붓고 파를 곁들인 것을 말한다. '산사이소바(山菜そば/冷やし山菜そば)'는 산나물이 들어간 국수를 말하며 '나메코소바(なめこそば/冷やしなめこそば)'는 버섯이 들어간 국수를 말한다. '고롯케소바(コロッケそば)'는 고롯케가 들어간 국수이다.

그 다음으로 가케소바 종류별 분류이다. '가케소바(かけそば/素そば)', '가시와소바(かしわそば)', '오카메소바(おかめそば)', '기자미소바(きざみそば)', '오보로소바(おぼろそば)', '겐친소바(けんちんそば)', '싯뽀쿠소바(しっぽくそば)', '도지소바(とじそば)', '와카메소바(わかめそば)', '고모꾸소바(五目そば)', '니신소바(鰊(にしん)そば)', '하라코소바(はらこそば)', '하나마키소바(花巻そば)' 등이 있다.

'가케소바(かけそば/素そば)'는 국물에 메밀을 넣은 국수이다. '가시와소바(かしわそば)'는 닭고기와 파가 들어간 국수이다. '오카메소바(おかめそば)'는 유부, 김, 송이, 어묵이 들어간 메밀국수를 말한다. '기자미소바(きざみそば)'는 가늘게 썬 유부를 넣은 메밀국수를 말한다. '오보로소바(おぼろそば)'은 으깬 생선이나 새우가 들어간 국수를 말한다. '겐친소바(けんちんそば)'는 우엉, 표고버섯, 두부가 들어간 국수를 말한다. '싯뽀쿠소바(しっぽくそば)'는 고기와 채소 등을 넣은 국수이다. '도지소바(とじそば)'는 풀어진 계란이 국수를 덮은 형상을 한 국수이다.'와카메소바(わかめそば)'는 미역이 들어간 국수이며, '고모꾸소바(五目そば)'는 야채나 고기 등 다양한 재료가 들어간 국수를 말한다. '니신소바(鰊(にしん)そば)'는 훈제 청어가 들어간 국수를 말하며, '하라코소바(はらこそば)'는 연어알이 들어간 국수를 말한다. '하나마키소바(花巻そば)'는 김이 들어간 국수를 말한다.

마지막으로 오로시소바 종류별 분류이다. 오로시소바에는 '오로시소바(おろしそば)', '다이콘오로시소바(大根おろしそば)', '우메오로시소바(梅おろしそば)'가 있다. '오로시소바(おろしそば)'란 국물에 무즙을 넣어서 만든 국수이다. '다이콘오로시소바(大根おろしそば)'도 마찬가지로 국물에 무즙을 넣어서 만든 국수이며, '우메오로시소바(梅おろしそば)'는 강판에 간 매실을 국물에 넣어서 만든 국수이다.

3절에서는 이상의 분류를 통해 각각의 소바에 대한 한국인 일본어 학습자의 인지도, 경험도, 선호도에 대해서 살펴보기로 하겠다.

3_ 한국인 일본어 학습자의 인지도 조사

우선 일본 소바에 대한 일본어 학습자의 인지도, 경험도, 선호도를 조사하기 전에 설문의 개요 및 조사 방법에 대해서 간략하게 언급한다. 설문 조사는 2013년도 9월 30일~10월 04일 사이에 행해졌다. 조사 대상은 K대학교의 일본어문학과 학생이었다. 설문 조사에 응해 준 학생은 전체 75명으로 남학생 22명, 여학생 53명이었다.

설문 조사 방법은 다음과 같다. 예를 들어 '자루소바(ざるそば/盛りそば)', '쓰케소바(つけそば)', '기쓰네소바(きつねそば/冷やしきつねそば)', '다누키소바(たぬきそば/冷やしたぬきそば)', 덴뿌라소바(天ぷらそば/天ざるそば)를 아래와 같이 나열하고 해당 소바에 대한 일본어 학습자의 인지 여부, 경험 여부, 선호 여부를 복수 체크하도록 하는 방식을 취했다.

▌표 1_ 설문 조사 방법(예시)

일본 소바	알고 있다	먹은 적이 있다	좋아한다
자루소바(ざるそば/盛りそば)	✓		
쓰케소바(つけそば	✓	✓	
기쓰네소바(きつねそば/冷やしきつねそば)			
다누키소바(たぬきそば/冷やしたぬきそば)	✓		
덴뿌라소바(天ぷらそば/天ざるそば	✓	✓	✓

분석은 각종 소바(전체 소바도 포함)에 대한 전체 일본어 학습자(남학생/여학생)의 인지도, 경험도, 선호도를 백분율로 나타내고 다시 그 백분율의 평균치의 높낮이를 비교 논의하는 방식을 취하였다.

그러면 이하에서는 일반적 분류별, 가케소바 종류별, 오로시 소바 종류별로 본 일본소바의 인지도, 경험도, 선호도에 대해서 살펴보도록 하겠다.

1) 일반적 분류별로 본 인지도

다음 표를 보도록 하자.

▌표 2_ 일반적 분류별로 본 학습자들의 인지도, 경험도, 선호도(%)

	안다			먹은 적이 있다			좋아한다		
	남	여	전체	남	여	전체	남	여	전체
ざるそば/盛りそば	23	36	32	18	26	24	18	11	13
つけそば	36	34	35	32	19	23	23	8	12
きつねそば/冷やしきつねそば	36	34	35	27	15	19	14	8	9
たぬきそば/冷やしたぬきそば	41	30	33	23	11	15	18	4	8
天ぷらそば/天ざるそば	41	53	49	18	28	25	9	17	15
月見そば/冷やし月見そば	14	9	11	5	6	5	5	4	4
とろろ(山かけ)そば/冷やしとろろそば	9	13	12	0	2	1	0	0	0
南蛮そば	0	4	3	0	0	0	0	0	0
鴨南蛮	9	4	5	5	0	1	5	0	1
鳥南蛮	5	9	8	0	2	1	0	2	1
肉南蛮	14	11	12	5	4	4	5	2	3
天南蛮	9	6	7	5	0	1	5	0	1
山菜そば/冷やし山菜そば	18	8	11	9	0	3	0	0	0
なめこそば/冷やしなめこそば	14	8	9	5	0	1	5	0	1
コロッケそば	23	36	32	5	6	5	0	6	4
평균	18	19	20	9	8	8	9	4	5

일반적 분류별로 본 일본 소바의 평균 인지도는 20%로 나타났다. 남학생이 18%, 여학생은 19%로 남녀차가 거의 발생하지 않았다. '덴뿌라소바(天ぷらそば/天ざるそば)'가 49%로 가장 높았으며, '쓰케소바(つけそば)', '기쓰네소바(きつねそば/冷やしきつねそば)'가 각각 35%로 그 뒤를 이었다.

일반적 분류별로 본 일본 소바의 평균 경험도는 8%로 나타났다. 남학생이 9%, 여학생이 8%로 인지도와 마찬가지로 남녀차가 거의 발생하지 않았다. '덴뿌라소바(天ぷらそば/天ざるそば)'가 25%로 가장 높았으며, '자루소바(ざるそば/盛りそば)'가 24%, '쓰케소바(つけそば)'가 23%로 각각 그 뒤를 이었다.

일반적 분류별로 본 일본 소바의 평균 선호도는 5%로 나타났다. 남학생이 9%, 여학생이 4%로 남학생 쪽이 5% 높게 나왔다.

2) 가케소바의 종류별로 본 인지도

이 절에서는 가케소바 종류에 대한 일본어 학습자들의 인지도, 경험도, 선호도에 대해서 살펴보겠다. 다음의 표를 보도록 하자.

▎표 3_ 가케소바 종류별 소바에 대한 학습자들의 인지도, 경험도, 선호도(%)

	안다			먹은 적이 있다			좋아한다		
	남	여	전체	남	여	전체	남	여	전체
かけそば/素そば	27	8	13	14	4	7	9	2	4
かしわそば	9	4	5	5	0	1	0	0	0
おかめそば	5	4	4	0	0	0	0	0	0
きざみそば	14	6	8	0	0	0	0	0	0
おぼろそば	5	2	3	5	0	1	0	0	0
けんちんそば	5	2	3	0	0	0	0	0	0

しっぽくそば	5	2	3	0	0	0	0	0	0
とじそば	5	2	3	0	0	0	0	0	0
わかめそば	14	8	9	0	4	3	0	2	1
五目そば	5	2	3	0	0	0	0	0	0
鰊(にしん)そば	0	4	3	0	0	0	0	0	0
はらこそば	5	2	3	5	0	1	5	0	1
花巻そば	5	2	3	5	0	1	5	0	1
평균	9	4	5	2	1	1	1	0.1	1

가케소바의 종류별로 본 일본소바의 평균 인지도는 5%로 나타났다. 남학생이 9%, 여학생이 4%로 남학생 쪽이 5% 높게 나왔다. '가케소바(かけそば/素そば)'가 13%로 가장 높게 나왔고, '와카메소바(わかめそば)'가 9%, '기자미소바(きざみそば)'가 8%로 각각 그 뒤를 이었다.

가케소바의 종류별로 본 일본소바의 평균 경험도는 1%로 그 수치가 현저히 낮아졌다. 남학생이 2%, 여학생이 1%로 남녀차가 거의 나지 않았다. '가케소바(かけそば/素そば)'가 7%, '와카메소바(わかめそば)'가 3%로 나타났다.

가케소바의 종류별로 본 일본소바의 평균 선호도는 1%로 경험도와 마찬가지로 매우 낮은 수치를 나타냈다. 남학생이 1%, 여학생은 0.1%로 거의 0에 가까운 수치를 나타냈다. '가케소바(かけそば/素そば)'가 4%로 가장 높게 나왔다.

3) 오로시소바의 종류별로 본 인지도

다음의 표를 보도록 하자.

표 4_ 오로시소바 종류별로 본 학습자들의 인지도, 경험도, 선호도(%)

	안다			먹은 적이 있다			좋아한다		
	남	여	전체	남	여	전체	남	여	전체
おろしそば	18	8	11	5	0	1	5	0	1
大根おろしそば	18	17	17	5	2	3	5	0	1
梅おろしそば	14	13	13	0	2	1	0	0	0
평균	18	13	13	5	2	1	5	0	1

오로시 소바의 종류별로 본 일본 소바의 평균 인지도는 13%로 나타났다. 남학생이 18%, 여학생이 13%로 남학생 쪽이 5% 높게 나왔다. '大根おろしそば'가 17%로 가장 높게 나왔다.

오로시 소바의 종류별로 본 일본 소바의 평균 경험도는 1%로 그 수치가 현저히 낮아졌다. 남학생이 5%, 여학생이 2%로 나왔다. '大根おろしそば'가 3%로 가장 높게 나왔다.

오로시 소바의 종류별로 본 일본 소바의 평균 선호도는 1%로 나타났다. 남학생이 5%, 여학생은 0%로 나왔다.

4_ 정리

3절에서 제시한 일본 소바의 인지도는 다음과 같이 다시 정리할 수 있다.

표 5_ 일본 소바에 대한 일본어 학습자의 인지도(%)

일본 소바			전체 평균
일반적 분류	가케소바 종류	오로시소바 종류	
20	5	13	13

일본 소바에 대한 일본어 학습자의 전체 평균 인지도는 13%로 나타났다. 일반적 분류에 따른 일본 소바의 인지도는 20%로 가장 높았으며, 오로시 소바 종류별로 본 소바의 인지도는 13%로 나타났다. 가케 소바 종류별로 본 소바의 인지도는 5%로 가장 낮았다. 5절에서는 일본 소바를 활용한 일본어교육의 가능성에 대해서 모색하도록 하겠다.

5_ 일본어교육으로의 활용 가능성

이하 소바를 활용한 듣기, 말하기, 읽기, 쓰기 교육의 방안을 알아보기로 한다. 먼저 듣기 향상을 위한 방안이다.

❶ 카드집기나 색칠하기 게임 : 예를 들어 '자루소바(ざるそば/盛りそば)', '쓰케소바(つけそば)', '기쓰네소바(きつねそば/冷やしきつねそば)', '다누키소바(たぬきそば/冷やしたぬきそば)', '덴뿌라소바(天ぷらそば/天ざるそば)'의 내용을 들려주고 이들 소바명이 들어간 카드를 학습자들로 하여금 집게하거나 해당 소바명이 적힌 부분을 색칠하는 게임
❷ 특정한 소바를 만드는 법이나 내용에 관련된 동영상을 숨기고 음성만 학습자들에게 들려주고 무엇에 관련된 동영상인지 맞히도록 한다.
❸ 소바 요리법을 담은 동영상을 보여주고 요리하는 법을 학습자들이 한국어로 요약하도록 한다.
❹ 소바에 관련된 내용을 들려주고 특정 소바 사진을 고르도록 한다.

둘째, 말하기 능력 향상을 위한 방안을 제시하면 다음과 같다.

❶ 퀴즈쇼 : 소바 내용을 일본어로 말하고 답을 알아맞히게 하는 놀이.

❷ 인터뷰 태스크 : 해당 수업을 듣는 학습자들의 소바에 대한 선호도를 조사하고
  그 결과를 일본어로 발표하도록 한다.
❸ 발표 활동 : 소바 요리 재료와 만드는 법에 대해서 일본어로 보고하도록 한다.
❹ 디스커션 활동 : 스파게티를 좋아하는 조와 소바를 좋아하는 조로 나누어서 각
  각 그 특징과 장점에 대해서 토론하도록 한다.

셋째, 읽기 능력 향상을 위한 방안을 제시하면 다음과 같다.

❶ 소바 내용이 들어간 몇 줄의 문장을 학습자들이 읽도록 한다.
❷ 소바 내용이 들어간 몇 줄의 문장을 학습자들이 읽고 번역하도록 한다.
❸ 제목에 부합하는 단어를 문장 본문에서 동그라미를 치면서 찾도록 한다.
❹ 제시한 문장 중에서 본문 내용과 합치하는 것은 'O'를, 합치하지 않는 것은 'X'
  로 표시하도록 한다.

마지막으로, 쓰기 능력 향상을 위한 방안을 제시하면 다음과 같다.

❶ 특정한 소바 사진을 활용하여 단어, 단문, 복수의 문장을 학습자들이 작성한다.
❷ 소바명과 가격이 들어간 사진이나 그림을 보여주고 사진이나 그림 속의 모든
  정보를 일본어로 작성하도록 한다.
❸ 특정한 소바에 관련된 단어를 써서 가장 빨리 맞히는 조가 이기는 게임을 조별로
  한다.
❹ 소바에 대한 감상을 일본어로 작성하기

6_ 나오는 말

제2부에서는 일본 음식문화에 대한 일본어 학습자의 인지도에 대해서 살펴

보았다. 구체적으로 말하면 제3장에서는 일본 스시, 제4장에서는 일본 라멘, 제5장에서는 일본 우동, 제6장에서는 일본 소바에 대한 일본어 학습자의 인지도를 살펴보았다. 이들 인지도를 표로 다시 정리하면 다음과 같다.

▌표 6_ 일본 음식에 대한 일본어 학습자의 인지도(%)

일본 음식				전체
스시	라멘	우동	소바	
56	45	31	13	36

　일본 음식에 대한 일본어 학습자의 전체 평균 인지도는 36%로 나타났다. 구체적으로 말하면 스시가 56%로 가장 높았고 라멘이 45%, 우동이 31%, 소바가 13%로 나타났다. 이들 수치를 통해서 일본 음식에 대한 일본어 학습자의 인지 정도를 어느 정도 가늠할 수 있을 것으로 생각된다. 스시라는 매개체를 통해 일본인과 문화적 교감을 나눌 수 있는 가능성은 56%, 라멘은 45%, 우동은 31%, 소바는 13%라는 말이다. 스시에 대한 인지도가 가장 높은 이유는 한국인 일본어 학습자들이 일본 여행이나 유학을 통해서 스시를 접할 경우가 많았거나, 일본 음식 중에서 스시를 좋아하는 학습자들이 많았거나 한국에서 스시를 맛볼 기회가 많았거나 그 어느 것 가운데 하나일 것이다. 일본 음식에 대한 인지도를 올리려면 실제로 일본어 학습자들이 이들 일본 음식을 직접 먹어보거나, 혹은 교수자가 자비로 구입해서, 혹은 교수자가 직접 만들어서 학습자들에게 먹이거나, 아니면 교수자가 학습자들의 언어4기능 발달을 염두에 두고 일본 음식을 활용한 다양한 일본어교육 방안을 강구하거나 하는 등의 다양한 노력이 필요할 것이다(다양한 일본어교육 방안을 강구하는 것이 가장 현실적이라 판단되지만).

1 아래의 소바에 해당하는 요미가나 혹은 뜻을 본문 혹은 인터넷을 통해서 기입해보세요.

- ざるそば/盛りそば → _____

- つけそば → _____

- きつねそば/冷やしきつねそば → _____

- たぬきそば/冷やしたぬきそば → _____

- 天ぷらそば/天ざるそば → _____

- 月見そば/冷やし月見そば → _____

- とろろ(山かけ)そば/冷やしとろろそば → _____

- 南蛮そば → _____

- 鴨南蛮 → _____

- 鳥南蛮 → _____

- 肉南蛮 → _____

- 天南蛮 → _____

- 山菜そば/冷やし山菜そば → _____

- なめこそば/冷やしなめこそば → _____

- コロッケそば → _____

- かけそば/素そば → _____

- かしわそば → _____

- おかめそば → _____

- きざみそば → _____

- おぼろそば → _____

- けんちんそば → _____

- しっぽくそば → _____

- とじそば → _____

- わかめそば → _____

- 五目そば　　　➡
- 鰊そば　　　　➡
- はらこそば　　➡
- 花巻そば　　　➡
- おろしそば　　➡
- 大根おろしそば　➡
- 梅おろしそば　➡

●●●

일본 대중문화의
이해와
일본어교육

일본 영화의 이해와 일본어교육

1_ 들어가는 말

천호재·이은선(2010)은 일본 영화에 대한 일본어 학습자의 관심도를 조사한 적이 있는데, 그 결과는 다음의 **표 1**과 같다. (천호재·이은선(2010)에서는 멜로와 로맨스로 나뉘어져 있고, 수치가 소수점 이하까지 표시되어 있으나 본서에는 멜로와 로맨스를 멜로로 통합하고 소수점 이하를 표시하지 않았다.)

▌표 1_ 일본 영화에 대한 일본어 학습자의 관심도(%)

설문 내용	1. 다음의 일본 영화 중에서 관심 있는 장르는 무엇입니까?							
보기	멜로	SF	공포	액션	판타지	애니	기타	없다
설문 결과	40	4	15	6	5	45	3	4

위의 표에서 보듯 애니메이션이 45%로 가장 많았으며, 멜로가 40%, 공포가 15%로 각각 그 뒤를 이었다. 그리고 위의 표에는 제시되지 않았지만, 여학생은 남학생보다 멜로(로맨스)를, 그리고 남학생은 여학생보다 애니메이션에

관심을 가지는 것으로 나타났다.

위의 **표 1**은 일본 영화에 대한 일본어 학습자의 관심도를 파악하기에는 충분할지는 모르지만, 각 장르에 속하는 영화를 구체적으로 직접 본 적이 있는지, 얼마나 좋아하는지를 파악할 수 없다는 한계가 있다. 이에 본 장에서는 영화 장르에 대한 막연한 관심도가 아닌 각 장르에 속하는 영화(대부분 2000년도 이후 영화)에 대한 구체적인 인지도와 선호도를 살펴보고자 한다. 아울러 본 장에서는 일본 영화를 활용한 일본어교육의 가능성도 모색한다.

2_ 일본 영화 관련 예비지식

본 저자는 천호재·이은선(2010)에서 분류한 영화 장르를 배제하고, '다음'이나 '네이버'에서 일반적으로 분류되는 방식으로 분류하였다. 구체적으로 말하면, 일본 영화를 '가족 영화', '액션 영화', '공포 영화', '코미디 영화', '로맨스(멜로) 영화', 'SF 영화', '판타지 영화', '미스터리 영화', '애니메이션 영화', '범죄 영화', '어드벤처 영화', '시대극 영화'로 세분화하여 각 장르에 속하는 영화(베스트 20에 들어가는 2000년 이후 작품)를 무작위로 선정하였다. 그 이유는 잘 알려진 영화를 선정하면 당연히 인지도가 올라갈 것이고, 진정한 의미에서 일본 영화에 대한 일본어 학습자들의 인지도를 측정할 수 없다고 판단하였기 때문이다. 이하에서 열거하는 영화는 한 장르에만 속하는 것도 있지만, 여러 장르에 속하는 영화도 있다. 따라서 중복적으로 나열된 영화도 있다는 점에 유의해 주길 바란다.

첫째, 가족 영화로는 '올웨이즈 3번가의 석양(ALWAYS 三丁目の夕日)', '강아지와 나의 열 가지 약속(犬と私の10の約束)', '매일 엄마(毎日かあさん)', '남동생(弟)',

'걸어도 걸어도(歩いても歩いても)', '우리 개 이야기(犬の映画)', '토일렛(トイレット)', '홈리스 중학생(ホームレス中学生)', '아수라처럼(阿修羅のごとく)', '논짱 도시락(のんちゃんのり弁)'을 들 수 있다.

둘째, 액션 영화로는 '짚의 방패(藁の楯)', '레이디 스노우 블러드(修羅雪姫)', '타나토스(タナトス)', '변태가면(変態仮面)', '가로(牙狼)', '탐정사무소5(探偵事務所5)', '표류가(漂流街)', '때리는 자(殴り者)', '지옥이 뭐가 나빠(地獄でなぜ悪い)', '뇌남(脳男)'을 들 수 있다.

셋째, 공포 영화로는 '골호(骨壷)', '헬 드라이버(ヘルドライバー)', '시부야 괴담(渋谷怪談)', '괴담 레스토랑(怪談レストラン)', 'POV 노로와레타 필름(POV呪われたフィルム)', '요녀전설 : 사악한 욕망(妖女伝説セイレーン~魔性の欲望~)', '병원 괴담(病院怪談)', '화장실의 하나코(トイレの花子さん)', '안테나(アンテナ)', '데스노트(デスノート)'를 들 수 있다.

넷째, 코미디 영화로는 '기쿠지로의 여름(菊次郎の夏)', '간주남간주녀(サビ男サビ女)', '인생이란 그런 것(ワラライフ)', '오타쿠 여자친구(腐女子彼女)', '기네스 와이프(ギネスの女房)', '가타구리가의 행복(カタクリ家の幸福)', '스페이스 트래벌러(スペーストラベラーズ)', '기사라즈 캐쓰아이(木更津キャッツアイ)', '세균열도(細菌列島)', '오아라이에도 별은 떨어져(大洗にも星はふるなり)'를 들 수 있다.

다섯째, 로맨스(멜로) 영화로는 '내 첫사랑을 너에게(僕の初恋をキミに捧ぐ)', '다만, 널 사랑하고 있어(ただ, 君を愛してる)', '무사의 체통(武士の一分)', '어게인(ゆるせない, 逢いたい)', '징크스(ジンクス)', '라무네(ラムネ)', '크리스마스따위 정말 싫어(Xmasなんて大嫌い)', '러브송(ラブソング)', '사랑의 언령-세상 끝까지(愛の言霊~世界の果てまで)', '무지개색의 유리(虹色の硝子)' 등을 들 수 있다.

여섯째, SF 영화로는 '플래티나 데이터(プラチナデータ)', '프린세스 블레이드(修羅雪姫)', '히노키오(ヒノキオ)', '문차일드(Moon child)', '신의 퍼즐(神様のパズル)',

'아바론(アヴァロン)', '리터너(リターナー)', '버블에 GO!! 타임머신은 드럼식(バブル
ヘGO!! タイムマシンはドラム式)', '음양사(陰陽師)', '리얼 완전한 수장룡의 날(リアル
完全なる首長竜の日)' 등을 들 수 있다.

일곱째, 판타지 영화로는 '내 여친은 피규어(フィギュアなあなた)', '초콜릿이
본 세계(ショコラの見た世界)', '요괴인간 벰(妖怪人間ベム)', '쓰바키야마 과장의 7일
간(椿山課長の七日間)', '지금 만나러 갑니다(今会いに行きます)', '이 가슴 가득한 사
랑을(この胸いっぱいの愛を)', '전학생(転校生)', '미래를 걷는 소녀(東京少女)', '환생(輪
廻)', '별에 소원을(星に願いを)' 등을 들 수 있다.

여덟째, 미스터리 영화로는 '언페어 더 앤서(アンフェア)', '지고이 네르바이젠
(ツィゴイネルワイゼン)', '가위남(ハサミ男)', '집오리와 들오리의 코인로커(アヒルと
鴨のコインロッカー)', '파트너 극장판2(相棒)', '라이어게임(ライアーゲーム)', '기사라
기 미키짱(キサラギ)', '제너럴 루즈의 개선(ジェネラル・ルージュの凱旋)', '중력 피
에로(重力ピエロ)', '퍼레이드(パレード)'를 들 수 있다.

아홉째, 애니메이션 영화로는 '부도리의 꿈(グスコーブドリの伝記)', '에반게리
온(ヱヴァンゲリヲン)', '파프리카(パプリカ)', '게드전기(ゲド戦記)', '공각기동대(攻殻機
動隊)', '초속 5cm(秒速5センチメートル)', '언어의 정원(言の葉の庭)', '늑대아이(おおか
みこどもの雨と雪)', '어느 비행사에 대한 추억(ある飛空士への追憶)', '주얼펫(ジュエル
ペット)' 등을 들 수 있다.

열 번째, 범죄 영화로는 '구로사기(クロサギ)', '핸드폰 형사(ケータイ刑事)', '방
황하는 칼날(さまよう刃)', '누구를 위해(誰がために)', '히어로(HERO)', '아웃레이지
비욘드(アウトレイジ ビヨンド)', '나락(新任女教師)', '스케반 형사 코드네임(スケバン
刑事コードネーム)', '교섭인-더 무비(交渉人 THE MOVIE)', '춤추는 대수사선(踊る大
捜査線)'을 들 수 있다.

열한 번째, 어드벤처 영화로는 '송서 자살사건(松鼠自殺事件)', '남극이야기(南極

物語)', '우미자루(海猿)', '파워레인저-극장판(劇場版 炎神戰隊)', '요괴대전쟁(妖怪大戰爭)', 'K-20 괴도가면(K-20(TWENTY) 怪人二十面相・伝)', '괴물군 극장판(怪物くん)', '피크(岳)', '아키하바라@딥(アキハバラ@Deep)', '캐산(新造人間キャシャーン)' 등을 들수 있다.

마지막으로 시대극 영화로는 '불의 요진(火要鎭)', '꽃의 흔적(花のあと)', '겐지이야기(源氏物語)', '할복 사무라이의 죽음(一命HARA-KIRI)', '자토이치(座頭市)', '숨겨진 검, 오니노쓰메(隱し劍, 鬼の爪)', '바람의 검심(るろうに劍心)', '무사의 가계부(武士の家計簿)', '황혼의 사무라이(たそがれ淸兵衛)', '시노비(忍)' 등을 들 수 있다.

3절에서는 이상 열거한 영화에 대한 일본어 학습자의 인지도와 선호도를 조사한다.

3_ 일본 영화에 대한 일본어 학습자의 인지도, 선호도 조사

우선 일본 영화에 대한 일본어 학습자의 인지도, 경험도, 선호도를 조사하기 전에 설문의 개요 및 조사 방법에 대해서 간략하게 설명하도록 하겠다. 설문 조사는 2013년도 10월 07일～10월 11일 사이에 행해졌다. 조사 대상은 K대학교의 일본어문학과 학생(2학년/3학년)이었다. 설문 조사에 응해 준 학생은 전체 74명으로 남학생 17명, 여학생 57명이었다.

설문 조사 방법은 다음과 같다. 예를 들어 '올웨이즈 3번가의 석양(ALWAYS 三丁目の夕日)', '강아지와 나의 열 가지 약속(犬と私の10の約束)', '매일 엄마(每日かあさん)', '남동생(弟)', '걸어도 걸어도(步いても 步いても)'를 아래와 같이 나열하고 해당 영화에 대한 일본어 학습자의 인지 여부(경험 여부), 선호 여부를 복수 체크하도록 하는 방식을 취했다.

표 2_ 설문 조사 방법(예시)

일본 영화	알고 있다	좋아한다
올웨이즈 3번가의 석양(ALWAYS 三丁目の夕日)		
강아지와 나의 열 가지 약속(犬と私の10の約束)	√	√
매일 엄마(毎日かあさん)	√	
남동생(弟)	√	
걸어도 걸어도(歩いても歩いても)	√	√

분석은 각종 영화(전체 영화도 포함)에 대한 전체 일본어 학습자(남학생/여학생)의 인지도, 경험도, 선호도를 백분율로 나타내고 다시 그 백분율과 백분율의 평균치 높낮이를 비교 논의하는 방식을 취하였다.

그러면 이하에서는 일본의 가족 영화, 액션 영화, 공포 영화, 코미디 영화, 로맨스(멜로) 영화, SF 영화, 판타지 영화, 미스터리 영화, 애니메이션 영화, 범죄 영화, 어드벤처 영화, 시대극 영화에 대한 일본어 학습자의 인지도, 선호도에 대해서 살펴보도록 하겠다. 인지도를 경험도와 구분하지 않고 인지도로 일괄한 점에 유의하길 바란다.

1) 가족 영화

이 절에서는 가족 영화에 대한 일본어 학습자들의 인지도, 선호도에 대해서 살펴보겠다. 다음의 표를 보도록 하자.

표 3_ 가족 영화에 대한 학습자들의 인지도, 선호도(%)

가족 영화	알고 있다			좋아한다		
	남학생	여학생	전체	남학생	여학생	전체
ALWAYS 三丁目の夕日	6	7	7	0	4	3
犬と私の10の約束	6	7	7	0	2	1
毎日かあさん	0	4	3	0	2	1
弟	6	9	8	0	2	1
歩いても 歩いても	0	0	0	0	0	0
犬の映画	12	5	7	0	4	3
トイレット	0	0	0	0	0	0
ホームレス中学生	12	12	12	6	4	4
阿修羅のごとく	6	2	3	0	0	0
のんちゃんのり弁	6	2	3	6	0	1
평균	6	5	5	1	2	1

가족 영화에 대한 일본어 학습자의 평균 인지도는 5%로 나왔다. 남학생이 6%, 여학생이 5%로 나왔다. '홈리스 중학생(ホームレス中学生)'이 12%로 가장 높이 나왔고, '남동생(弟)'과 '올웨이즈 3번가의 석양(ALWAYS 三丁目の夕日)'이 각각 그 뒤를 이었다.

가족 영화에 대한 일본어 학습자의 평균 선호도는 1%로 나타났다. 남학생이 1%, 여학생이 2%로 남녀차가 거의 나지 않았다. '홈리스 중학생(ホームレス中学生)'이 4%, '올웨이즈 3번가의 석양(ALWAYS 三丁目の夕日)'이 3%로 나타났다.

2) 액션 영화

이 절에서는 액션 영화에 대한 일본어 학습자들의 인지도, 선호도에 대해서 살펴보겠다. 다음의 표를 보도록 하자.

표 4_ 액션 영화에 대한 학습자들의 인지도, 선호도(%)

액션 영화	알고 있다			좋아한다		
	남학생	여학생	전체	남학생	여학생	전체
藁の楯	0	0	0	0	0	0
修羅雪姫	0	2	1	0	2	1
タナトス	12	7	8	0	2	1
変態仮面	6	9	8	0	0	0
牙狼	0	4	3	0	2	1
探偵事務所5	12	5	7	0	0	0
漂流街	6	0	1	0	0	0
殴り者	0	2	1	1	2	1
地獄でなぜ悪い	0	4	3	0	2	1
脳男	12	9	9	12	4	5
평균	6	4	4	1	2	1

액션 영화에 대한 일본어 학습자의 평균 인지도는 4%로 나타났다. 남학생이 6%, 여학생이 4%로 남학생이 약간 높게 나왔다. '뇌남(脳男)'이 9%로 가장 높이 나왔으며, '타나토스(タナトス)', '변태가면(変態仮面)'이 8%로 동률을 이루며 그 뒤를 이었다.

액션 영화에 대한 일본어 학습자의 평균 선호도는 1%로 매우 낮은 수치를 나타냈다. 남학생이 1%, 여학생이 2%로 남녀차가 거의 발생하지 않았다. '뇌남(脳男)'이 5%로 가장 높이 나왔다.

3) 공포 영화

이 절에서는 공포 영화에 대한 일본어 학습자들의 인지도, 선호도에 대해서 살펴보겠다. 다음의 표를 보도록 하자.

표 5_ 공포 영화에 대한 학습자들의 인지도, 선호도(%)

공포 영화	알고 있다			좋아한다		
	남학생	여학생	전체	남학생	여학생	전체
骨壷	0	2	1	0	0	0
ヘルドライバー	0	5	4	0	2	1
渋谷怪談	12	9	9	0	2	1
怪談レストラン	12	18	16	6	5	5
POV呪われたフィルム	0	0	0	0	2	1
妖女伝説セイレーン～魔性の欲望～	0	4	3	0	0	0
病院怪談	0	5	4	0	2	1
トイレの花子さん	18	11	12	0	2	1
アンテナ	0	2	2	0	0	0
デスノート	88	98	96	59	51	53
평균	12	16	15	6	7	7

공포 영화에 대한 일본어 학습자의 평균 인지도는 15%로 나타났다. 남학생이 12%, 여학생이 16%로 여학생이 4% 높게 나왔다. '데스노트(デスノート)'가 96%로 가장 높았으며, '괴담 레스토랑(怪談レストラン)'이 16%로 그 뒤를 이었다.

공포 영화에 대한 일본어 학습자의 평균 선호도는 7%로 나타났다. 남학생이 6%, 여학생이 7%로 남녀차가 거의 발생하지 않았다. '데스노트(デスノート)'가 53%로 가장 높이 나왔다.

4) 코미디 영화

이 절에서는 코미디 영화에 대한 일본어 학습자들의 인지도, 선호도에 대해서 살펴보겠다. 다음의 표를 보도록 하자.

▎표 6_ 코미디 영화에 대한 학습자들의 인지도, 선호도(%)

코미디 영화	알고 있다			좋아한다		
	남학생	여학생	전체	남학생	여학생	전체
菊次郎の夏	35	32	32	18	11	12
サビ男サビ女	0	5	4	0	2	1
ワラライフ	6	7	7	0	0	0
腐女子彼女	0	5	4	0	2	1
ギネスの女房	0	4	3	0	2	1
カタクリ家の幸福	0	2	1	0	0	0
スペーストラベラーズ	6	2	3	0	0	0
木更津キャッツアイ	18	21	20	18	16	16
細菌列島	6	5	5	0	0	0
大洗にも星はふるなり	0	4	3	0	2	1
평균	6	9	8	6	4	4

코미디 영화에 대한 일본어 학습자의 평균 인지도는 8%로 나타났다. 남학

생이 6%, 여학생이 9%로 여학생이 3% 가량 높게 나왔다. '기쿠지로의 여름 (菊次郎の夏)'이 32%로 가장 높았으며, '기사라즈 케쓰아이(木更津キャッツアイ)'가 20%로 그 뒤를 이었다.

코미디 영화에 대한 일본어 학습자의 평균 선호도는 4%로 나타났다. 남학생이 6%, 여학생이 4%로 남학생 쪽이 2% 가량 높았다. '기사라즈 케쓰아이 (木更津キャッツアイ)'가 16%로 가장 높은 선호도를 나타냈다.

5) 로맨스(멜로) 영화

이 절에서는 로맨스 영화에 대한 일본어 학습자들의 인지도, 선호도에 대해서 살펴보겠다. 다음의 표를 보도록 하자.

■ 표 7_ 로맨스 영화에 대한 학습자들의 인지도, 선호도(%)

로맨스(멜로) 영화	알고 있다			좋아한다		
	남학생	여학생	전체	남학생	여학생	전체
僕の初恋をキミに捧ぐ	30	35	34	18	7	9
ただ、君を愛してる	53	70	66	30	26	27
武士の一分	6	0	1	0	0	0
ゆるせない, 逢いたい	6	5	5	0	0	0
ジンクス	6	4	4	0	0	0
ラムネ	24	2	7	0	2	1
Xmasなんて大嫌い	12	16	15	0	4	3
ラブソング	6	5	5	0	2	1
愛の言霊〜世界の果てまで	0	4	3	0	0	0
虹色の硝子	6	5	5	0	2	1
평균	18	14	15	6	4	4

로맨스(멜로) 영화에 대한 일본어 학습자의 평균 인지도는 15%였다. 남학생이 18%, 여학생이 14%로 남학생이 4% 높게 나왔다. '다만, 널 사랑하고 있어(ただ、君を愛してる)'가 66%로 가장 높이 나왔으며, '내 첫사랑을 너에게(僕の初恋をキミに捧ぐ)', '크리스마스따위 정말 싫어(Xmasなんて大嫌い)'가 각각 34%, 15%로 그 뒤를 이었다. '다만, 널 사랑하고 있어(ただ、君を愛してる)'에서 여학생의 인지도가 남학생에 비해 압도적으로 높게 나왔으며, 반대로 '라무네(ラムネ)'는 남학생이 여학생보다 인지도가 훨씬 높은 것을 알 수 있다.

로맨스(멜로) 영화에 대한 일본어 학습자의 평균 선호도는 4%로 매우 낮은 수치를 나타냈다. 남학생이 6%, 여학생이 4%로 나타났다. '다만, 널 사랑하고 있어(ただ、君を愛してる)'가 27%로 가장 높았다.

6) SF 영화

이 절에서는 SF 영화에 대한 일본어 학습자들의 인지도, 선호도에 대해서 살펴보겠다. 다음의 표를 보도록 하자.

표 8_ SF 영화에 대한 학습자들의 인지도, 선호도(%)

SF 영화	알고 있다			좋아한다		
	남학생	여학생	전체	남학생	여학생	전체
プラチナデータ	12	9	9	0	4	3
修羅雪姫	6	5	5	0	0	0
ヒノキオ	6	11	9	0	4	3
Moon child	0	7	5	0	4	3
神様のパズル	6	4	4	0	2	1
アヴァロン	6	0	1	0	0	0

リターナー	0	2	1	0	0	0
バブルへGO!! タイムマシンはドラム式	0	2	1	0	0	0
陰陽師	59	25	32	0	7	5
リアル完全なる首長竜の日	6	0	1	0	0	0
평균	12	7	7	0	2	1

　SF 영화에 대한 일본어 학습자의 평균 인지도는 7%로 나타났다. 남학생이 12%, 여학생이 7%로 남학생이 5% 높게 나왔다. '음양사(陰陽師)'가 32%로 가장 높이 나왔으며, '플래티나 데이터(プラチナデータ)', '히노키오(ヒノキオ)'가 9%로 그 뒤를 이었다. '음양사(陰陽師)'의 경우 남학생의 인지도가 여학생보다 훨씬 높은 것이 눈에 띈다.

　SF 영화에 대한 일본어 학습자의 평균 선호도는 1%로 나타났다. 남학생이 0%, 여학생이 2%로 남학생의 SF 영화에 대한 선호도가 0이라는 것이 매우 인상적이다. 또한 '음양사(陰陽師)'에 대한 인지도가 남학생이 높았던 반면에, 선호도는 오히려 여학생 쪽이 높은 것이 매우 흥미롭다.

　7) 판타지 영화

　이 절에서는 판타지 영화에 대한 일본어 학습자들의 인지도, 선호도에 대해서 살펴보겠다. 표 9를 보도록 하자.

표 9_ 판타지 영화에 대한 학습자들의 인지도, 선호도(%)

판타지 영화	알고 있다			좋아한다		
	남학생	여학생	전체	남학생	여학생	전체
フィギュアなあなた	0	9	7	0	2	1
ショコラの見た世界	0	5	4	0	2	1
妖怪人間ベム	12	5	7	6	2	1
椿山課長の七日間	6	2	3	0	2	1
今会いに行きます	88	86	86	53	33	38
この胸いっぱいの愛を	0	5	4	0	0	0
転校生	12	5	7	0	2	1
東京少女	47	54	53	6	21	18
輪廻	6	12	11	6	4	4
星に願い	12	7	8	6	2	3
평균	18	19	19	6	7	7

판타지 영화에 대한 일본어 학습자의 평균 인지도는 19%로 나타났다. 남학생이 18%, 여학생이 19%로 남녀차가 거의 나지 않았다. '지금 만나러 갑니다(今会いに行きます)'가 86%로 가장 높았으며, '미래를 걷는 소녀(東京少女)', '환생(輪廻)'이 각각 53%, 11%로 그 뒤를 이었다. '환생'의 경우 여학생 쪽이 남학생보다 2배에 가까운 선호도를 나타냈다.

판타지 영화에 대한 일본어 학습자의 평균 선호도는 7%였다. 남학생이 6%, 여학생이 7%로 남녀차가 거의 발생하지 않았다. '지금 만나러 갑니다(今会いに行きます)'가 38%로 가장 높이 나왔다. '지금 만나러 갑니다(今会いに行きます)'는 남학생의 선호도가 여학생보다 훨씬 높았으며, 반대로 '미래를 걷는 소녀(東京少女)'는 여학생의 선호도가 남학생보다 훨씬 높았다.

8) 미스터리 영화

이 절에서는 미스터리 영화에 대한 일본어 학습자들의 인지도, 선호도에 대해서 살펴보겠다. 다음의 표를 보도록 하자.

표 10_ 미스터리 영화에 대한 학습자들의 인지도, 선호도(%)

미스터리 영화	알고 있다			좋아한다		
	남학생	여학생	전체	남학생	여학생	전체
アンフェア	12	5	7	0	2	1
ツィゴイネルワイゼン	0	2	1	0	2	1
ハサミ男	6	4	4	0	2	1
アヒルと鴨のコインロッカー	6	9	8	6	4	4
相棒	6	7	7	0	2	1
ライアーゲーム	71	53	57	29	21	23
キサラギ	18	18	18	12	7	8
ジェネラル・ルージュの凱旋	0	0	0	0	0	0
重力ピエロ	6	5	5	6	4	4
パレード	0	5	4	0	2	1
평균	12	11	11	6	5	4

미스터리 영화에 대한 일본어 학습자의 평균 인지도는 11%로 나타났다. 남학생이 12%, 여학생이 11%로 남녀차가 크지 않았다. '라이어게임(ライアーゲーム)'이 57%로 가장 높았으며, '기사라기 미키짱(キサラギ)'이 18%로 그 뒤를 이었다. '라이어 게임(ライアーゲーム)'에 대한 인지도는 여학생보다 남학생 쪽이 훨씬 높았다.

미스터리 영화에 대한 일본어 학습자의 평균 선호도는 4%로 매우 낮은 수

치를 나타냈다. 남학생이 6%, 여학생이 5%로 남녀차가 거의 발생하지 않았다. '라이어게임(ライアーゲーム)'이 23%로 가장 높았으며, '기사라기 미키쨩(キサラギ)'이 8%로 그 뒤를 이었다. '라이어게임'과 '기사라기 미키쨩(キサラギ)' 모두 남학생이 여학생보다 높은 선호도를 나타냈다.

9) 애니메이션 영화

이 절에서는 애니메이션 영화에 대한 일본어 학습자들의 인지도, 선호도에 대해서 살펴보겠다. 다음의 표를 보도록 하자.

▎표 11_ 애니메이션 영화에 대한 학습자들의 인지도, 선호도(%)

애니메이션 영화	알고 있다			좋아한다		
	남학생	여학생	전체	남학생	여학생	전체
グスコーブドリの伝記	6	4	4	0	2	1
ヱヴァンゲリヲン	88	68	73	24	14	16
パプリカ	6	14	12	0	4	3
ゲド戦記	35	16	20	0	4	3
攻殻機動隊	71	23	34	12	4	5
秒速5センチメートル	47	44	45	29	25	26
言の葉の庭	24	23	23	12	11	11
おおかみこどもの雨と雪	53	54	54	24	21	22
ある飛空士への追憶	0	9	7	0	2	1
ジュエルペット	0	4	3	0	2	1
평균	35	26	27	12	9	9

애니메이션 영화에 대한 일본어 학습자의 평균 인지도는 27%로 나타났다. 남학생이 35%, 여학생이 26%로 남학생이 9% 높았다. '에반게리온(ヱヴァンゲリヲン)'이 73%로 가장 높이 나왔으며, '늑대아이(おおかみこどもの雨と雪)', '초속 5cm(秒速5センチメートル)'가 각각 54%, 45%로 그 뒤를 이었다. '에반게리온(ヱヴァンゲリヲン)'과 '게드전기(ゲド戦記)', '공각기동대(攻殻機動隊)'는 남학생이 여학생보다 훨씬 높은 인지도를 보였다.

애니메이션 영화에 대한 일본어 학습자의 평균 선호도는 9%로 나타났다. 남학생이 12%, 여학생이 9%로 남학생 쪽이 3% 높게 나왔다. '초속 5cm(秒速5センチメートル)'가 26%로 가장 높았으며, '늑대아이(おおかみこどもの雨と雪)', '에반게리온(ヱヴァンゲリヲン)'이 각각 22%, 16%로 그 뒤를 이었다.

10) 범죄 영화

이 절에서는 범죄 영화에 대한 일본어 학습자들의 인지도, 선호도에 대해서 살펴보겠다. 다음의 표를 보도록 하자.

▍표 12_ 범죄 영화에 대한 학습자들의 인지도, 선호도(%)

범죄 영화	알고 있다			좋아한다		
	남학생	여학생	전체	남학생	여학생	전체
クロサギ	35	44	42	24	14	16
ケータイ刑事	0	2	1	0	2	1
さまよう刃	6	9	8	0	4	3
誰がために	6	4	4	0	2	1
HERO	29	40	38	18	9	11
アウトレイジ ビヨンド	6	0	1	0	0	0

新任女教師	0	2	1	0	2	1
スケバン刑事コードネーム	6	5	5	0	2	1
交渉人 THE MOVIE	12	9	9	0	2	1
踊る大捜査線	76	46	53	12	7	8
평균	18	16	16	6	4	4

　범죄 영화에 대한 일본어 학습자의 평균 인지도는 16%로 나타났다. 남학생이 18%, 여학생이 16%로 남녀차가 크지 않았다. '춤추는 대수사선(踊る大捜査線)'이 53%로 가장 높이 나왔으며, '구로사기(クロサギ)', '히어로(HERO)'가 각각 42%, 38%로 그 뒤를 이었다. '구로사기(クロサギ)'와 '히어로(HERO)'는 여학생 쪽이 인지도가 높으며, '춤추는 대수사선(踊る大捜査線)'은 남학생 쪽이 선호도가 훨씬 높다.

　범죄 영화에 대한 일본어 학습자의 평균 선호도는 4%로 나타났다. 남학생이 6%, 여학생이 4%로 남녀차가 크지 않았다. '구로사기(クロサギ)'가 16%로 가장 높았으며 '히어로(HERO)'가 11%로 그 뒤를 이었다. '구로사기(クロサギ)', '히어로(HERO)', '춤추는 대수사선(踊る大捜査線)'에서 보듯 남학생 쪽의 선호도가 여학생보다 훨씬 높은 것이 흥미롭다.

11) 어드벤처 영화

　이 절에서는 어드벤처 영화에 대한 일본어 학습자들의 인지도, 선호도에 대해서 살펴보겠다. 다음의 표를 보도록 하자.

표 13_ 어드벤처 영화에 대한 학습자들의 인지도, 선호도(%)

어드벤처 영화	알고 있다			좋아한다		
	남학생	여학생	전체	남학생	여학생	전체
松鼠自殺事件	0	2	1	0	2	1
南極物語	6	12	11	0	0	0
海猿	12	4	5	6	2	3
炎神戦隊	53	49	50	0	2	1
妖怪大戦争	0	4	3	0	0	0
K-20怪人二十面相・伝	6	4	4	0	0	0
怪物くん	18	18	18	6	5	5
岳	0	0	0	0	0	0
アキハバラ@Deep	6	9	8	0	0	0
新造人間キャシャーン	6	4	4	0	2	1
평균	12	11	11	1	2	1

어드벤처 영화에 대한 일본어 학습자의 평균 인지도는 11%로 나타났다. 남학생이 12%, 여학생이 11%로 남녀차가 크지 않았다. '파워레인저(炎神戦隊)'가 50%로 가장 높았으며, '괴물군(怪物くん)', '남극이야기(南極物語)'이 각각 18%, 11%로 그 뒤를 이었다. '남극이야기(南極物語)'에 대한 인지도는 여학생이, '파워레인저(炎神戦隊)'는 남학생이 높았다.

어드벤처 영화에 대한 일본어 학습자의 평균 선호도는 1%로 매우 낮은 수치를 나타냈다. 남학생이 1%, 여학생이 2%로 남녀차가 거의 발생하지 않았다. '괴물군(怪物くん)'이 5%로 가장 높았으며, 인지도에서 50%를 보였던 '파워레인저(炎神戦隊)'가 선호도에서 1%밖에 차지 못한 점이 매우 이채롭다.

12) 시대극 영화

이 절에서는 시대극 영화에 대한 일본어 학습자들의 인지도, 선호도에 대해서 살펴보겠다. 다음의 표를 보도록 하자.

┃표 14_ 시대극 영화에 대한 학습자들의 인지도, 선호도(%)

시대극 영화	알고 있다			좋아한다		
	남학생	여학생	전체	남학생	여학생	전체
火要鎮	6	4	4	0	2	1
花のあと	6	4	4	0	2	1
源氏物語	29	37	35	6	4	4
一命HARA-KIRI	0	4	3	0	2	1
座頭市	29	11	15	12	2	4
隠し剣-鬼の爪	6	4	4	0	2	1
るろうに剣心	71	51	55	18	14	15
武士の家計簿	6	4	4	0	2	1
たそがれ清兵衛	18	5	8	0	2	1
忍	12	7	8	6	2	1
평균	18	12	14	6	4	3

시대극 영화에 대한 일본어 학습자의 평균 인지도는 14%로 나타났다. 남학생이 18%, 여학생이 12%로 남학생이 6% 높았다. '바람의 검심(るろうに剣心)'이 55%로 가장 높았으며 '겐지이야기(源氏物語)', '자토이치(座頭市)'가 각각 35%, 15%로 그 뒤를 이었다. '겐지이야기(源氏物語)'는 여학생 쪽이 인지도가 훨씬 높은 반면, '자토이치(座頭市)', '바람의 검심(るろうに剣心)', '황혼의 사무라이(たそがれ清兵衛)', '시노비(忍)'는 남학생 쪽이 인지도가 훨씬 높았다.

시대극 영화에 대한 일본어 학습자의 평균 선호도는 3%였다. 남학생이 6%, 여학생이 4%로 남녀차가 크지 않았다. '바람의 검심(るろうに剣心)'이 15%로 가장 높은 선호도를 나타냈다.

4_ 정리

3절에서 제시한 일본 영화의 평균 인지도를 표로 제시하면 다음과 같다.

▌표 15_ 일본 영화에 대한 일본어 학습자의 전체 평균 인지도(%)

일본 영화						
가족 영화	액션 영화	공포 영화	코미디 영화	로맨스 영화	SF 영화	판타지 영화
5	4	15	8	15	7	19
일본 영화						
미스터리 영화	애니메이션 영화	범죄 영화	어드벤처 영화	시대극 영화	전체 평균	
11	27	16	11	14	13	

일본 영화에 대한 일본어 학습자의 전체 평균 인지도는 13%이다. 애니메이션 영화의 인지도가 27%로 가장 높으며, 판타지 영화가 19%, 범죄 영화 16%, 공포 영화가 15%, 시대극 영화가 14%로 각각 그 뒤를 이었다. 5절에서는 일본 영화를 활용한 일본어교육의 가능성에 대해서 모색하고자 한다.

5_ 일본어교육으로의 활용 가능성

이하 듣기, 읽기, 말하기, 쓰기 교육의 가능성에 대해서 살펴보도록 하자.
먼저 아래의 문장을 보도록 하자.

言の葉の庭

鮮烈なビジュアル表現と、観る者それぞれの心に染み入る物語表現で、国内外の
若者に絶大な影響を与えてきた新海誠。そんな次世代のアニメーション監督が二
〇一三年に新たなスタッフと送り出すのは、愛に至る以前の孤独―――。孤悲
の物語。現代の東京を舞台に初めて「恋の物語」を描く。
梅雨の季節に日本庭園で出会った、靴職人を目指す少年と歩き方を忘れた女性。
彼女が少年に残したのは一篇の万葉集。本作の題材は多様で魅力的だ。独自の感
性と言葉選びにより、まるで小説を読むような味わいとテーマ性を持った繊細な
ドラマを、アニメーションでしか為し得ない表現で紡ぎ出す。
地雨、夕立、天気雨、豪雨…本作では心の変化や揺れそのもののような、さま
ざまな雨を丁寧にアニメーションで表現。新海作品の特徴でもある美しい景色は
もちろんのこと、本作で出色なのが、その景色の色味や明暗を人物の陰影にまで
反映させた色彩。映像から想いが、言葉から情景があふれ出す。
新海作品は耳からも染み入る。この時代を生きる若者を情感豊かに演じるのは、
実力派声優・入野自由と花沢香菜。新鋭・KASHIWA Daisukeのピアノ曲が言葉にはな
らない切ない想いを活写する。また、秦基博が本作のために大江千里の『Rain』をカ
バーし、普遍に届くメッセージを現代の感性で歌い上げている。
靴職人を目指す高校生・タカオは、雨の朝は決まって学校をさぼり、公園の日本
庭園で靴のスケッチを描いていた。ある日、タカオは、ひとり缶ビールを飲む謎
めいた年上の女性・ユキノと出会う。ふたりは約束もないまま雨の日だけの逢瀬
を重ねるようになり、次第に心を通わせていく。居場所を見失ってしまったとい
うユキノに、彼女がもっと歩きたくなるような靴を作りたいと願うタカオ。六月の
空のように物憂げに揺れ動く、互いの思いをよそに梅雨は明けようとしていた。

― http://www.kotonohanoniwa.jp/page/product.html(2014.03.21)에서 인용

먼저 듣기 교육의 가능성에 대해서 살펴보면 위의 문장을 두 번 정도 들려
주고 내용에 관련된 일본어 질문에 일본어로 대답하게 하는 교실활동을 생각
해 볼 수 있다. 주안점은 듣기 교육이지만 학습자가 대답을 하므로 말하기 교
육도 아울러 행해지게 된다. 그리고 학습자가 질문에 대해 대답을 쓰도록 한
다면 쓰기 교육이 교실활동에서 이루어지게 되는 셈이 된다.

① 감독의 이름은 무엇입니까? – 학습자가 대답한다.
② 무대가 된 지역은 어디입니까? – 학습자가 대답한다.
③ 여성이 소년에게 남긴 것은 무엇입니까? – 학습자가 대답한다.
④ 다카오는 공원에서 무엇을 하고 있었나요? – 학습자가 대답한다.

둘째, 교수자가 아래의 단락 배열이 원래의 단락과 어떻게 다른지를 묻고,
학습자들은 단락을 면밀히 읽은 다음, 원래의 단락 순서를 말한다. 읽기 교육
이 기대되는 부분이다.

言の葉の庭

1)地雨、夕立、天気雨、豪雨…本作では心の変化や揺れそのもののような、さま
ざまな雨を丁寧にアニメーションで表現。新海作品の特徴でもある美しい景色は
もちろんのこと、本作で出色なのが、その景色の色味や明暗を人物の陰影にまで
反映させた色彩。映像から想いが、言葉から情景があふれ出す。
2)鮮烈なビジュアル表現と、観る者それぞれの心に染み入る物語表現で、国内外
の若者に絶大な影響を与えてきた新海誠。そんな次世代のアニメーション監督が
二〇一三年に新たなスタッフと送り出すのは、愛に至る以前の孤独---。孤
悲の物語。現代の東京を舞台に初めて「恋の物語」を描く。
3)新海作品は耳からも染み入る。この時代を生きる若者を情感豊かに演じるの
は、実力派声優・入野自由と花沢香菜。新鋭・KASHIWA Daisukeのピアノ曲が言

葉にはならない切ない想いを活写する。また、秦基博が本作のために大江千里の
『Rain』をカバーし、普遍に届くメッセージを現代の感性で歌い上げている。
4)梅雨の季節に日本庭園で出会った、靴職人を目指す少年と歩き方を忘れた女
性。彼女が少年に残したのは一篇の万葉集。本作の題材は多様で魅力的だ。独自
の感性と言葉選びにより、まるで小説を読むような味わいとテーマ性を持った繊
細なドラマを、アニメーションでしか為し得ない表現で紡ぎ出す。
5)靴職人を目指す高校生・タカオは、雨の朝は決まって学校をさぼり、公園の日
本庭園で靴のスケッチを描いていた。ある日、タカオは、ひとり缶ビールを飲む
謎めいた年上の女性・ユキノと出会う。ふたりは約束もないまま雨の日だけの逢
瀬を重ねるようになり、次第に心を通わせていく。居場所を見失ってしまったと
いうユキノに、彼女がもっと歩きたくなるような靴を作りたいと願うタカオ。六
月の空のように物憂げに揺れ動く、互いの思いをよそに梅雨は明けようとしてい
た。

마지막으로 쓰기 교육으로 '言の葉の庭'라는 애니메이션을 시청하고 간단한
감상문을 학습자들로 하여금 쓰게 하는 방안을 생각해볼 수 있다. 그리고 등
장인물의 성격에 대해서 조별로 토론하여 일본어로 발표하도록 한다면 읽기
교육이나 말하기 교육, 나아가 듣기 교육이 복합적으로 가능한 교실활동이
될 것으로 생각된다.

6_ 나오는 말

일본 영화에 대한 일본어 학습자의 평균 인지도는 13%로 나타났다. 즉 일
본 영화를 매개로 하여 일본인과 문화적 교감을 나눌 수 있는 가능성이 13%
밖에 되지 않는다는 것이다. 그러나 일본어를 전공으로 하는 학습자들에게

영화가 언어 훈련에 매우 유용한 교재가 될 수 있다는 점을 교수자들이 감안한다면, 영화라는 콘텐츠를 가지고 다양한 교육적 방법을 강구할 필요가 있다고 하겠다.

① 자신이 알고 있는 것이나 인터넷 검색을 통해서 아래의 영화 범주에 해당하는 일본 영화 제목을 기입해보세요.

• 가족 영화

• 액션 영화

• 공포 영화

• 코미디 영화

• 로맨스(멜로) 영화

• SF 영화

• 판타지 영화

• 미스터리 영화

• 애니메이션 영화

• 범죄 영화

• 어드벤처 영화

• 시대극 영화

일본 드라마의 이해와 일본어교육

1_ 들어가는 말

천호재 · 이은선(2010)은 일본 드라마에 대한 한국인 대학생 일본어 학습자 (138명)의 관심도에서 다음과 같은 결과를 얻었다.

표 1_ 일본 드라마에 대한 일본어 학습자의 관심도(%)

설문 내용	2. 다음의 일본 드라마 가운데 관심 있는 장르는 무엇입니까?							
보기	사극	가족극	멜로물	학원물	형사물	의학물	기타	없다
설문 결과	4.35%	15.2%	31.1%	37.6%	18.1%	9.4%	2.1%	12.3%

표 1에서 보듯 학원물이 37.6%로 가장 많았고 멜로물과 형사물이 각각 31.1%와 18.1%로 그 뒤를 이었다. 그리고 위의 표에는 제시되지 않았지만, 여자 학습자는 남자 학습자에 비해 멜로물, 학원물, 형사물, 의학물에 압도적인 관심을 지니는 것으로 나타났다.

그러나 위의 표는 일본 드라마에 대한 한국인 대학생 일본어 학습자의 관심도를 파악하는 데에는 충분할지는 모르지만, 각 장르에 속하는 실제 드라마를 어느 정도로 아는지는 파악할 수 없다는 점에서 문제점이 있다. 따라서 본 장에서는 실제 반영된 드라마 제목(2000년도 이후 드라마 제목)에 대한 한국인 대학생 일본어 학습자의 인지도를 조사하였다. 더불어 본 장에서는 일본 드라마를 활용한 일본어교육의 가능성도 모색하였다.

2_ 일본 드라마 관련 예비지식

이 절에서는 사극 드라마, 가족 드라마, 멜로(연애) 드라마, 학원 드라마, 형사 드라마(추리, 모험 드라마), 의학 드라마, 기타 드라마(2000년 이후)에 속하는 실제 드라마 제목을 무작위로 선정하였다. 한글 제목과 원제목의 의미가 같은 경우도 있는 반면에, 그렇지 않은 경우도 있음에 유념하길 바란다.

우선 사극 드라마로 '무인 토시이에(利家とまつ)', '무사시(武蔵)', '바람의 검 신선조(新選組)', '요시쓰네(義経)', '공명의 갈림길(巧妙が辻)', '풍림화산(風林火山)', '아쓰히메(篤姫)', '천지인(天地人)', '료마전(竜馬伝)', '다이라노 기요모리(平清盛)', '야에의 벚꽃(八重の桜)', '미토코몬(水戸黄門)', '닥터진(JIN-仁)', '실록 오쿠 쇼군의 여인들(大奥)' 등을 들 수 있다.

둘째, 가족 드라마로는 '가정부 미타(家政婦のミタ)', '세상살이 원수 천지(渡る世間は鬼ばかり)', '마루모의 규칙(マルモのおきて)', '돈이 없어(お金がない)', '한지붕 밑(一つ屋根の下)', '속도위반 결혼(出来ちゃった結婚)', '촛쨩이 간다(ちょっちゃんが行くわよ)', '세자매(笑う三姉妹)', '11명이나 있어(11人もいる)', '카네이션(カーネーション)', '게게게 여보(ゲゲゲの女房)' 등을 들 수 있다.

셋째, 멜로(연애) 드라마로는 '노다메 칸타빌레(のだめカンタービレ)', '간호사의 일(ナースのお仕事)', '야마토나데시코(やまとなでしこ)', '나와 스타의 99일(僕とスターの99日)', '천체관측(天体観測)', '결혼 못하는 남자(結婚できない男)', '끝에서 두 번째 사랑(最後から二番目の恋)', '아네고(anego～アネゴ)', '청의 시대(青の時代)', '꿈을 이루어주는 코끼리(夢をかなえるゾウ)', '호타루의 빛(ホタルノヒカリ)', '신이시여, 조금만 더(神様、もう少しだけ)', '프로포즈 대작전(プロポーズ大作戦)', '투 하트(to heart)', '사랑한다고 말해줘(愛していると言ってくれ)' 등을 들 수 있다.

넷째, 학원 드라마로 '꽃보다 남자(花より男子)', '워터보이즈(ウォーターボーイズ)', '여왕의 교실(女王の教室)', '3학년 B반 긴파치 선생(3年B組金八先生)', '사랑하고 있니(愛しあっているかい)', '드래곤 사쿠라(ドラゴン桜)', '노부타 프로듀스(野ブタ。をプロデュース)', '고쿠센(ごくせん)' 등을 들 수 있다.

다섯째, 형사 드라마(추리, 모험 드라마)로는 '히어로(HERO)', '후루하타 닌자부로(古畑任三郎)', '트릭(TRICK)', '파트너(相棒)', '용사 요시히코와 마왕의 성(勇者ヨシヒコと魔王の城)', '춤추는 대수사선(踊る大捜査線)', '삼색털 고양이 홈즈의 추리(三毛猫ホームズの推理)', '럭키세븐(ラッキーセブン)', '스펙(SPEC)', '더 퀴즈쇼(ザ・クイズショー)', 'Answer～경시청 검증 수사관(Answer～警視庁検証捜査官)', '운명의 인간(運命の人)' 등이 있다.

여섯째, 의학 드라마로는 '하얀거탑(白い巨塔)', '구명병동 24시(救命病棟24時)', '닥터 고토의 진료소(Dr. コトー診療所)', '사토라레(サトラレ)' 등을 들 수 있다.

마지막으로 기타 드라마로 '굿럭(GOOD LUCK)', '프라이드(プライド)', '헝그리(ハングリー)', '관료들의 여름(官僚たちの夏)', '임금님의 레스토랑(王様のレストラン)' 등을 들 수 있다. '굿럭(GOOD LUCK)'은 항공을 주제로 한 드라마이며, '프라이드(プライド)'는 스포츠를 주제로 한 드라마이다. '헝그리(ハングリー)'는 요리를 주제로 한 드라마이며, '임금님의 레스토랑(王様のレストラン)'은 레스토랑 직원들을 주제로 한 드라마이다. '관료들의 여름(官僚たちの夏)'은 일본의 전후 경제를 주제로 한 드라마이다.

3절에서는 이상 열거한 각 드라마에 대한 일본어 학습자들의 인지도를 조사하도록 하겠다.

3_ 일본어 학습자의 인지도 조사

일본 드라마에 대한 한국인 대학생 일본어 학습자의 인지도 조사는 2013년 5월 23일에 실시하였다. 설문 조사는 K대학 일본어문학과 학생들을 대상으로 실시하였다. 설문에 참가해 준 학생은 모두 48명(여학생 38명/남학생 10명)이었다.

설문 조사 방법은 다음과 같다. 예를 들어 사극에 속하는 드라마를 아래와 같이 나열하고 해당 드라마의 인지 여부를 복수 체크하도록 하는 방식을 취하였다.

┃표 2_ 설문 조사 방법(예시)

사극 드라마	알고 있다	모른다
利家とまつ	√	
武蔵	√	
新選組	√	
義経		√
巧妙が辻	√	

분석은 각 장르에 속하는 드라마(전체 드라마도 포함)에 대한 전체 일본어 학습자(남학생/여학생)의 인지도를 백분율로 나타내고 다시 그 백분율 평균치의 높낮이를 비교 논의하는 방식을 취하였다.

그러면 이하에서는 사극 드라마, 가족 드라마, 멜로(연애) 드라마, 학원 드라마, 형사 드라마(추리, 모험), 의학 드라마, 기타 드라마에 대한 일본어 학습자들의 인지도(경험도)를 살펴보도록 하겠다.

1) 사극 드라마

다음의 표를 보도록 하자.

┃표 3_ 사극 드라마에 대한 학습자들의 인지도(경험도)(%)

사극 드라마	알고 있다(본 적이 있다)		
	남학생	여학생	전체
利家とまつ	0	5	3
武蔵	0	11	6
新選組	30	13	22
義経	30	24	27
巧妙が辻	0	0	0
風林火山	10	5	8
篤姫	30	29	30
天地人	20	13	17
竜馬伝	40	26	33
平清盛	10	16	13
八重の桜	10	5	8
水戸黄門	0	3	2
JIN-仁	40	53	47
大奥	20	32	26
평균	17	17	17

일본 사극 드라마에 대한 한국인 일본어 학습자의 평균 인지도는 17%로 나타났다. 남녀 학습자 모두 17%로 동률을 이루었다. '닥터진(JIN-仁)'이 47%로 가장 높았고, '료마전(竜馬伝)'과 '아쓰히메(篤姫)'가 각각 33%, 30%로 그 뒤를 이었다. '바람의 검 신선조(新選組)'와 '료마전(竜馬伝)'은 남자 학습자 쪽의 인지도가 훨씬 높은 반면에, '닥터진(JIN-仁)'의 경우는 여자 학습자들의 인지도가 훨씬 높았다.

2) 가족 드라마

다음의 표는 가족 드라마에 대한 남녀 학습자들의 인지도를 나타낸 것이다.

표 4_ 가족 드라마에 대한 학습자들의 인지도(경험도)(%)

가족 드라마	알고 있다(본 적이 있다)		
	남학생	여학생	전체
家政婦のミタ	60	26	43
渡る世間は鬼ばかり	10	0	5
マルモのおきて	20	13	17
お金がない	0	18	9
一つ屋根の下	10	3	7
出来ちゃった結婚	20	18	19
ちょっちゃんが行くわよ	0	0	0
笑う三姉妹	0	3	2
11人もいる	0	8	4
カーネーション	0	13	7
ゲゲゲの女房	10	18	14
평균	12	11	12

가족 드라마에 대한 남녀 학습자들의 평균 인지도는 12%였다. 남학생은 12%, 여학생은 11%로 차이가 거의 나지 않았다. '가정부 미타(家政婦のミタ)'가 43%로 가장 높았고, '속도위반 결혼(出来ちゃった結婚)'이 19%, '마루모의 규칙(マルモのおきて)'가 17%로 각각 그 뒤를 이었다. '가정부 미타(家政婦のミタ)'의 경우 남학생의 인지도가 여학생보다 훨씬 높았다. 반대로 '게게게 여보(ゲゲゲの女房)'의 경우는 여학생의 인지도가 8% 높게 나왔다. 그밖에 인지하고 있는 드라마로 '父と娘との七日間', 'マイガール', 'ワリータ家を買う', 'パパドル', '1リットルの涙', '14才の母', '赤い糸' 등을 들었다.

3) 멜로(연애) 드라마

다음의 표는 멜로(연애) 드라마에 대한 일본어 학습자의 인지도를 나타낸 것이다.

■표 5_ 멜로 드라마에 대한 학습자들의 인지도(경험도)(%)

멜로(연애) 드라마	알고 있다(본 적이 있다)		
	남학생	여학생	전체
のだめカンタービレ	90	97	94
ナースのお仕事	0	3	2
やまとなでし	40	21	31
僕とスターの99日	50	63	57
天体観測	10	5	8
結婚できない男	60	71	66
最後から二番目の恋	10	5	8
anego〜アネゴ	60	50	55

青の時代	20	8	14
夢をかなえるゾウ	20	13	17
ホタルノヒカリ	60	84	72
神様、もう少しだけ	40	8	24
プロポーズ大作戦	60	84	72
to heart	20	18	19
愛していると言ってくれ	20	16	18
평균	37	36	37

멜로(연애) 드라마에 대한 일본어 학습자들의 평균 인지도는 37%로 나타났다. 남학생이 37%, 여학생이 36%로 거의 차이가 나지 않았다. '노다메 칸타빌레(のだめカンタービレ)'가 94%로 가장 높았으며, '호타루의 빛(ホタルノヒカリ)', '프로포즈 대작전(プロポーズ大作戦)' 모두 72%로 그 뒤를 이었다. '야마토나데시코(やまとなでしこ)', '아네고(anego~アネゴ)'의 경우는 남학생의 인지도가 높은 반면에, '나와 스타의 99일(僕とスターの99日)', '결혼 못하는 남자(結婚できない男)', '호타루의 빛(ホタルノヒカリ)', '프로포즈 대작전(プロポーズ大作戦)'의 경우는 여학생의 인지도가 훨씬 높았다.

그밖에 인지하고 있는 드라마로 'ラブシャップル', '私が結婚できない理由', '今会いに行きます', '君はペット', '夏の恋は虹色に輝く', '泣くな、はらちゃん', '愛なんていらない', '私が恋愛できない理由', 'バラのない花屋' 등을 들었다.

4) 학원 드라마

다음의 표는 학원 드라마에 대한 일본어 학습자의 인지도를 나타낸 것이다.

학원 드라마	알고 있다(본 적이 있다)		
	남학생	여학생	전체
花より男子	80	100	90
ウォーターボーイズ	80	76	78
女王の教室	50	50	50
3年B組金八先生	40	32	36
愛しあっているかい	0	3	2
ドラゴン桜	80	84	82
野ブタ。をプロデュース	70	79	75
ごくせん	90	89	90
평균	61	64	63

　학원 드라마에 대한 일본어 학습자의 평균 인지도는 63%로 나타났다. 남학생은 61%, 여학생은 64%로 여학생 쪽이 약간 높았다. '고쿠센(ごくせん)'과 '꽃보다 남자(花より男子)'가 90%로 가장 높았고, '드래곤 사쿠라(ドラゴン桜)'가 82%로 그 뒤를 이었다. '꽃보다 남자(花より男子)'와 '노부타 프로듀스(野ブタ。をプロデュース)'는 여학생의 인지도가 훨씬 높았고, 그 외의 드라마는 남녀 차가 그다지 크지 않았다.

　그 외에 인지하고 있는 드라마로 '山田太郎物語', 'イケメンパラダイス', 'ライフ', 'アスコーマーチ', 'GTO', 'IWGP', '日本人が知らない日本語', '赤いひも', '花ざかりの君たちへ' 등이 나왔다.

5) 형사물(추리, 모험) 드라마

다음의 표는 형사물(추리, 모험) 드라마에 대한 남녀 학습자들의 인지도를 나타낸 것이다.

▌표 7_ 형사물(추리, 모험) 드라마에 대한 학습자들의 인지도(경험도)(%)

형사물(추리, 모험) 드라마	알고 있다(본 적이 있다)		
	남학생	여학생	전체
HERO	70	71	71
古畑任三郎	10	3	7
TRICK	90	47	69
相棒	10	16	13
勇者ヨシヒコと魔王の城	30	0	15
踊る大捜査線	30	29	30
三毛猫ホームズの推理	10	11	11
ラッキーセブン	20	34	27
SPEC-警視庁公安部公安第五課未詳事件特別対策係事件簿-	10	26	18
ザ・クイズショー	30	24	27
Answer～警視庁検証捜査官	10	11	11
運命の人	0	11	6
평균	27	24	25

형사물(추리, 모험) 드라마에 대한 일본어 학습자들의 평균 인지도는 25%로 나타났다. 남학생은 27%, 여학생은 24%로 남녀차가 그다지 크지 않았다. '히어로(HERO)'가 71%로 가장 높았으며, '트릭(TRICK)'이 69%, '춤추는 대수사선

(踊る大捜査線)'이 30%로 각각 그 뒤를 이었다. '트릭(TRICK)', '용사 요시히코와 마왕의 성(勇者ヨシヒコと魔王の城)'의 경우 남학생의 인지도가 훨씬 높았던 반면에, '럭키세븐(ラッキーセブン)', '스펙(SPEC)', '운명의 인간(運命の人)'의 경우는 여학생의 인지도가 훨씬 높았다.

그 외 인지하고 있는 드라마로 'ガリレオ', 'アンペア', '東京DOGS', 'ライアゲーム', 'strawberry night', 'リモト', 'QEC', '魔王', '顔', 'アンペアー', 'コドモ警察', 'トライアングル', '新参者', '鍵がかからない部屋' 등이 나왔다.

6) 의학 드라마

다음의 표는 의학 드라마에 대한 남녀 일본어 학습자의 인지도를 나타낸 것이다.

▌표 8_ 의학 드라마에 대한 학습자들의 인지도(경험도)(%)

의학 드라마	알고 있다(본 적이 있다)		
	남학생	여학생	전체
白い巨塔	70	61	66
救命病棟24時	50	21	36
Dr. コトー診療所	40	26	33
サトラレ	50	42	46
평균	53	38	45

의학 드라마에 대한 남녀 일본어 학습자들의 평균 인지도는 45%로 나타났다. 남학생이 53%, 여학생이 38%로 남학생의 인지도가 훨씬 높았다. '하얀거탑(白い巨塔)가 66%, 사토라레(サトラレ)가 46%로 그 뒤를 이었다. 대부분의 드라마

에서 남학생의 인지도가 여학생보다 훨씬 높게 나타났다.

그 외 인지하고 있는 드라마로, '医竜', 'コードブルー', '白いかげ' 등이 나왔다.

7) 기타

다음의 표는 기타 드라마에 대한 일본어 학습자의 인지도를 나타낸 것이다.

| 표 9_ 기타 드라마에 대한 학습자들의 인지도(경험도)(%)

기타 드라마	알고 있다(본 적이 있다)		
	남학생	여학생	전체
GOOD LUCK	60	29	45
プライド	60	37	49
ハングリー	10	5	8
官僚たちの夏	0	3	2
王様のレストラン	10	8	9
평균	28	16	23

기타 드라마에 대한 일본어 학습자들의 평균 인지도는 23%였다. 남학생은 28%, 여학생은 16%로 남학생이 8% 이상 높았다. '프라이드(プライド)'가 49%로 가장 높았고, '굿럭(GOOD LUCK)'이 45%로 그 뒤를 이었다. '프라이드(プライド)'와 '굿럭(GOOD LUCK)'의 남녀 인지도가 매우 큰 것을 알 수 있다.

그 외 인지하고 있는 드라마로, 'ハケンの品格', 'バーテンダー', 'ランチの女王', '1パウンドの福音', 'GOLD', 'ライアー', 'チェーンジ', 'おせん' 등이 나왔다.

4_ 정리

3절에서 제시한 일본 드라마의 인지도를 정리하면 다음과 같다.

▌표 10_ 일본 드라마에 대한 일본어 학습자의 평균 인지도(%)

장르	일본 드라마							
	사극	가족	멜로	학원	형사	의학	기타	전체 평균
평균	17	12	37	63	25	45	23	32

일본 드라마에 대한 일본어 학습자의 전체 평균 인지도는 32%로 나타났다. 학원 드라마가 63%로 가장 높으며, 의학 드라마가 45%, 멜로 드라마가 37% 로 그 뒤를 이었다. 가족 드라마가 12%로 가장 낮았다. 5절에서는 일본 드라마를 활용한 일본어교육의 가능성에 대해서 모색하고자 한다.

5_ 일본어교육으로의 활용 가능성

이하 드라마를 활용한 듣기, 말하기, 읽기, 쓰기 교육을 위한 몇 가지 방안을 제시하겠다. 우선 첫째로 쓰기 방안을 몇 가지 제시하면 다음과 같다.

❶ 특정 드라마를 들려주고 드라마에 관련된 배우를 여러 사진 가운데 골라서 기입하도록 한다.
❷ 특정 장면을 보여주고 화자와 청자가 어떠한 관계인지, 무슨 내용의 전화인지를 써서 알아맞히게 한다.

❸ 특정 드라마 장면을 보여주고 다음 줄거리가 어떻게 전개될지를 써서 예측하
게 한다.

❹ 특정 드라마를 보여주고 아는 단어를 적도록 한다.

둘째, 말하기 지도 방안을 몇 가지 제시하면 다음과 같다.

❶ 일본의 드라마 연예인 1위에서 5위까지를 일본 인터넷으로 검색하고 그 결과를
일본어로 발표하도록 한다.

❷ 자신이 좋아하는 드라마 연예인을 일본어로 소개한다.

❸ 드라마 대사를 입수하여 각자 해당 연예인의 배역대로 실감나게 말하듯 읽는다.
이때 교수자는 학습자들에게 해당 드라마를 보여준다.

셋째, 읽기 지도 방안을 몇 가지 제시하면 다음과 같다.

❶ 특정 연예인이 출현하는 명대사를 실감나게 읽는다. 이때, 교수자는 학습자들에
게 해당 드라마를 보여준다.

❷ 혹은 아래의 문장을 읽고 번역하게 한다.

花より男子
名門の筋や素封家の子弟が入学する事で知られる英徳学園高校に、親の推薦によ
り入学した一般庶民の牧野つくしだったが、学校は道明寺財閥の御曹司・司、花
沢物産の御曹司・類、日本一の茶道の家元「西門流」の跡取り息子・総二郎、高
校生でありながら総合商社・美作商事の副社長を務めるあきらのF4(Flower4─
"花の四人組")に牛耳られていた。学校はF4の親から多額の寄付を受けていたた
め、生徒達はもちろん教師達ですら彼らに逆らう事が出来なかった。つくしはそ
れに違和感を持ちながらも平凡な高校生活を送ろうとしていた。─이하 생략─

─ 위키페디아 일본판(2013.09.04)에서 인용함.

ドラゴン桜

元暴走族の駆け出し弁護士・桜木建二(さくらぎけんじ)は、経営破綻状態となった落ちこぼれ高校、私立竜山高等学校の清算を請け負うこととなる。

破綻を回避し経営状態を良くするためには進学実績、それも東大の合格者数を上げるのが手っ取り早いと考え、5年後に東大合格者100人を出すことを掲げる。そのための第一歩として特進クラスを開設し、スナックのママをやっている母のような生活を見て人生をあきらめかけている水野直美と、裕福な家庭で育つも落ちこぼれてグレている矢島勇介を受け入れ、1年目でも最低1人の合格者を出すことを定め、そこに以前から受験指導に大きな実績を上げつつも、いろいろな事情で表舞台から消えていた個性溢れる教師を集める。—이하 생략—

— 위키페디아 일본판(2013.09.04)에서 인용함.

ごくせん

『ごくせん』は、森本梢子による日本の漫画作品。集英社刊の漫画雑誌『YOU』で2007年2月まで連載されていた。極道の跡取り娘である主人公が男子高の学級担任となり、型破りな高校教師として活躍するコメディ。「ごくせん」とは「極道先生」の省略形である。連載終了後も何度か番外編が『YOU』や『別冊YOU』などに掲載されている。

— 위키페디아 일본판(2013.09.04)에서 인용함.

女王の教室

クラスを支配する女教師・阿久津真矢(天海祐希)と半崎小学校6年3組の児童との1年間にわたる「闘い」を描いたドラマ。神田和美(志田未来)を中心とした24名の教え子の思想・心理・成長を軸として物語が描かれている。

中学生になった和美が「先生アロハ!」と言い、真矢が封印し続けていた笑顔を見せた最終話のラストシーンでは瞬間視聴率31.2%を記録。初回(14.4%)から最終話(25.3%)の上げ幅10.9%はフジテレビ系『神様、もう少しだけ』(18.2%→28.3%、10.1%)以来7年ぶり、同局としては『星の金貨』(7.2%→23.9%、16.7%)以来10年3月ぶりの高記録で、21世紀に放送された日本のテレビドラマとしては初回の視聴率から初の10%超えを記録した。1990年代は10%を超えた作品が13作品あったが、

❸ 위의 해당 문장을 읽고 질문에 대답하도록 한다. -스캐닝, 스키밍

마지막으로 쓰기 방안에 대해서 몇 가지 제시하면 다음과 같다.

❶ 특정 드라마의 정지 화면이 어떤 상황인지 단문, 복수의 일본어 문장을 작성하도록 한다.
❷ 특정 드라마 화면을 보여주고 화면 속의 모든 정보를 일본어로 작성하도록 한다.
❸ 드라마를 설명하는 문장을 보여주고, 그 문장과 관련된 드라마 제목을 적도록 한다.
❹ 드라마 홍보를 위해 일본어로 작성하고 발표하도록 한다.

6_ 나오는 말

일본 드라마에 대한 일본어 학습자들의 평균 인지도는 32%로 나타났다. 이는 영화의 13%에 비하면 매우 높은 수치이다. 이 말은 환언하면 일본어 학습자들이 영화보다 드라마에 노출되는 정도가 훨씬 크다는 것을 의미한다. 따라서 교수자는 학습자들에게 일본 드라마의 장르를 소개하고 각 장르에 해당하는 다양한 드라마 시청을 권유할 필요가 있다고 생각한다. 의외로 드라마

를 포털 사이트에서 검색하는 것이 매우 용이하며, 특정 드라마는 굿다운로
더에서 매우 저렴한 가격으로 다운받아 시청할 수 있다. 또한 교수자는 드라
마를 활용해서 다양한 방법으로 일본어 학습자들의 언어4기능의 발달을 도모
할 필요가 있다고 생각된다.

1 자신이 알고 있는 것이나 인터넷 검색을 통해서 아래의 드라마 범주에 해당하는 일본 드라마 제목을 기입해보세요.

• 사극 드라마

• 가족 드라마

• 멜로(연애) 드라마

• 학원 드라마

• 형사물(추리, 모험) 드라마

• 의학 드라마

• 기타

일본 연예인의 이해와 일본어교육

1_ 들어가는 말

아래의 표 1은 일본 연예인에 대한 일본어 학습자의 선호도를 나타낸 것으로 천호재·이은선(2010)에서 약간 수정해서 발췌한 것이다. 천호재·이은선(2010)에서는 관심도 수치가 소수점 이하까지 표시되어 있으나 본서에는 소수점 이하를 표시하지 않았다.

표 1_ 일본 연예 분야에 대한 일본어 학습자의 관심도(%)

설문 내용	10. 다음의 일본 연예 분야 중에서 관심있는 분야를 선택해 주세요.						
보기	영화배우	가수	드라마 탤런트	코메디언 (개그맨)	모델	기타	없다
설문 결과	23	44	33	4	3	1	14

위의 표 1에서 보듯 가수가 44%로 가장 많으며, 탤런트가 33%, 영화배우가 23%로 각각 그 뒤를 잇고 있음을 확인할 수 있다. 모델이 3%로 기타를 제외하면 가장 선호도가 낮은 것을 알 수 있고, 관심있는 분야가 없다는 의견이

무려 14%나 되는 것도 흥미롭다. 그리고 위의 표에는 제시되지 않았지만, 영화배우, 가수, 드라마 탤런트에 대한 여학생의 관심도가 남학생보다 압도적으로 높게 나타났다.

그런데 표 1은 일본 연예인에 대한 일본어 학습자의 관심도를 파악하기에는 충분할지는 모르지만, 각 연예 분야에 속하는 실제 연예인에 대한 인지도가 구체적으로 어느 정도인지를 알 수 없다는 한계를 지니고 있다. 이에 본 장에서는 각 연예 분야에 속하는 실제 연예인에 대한 구체적인 인지도와 선호도를 살펴보고자 한다. 아울러 본 장에서는 일본 연예인을 활용한 일본어 교육의 가능성을 모색한다.

2_ 일본 연예인 관련 예비지식

이 절에서는 일본 연예인을 '영화배우', '가수', '탤런트', '성우', '개그맨', '모델'로 분류하고 각 분야의 연예인을 남녀별로 소개하고자 한다. 각 분야의 연예인들은 '다음'에서 무작위로 선정한 것이며, 한자명은 '구글'에서 재차 확인을 한 것이다. 이하에서 열거하는 연예인은 한 분야에만 속하는 것도 있지만, '모델'이나 '탤런트'와 같이 여러 분야에 속하는 연예인도 있다. 따라서 각 분야에 중복된 연예인도 있다는 점에 유의해 주길 바란다.

먼저 영화배우이다. 여자 배우로는 '사와지리 에리카(沢尻エリカ)', '아라가키 유이(新垣結衣)', '도다 에리카(戸田恵梨香)', '후카다 쿄코(深田恭子)', '미야자키 아오이(宮崎あおい)', '나가사와 마사미(長沢まさみ)', '우에노 쥬리(上野樹里)', '아야세 하루카(綾瀬はるか)', '아오이 유(蒼井優)', '히로스에 료코(広末涼子)' 등을 들 수 있다. 남자 배우로는 '마쓰다 류헤이(松田竜平)', '쓰쓰미 신이치(堤真一)', '이시다 잇세

이(いしだ壱成)’, ‘안도 마사노부(安藤政信)’, ‘시이나 깃페이(椎名桔平)’, ‘다나베 세이치(田辺誠一)’, ‘구보즈카 요스케(窪塚洋介)’, ‘다케노우치 유타카(竹野内豊)’, ‘소리마치 다카시(反町隆史)’, ‘에이타(瑛太)’ 등을 들 수 있다.

둘째, 가수이다. 여자 가수로는 ‘메로디(メロディ)’, ‘이토유나(伊藤由奈)’, ‘시이나 링고(椎名裕美子)’, ‘YUI’, ‘EVERY LITTLE THING’, ‘우타다 히카루(宇多田光)’, ‘하마사키 아유미(浜崎 あゆみ)’, ‘나카시마 미카(中島美嘉)’, ‘ZARD’, ‘시바사키 코(柴咲コウ)’ 등을 들 수 있다. 남자 가수로는 ‘마쓰시타 유야(松下優也)’, ‘잔 다르크(Janne Da Arc)’, ‘각트(GACKT, 神威楽斗)’, ‘스마프(SMAP)’, ‘아라시(嵐)’, ‘EXILE’, ‘엑스재팬(X-Japan)’, ‘Mr. Children’, ‘라르크 앙시엘(L’Arc En Ciel)’, ‘긴키키즈(Kinki Kids)’ 등을 들 수 있다.

셋째, 탤런트이다. 여자 탤런트로는 ‘사사키 노조미(佐々木希)’, ‘미야자키 아오이(宮崎あおい)’, ‘마쓰시마 나나코(松嶋菜々子)’, ‘기타가와 게이코(北川景子)’, ‘나카마 유키에(仲間由紀恵)’, ‘호리기타 마키(堀北真希)’, ‘아라가키 유이(新垣結衣)’, ‘이시하라 사토미(石原さとみ)’, ‘요시다카 유리코(吉高由里子)’, ‘우에토 아야(上戸彩)’ 등을 들 수 있다. 남자 탤런트로는 ‘오노 사토시(大野智)’, ‘사쿠라이 쇼(桜井翔)’, ‘마쓰자카 토리(松坂桃李)’, ‘아이바 마사키(相葉雅紀)’, ‘니노미야 가즈나리(二宮和也)’, ‘후쿠야마 마사하루(福山雅治)’, ‘니시지마 히데토시(西島秀俊)’, ‘마쓰모토 준(松本潤)’, ‘무카이 오사무(向井理)’, ‘이쿠타 토마(生田斗真)’ 등을 들 수 있다.

넷째, 성우이다. 여자 성우로는 ‘노토 마미코(能登麻美子)’, ‘다무라 유카리(田村ゆかり)’, ‘하나자와 카나(花沢香菜)’, ‘우치다 마아야(内田真礼)’, ‘이토 카나에(伊藤かな恵)’, ‘나카쓰 마리코(中津 真莉子)’, ‘가야노 아이(茅野愛衣)’, ‘후쿠엔 미사토(福円美里)’, ‘도요사키 아키(豊崎愛生)’, ‘미즈키 나나(水樹奈々)’ 등을 들 수 있다. 남자 성우로는 ‘미키 신이치로(三木真一郎)’, ‘나카무라 유이치(中村悠一)’, ‘가미야 히로시(神谷浩史)’, ‘미도리카와 히카루(緑川光)’, ‘도리우미 코스케(鳥海浩輔)’, ‘쓰다 켄지로(津田健次郎)', '후쿠야마 쥰(福山潤)', '이시다 아키라(石田彰)', '스즈키 치히로(鈴木千尋)', '시모노 히로(下野紘)' 등을 들 수 있다.

다섯째, 개그맨이다. 여자 개그맨으로는 '구로사와 가즈코(黒沢かずこ)', '미노와 하루카(箕輪はるか)', '오시마 미유키(大島美幸)', '야나기하라 가나코(柳原可奈子)', '나카지마 도모코(中島知子)', '우에무라 가즈코(上村和子)', '아부카와 미호코(虻川美穂子)', '아사모토 미카(浅本みか)', '야스다 유키나(安田由紀奈)', '시라토리 구미코(白鳥久美子)' 등을 들 수 있다. 남자 개그맨으로는 '진나이 도모노리(陣内智則)', '나인티 나인(ナインティナイン)', '마쓰코(まつこ)', '사마즈(さまぁ〜ず)', '게키단 히토리(劇団ひとり)', '다무라 아쓰시(田村淳)', '오도리(オードリ)', '사쿠라즈카 얏군(桜塚やっくん)', '아메아가리(雨上がり)', '아카시야 삼마(明石家さんま)' 등을 들 수 있다.

마지막으로 모델이다. 여자 모델로는 '다케이 에미(武井咲)', '아오이 소라(蒼井そら)', '요네구라 료코(米倉凉子)', '유미(ゆみ)', '가호(夏帆)', '아라가키 유이(新垣結衣)', '시노자키 아이(篠崎愛)', '가리나(香里奈)', '미즈하라 기코(水原希子)', '야노 시호(矢野志保)' 등을 들 수 있다. 남자 모델로는 '오타니 료헤이(大谷亮平)', '다이토 슌스케(大東駿介)', '오카자와 다카히로(岡沢高宏)', '마쓰자카 도리(松坂桃李)', '사카구치 켄지(坂口憲二)', '이우라 아라타(井浦新)', '가타오노 다이코(かたおのたいこ)', '구보타 마사시(久保田裕之)', '아키야마 신타로(秋山真太郎)', '히라야마 유스케(平山祐介)' 등을 들 수 있다.

3절에서는 이상 열거한 연예인들에 대한 일본어 학습자의 인지도와 선호도에 대해서 살펴보도록 하겠다.

3_ 일본 연예인에 대한 일본어 학습자의 인지도, 선호도 조사

우선 일본 연예인에 대한 일본어 학습자의 인지도 및 선호도를 조사하기 전에 설문의 개요 및 조사 방법에 대해서 간략하게 언급한다. 설문 조사는 2013년도 10월 21일~10월 25일 사이에 행해졌다. 조사 대상은 K대학교의 일본어문학과 학생(2학년/3학년)이었다. 설문 조사에 응해 준 학생은 전체 79명으로 남학생 28명, 여학생 51명이었다.

설문 조사 방법은 다음과 같다. 예를 들어 여자 배우 '사와지리 에리카(沢尻エリカ)', '아라가키 유이(新垣結衣)', '도다 에리카(戸田恵梨香)', '후카다 쿄코(深田恭子)', '미야자키 아오이(宮崎あおい)'를 아래와 같이 나열하고 해당 여배우에 대한 일본어 학습자의 인지 여부, 선호 여부를 복수 체크하도록 하는 방식을 취했다.

▌표 2_ 설문 조사 방법(예시)

일본 여자배우	알고 있다	좋아한다
사와지리 에리카(沢尻エリカ)	√	
아라가키 유이(新垣結衣)		
도다 에리카(戸田恵梨香)	√	√
후카다 쿄코(深田恭子)	√	
미야자키 아오이(宮崎あおい)	√	

분석은 각 연예인(전체 연예인도 포함)에 대한 전체 일본어 학습자(남학생/여학생)의 인지도, 선호도를 백분율로 나타내고 다시 그 백분율 평균치의 높낮이를 비교 논의하는 방식을 취하였다.

그러면 이하에서는 일본 연예인에 대한 인지도와 선호도에 대해서 살펴보 도록 하겠다.

1) 여자 영화배우

이 절에서는 여자 영화배우에 대한 일본어 학습자들의 인지도, 선호도에 대해서 살펴보겠다. 다음의 표를 보도록 하자.

▌표 3_ 여자 영화배우에 대한 학습자들의 인지도, 선호도(%)

여자 배우	안다			좋아한다		
	남학생	여학생	전체	남학생	여학생	전체
沢尻エリカ	57	66	63	3	3	4
新垣結衣	35	52	47	10	39	29
戸田恵梨香	35	60	52	14	31	25
深田恭子	21	43	35	10	9	10
宮崎あおい	25	62	49	7	29	22
長沢まさみ	21	43	35	7	23	18
上野樹里	53	86	75	17	52	41
綾瀬はるか	39	60	53	14	19	18
蒼井優	39	86	70	7	35	25
広末涼子	39	62	54	3	21	14
평균	35	62	53	10	27	20

여배우에 대한 일본어 학습자의 평균 인지도는 53%로 나타났다. 남학생은 35%, 여학생은 62%로 여배우에 대한 인지도는 여학생 쪽이 훨씬 높았다. '우

에노 쥬리(上野樹里)'가 75%로 가장 높았고, '아오이 유(蒼井優)'가 70%, '사와지리 에리카(沢尻エリカ)'가 63%로 각각 그 뒤를 이었다. 모든 여배우에서 여학생의 인지도가 남학생보다 훨씬 높게 나타나는 것을 확인할 수 있다.

여배우에 대한 일본어 학습자의 평균 선호도는 20%로 나타났다. 남학생은 10%, 여학생은 27%로 여학생의 선호도가 훨씬 높은 것을 알 수 있었다. '우에노 쥬리'가 41%로 가장 높았고, '아라가키 유이'가 29%로 그 뒤를 이었다. 선호도에서도 여학생이 남학생보다 훨씬 높다는 사실을 알 수 있다.

2) 남자 영화배우

이 절에서는 남자 영화배우에 대한 일본어 학습자들의 인지도, 선호도에 대해서 살펴보겠다. 다음의 표를 보도록 하자.

표 4_ 남자 영화배우에 대한 학습자들의 인지도, 선호도(%)

남자 영화배우	안다			좋아한다		
	남학생	여학생	전체	남학생	여학생	전체
松田竜平	10	37	28	3	7	6
堤真一	3	13	10	3	1	3
いしだ壱成	7	9	9	0	0	0
安藤政信	3	17	13	0	5	4
椎名桔平	10	11	11	3	7	6
田辺誠一	3	3	4	0	1	1
窪塚洋介	21	27	25	3	5	5
竹野内豊	3	13	10	0	7	5
反町隆史	17	19	19	0	11	8

英太	39	49	46	14	25	22
평균	10	19	18	3	7	6

　　남자 영화배우에 대한 일본어 학습자의 평균 인지도는 18%이며, 남학생이 10%, 여학생이 19%로 여배우에서와 마찬가지로 여학생 쪽의 인지도가 훨씬 높은 것을 알 수 있다. '에이타(英太)'가 46%로 가장 높았으며 '마쓰다 류헤이 (松田竜平)'가 28%, '구보즈카 요스케(窪塚洋介)'가 25%로 각각 그 뒤를 이었다. 모든 남자배우에서 인지도가 여학생 쪽이 높은 것을 확인할 수 있다.

　　남자 영화배우에 대한 일본어 학습자의 평균 선호도는 6%로 나타났다. 남학생이 3%, 여학생이 7%로 여학생 쪽이 높게 나타났다. '에이타(英太)'가 22%, '소리마치 다카시(反町隆史)'가 8%로 그 뒤를 이었다. 선호도에서도 남학생보다 여학생 쪽이 훨씬 높게 나왔다.

3) 여자 가수

　　이 절에서는 여자 가수에 대한 일본어 학습자들의 인지도, 선호도에 대해서 살펴보겠다. 다음의 표를 보도록 하자.

표 5_ 여자 가수에 대한 학습자들의 인지도, 선호도(%)

여자 가수	안다			좋아한다		
	남학생	여학생	전체	남학생	여학생	전체
メロディ	14	13	14	7	1	4
伊藤由奈	28	31	30	7	11	10
椎名裕美子	28	54	46	3	9	8
YUI	64	68	67	25	35	32

EVERY LITTLE THING	21	29	27	3	19	14
宇多田光	50	68	62	17	33	28
浜崎あゆみ	53	74	67	14	15	15
中島美嘉	42	72	62	28	33	32
ZARD	42	31	35	14	5	9
柴咲コウ	28	27	28	10	9	10
평균	39	47	44	14	17	16

여자 가수에 대한 일본어 학습자의 평균 인지도는 44%로 나타났다. 남학생이 39%, 여학생이 47%로 여학생 쪽이 훨씬 높은 인지도를 나타냈다. 'YUI'와 '하마사키 아유미(浜崎あゆみ)'가 67%로 가장 높았고, '우타다 히카루(宇多田光)'와 '나카시마 미카(中島美嘉)'가 62%로 그 뒤를 이었다. '시바사키 코(柴咲コウ)'와 '메로디(メロディ)'를 제외한 모든 여자 가수에서 여학생 쪽의 인지도가 남학생보다 높은 것을 확인할 수 있다.

여자 가수에 대한 일본어 학습자의 평균 선호도는 16%로 나타났다. 남학생이 14%, 여학생이 17%로 남녀차가 크게 나지는 않았다. 'YUI'와 '나카시마 미카(中島美嘉)'가 32%로 가장 높았고, '우타다 히카루(宇多田光)'가 28%로 그 뒤를 이었다.

4) 남자 가수

이 절에서는 남자 가수에 대한 일본어 학습자들의 인지도, 선호도에 대해서 살펴보겠다. 다음의 표를 보도록 하자.

남자 가수	안다			좋아한다		
	남학생	여학생	전체	남학생	여학생	전체
松下優也	21	13	16	3	1	3
Janne Da Arc	17	33	28	7	3	5
GACKT(神威楽斗)	53	62	59	7	15	13
SMAP	46	68	61	14	21	19
嵐	67	94	85	14	39	30
EXILE	50	52	52	0	19	13
X-Japan	60	54	57	14	10	12
Mr. Children	25	37	33	3	18	13
L'Arc En Ciel	39	35	49	10	12	12
Kinki Kids	39	47	44	10	22	18
평균	42	50	48	7	16	14

남자 가수에 대한 일본어 학습자의 평균 인지도는 48%로 나타났다. 남학생 42%, 여학생이 50%로 남학생보다 여학생 쪽의 인지도가 8%가량 높았다. '아라시(嵐)'가 85%로 가장 높았으며, '스마프(SMAP)'가 61%, '각트(GACKT(神威楽斗))'가 59%로 각각 그 뒤를 이었다. 전반적으로 여학생 쪽의 인지도가 남학생보다 높은 편임을 확인할 수 있다.

남자 가수에 대한 일본어 학습자의 평균 선호도는 14%로 나타났다. 남학생은 7%, 여학생이 16%로 여학생 쪽이 9% 가량 높은 선호도를 나타냈다. '아라시(嵐)'에 대한 선호도가 30%로 여전히 높았고, '스마프(SMAP)'가 19%, '킨키키즈(Kinki Kids)'가 18%로 각각 그 뒤를 이었다. 인지도에서와 마찬가지로 전반적으로 여학생 쪽의 선호도가 남학생보다 높은 것을 확인할 수 있다.

5) 여자 탤런트

이 절에서는 여자 탤런트에 대한 일본어 학습자들의 인지도, 선호도에 대해서 살펴보겠다. 다음의 표를 보도록 하자.

▮표 7_ 여자 탤런트에 대한 학습자들의 인지도, 선호도(%)

여자 탤런트	안다			좋아한다		
	남학생	여학생	전체	남학생	여학생	전체
佐々木希	39	41	41	7	12	10
宮崎あおい	21	59	46	7	25	19
松嶋菜々子	17	27	24	3	18	13
北川景子	14	35	28	3	8	6
仲間由紀恵	28	39	35	14	12	13
堀北真希	21	53	42	7	10	9
新垣結衣	32	51	44	10	31	24
石原さとみ	21	35	30	14	22	19
吉高由里子	10	14	13	7	8	8
上戸彩	39	49	46	7	16	13
평균	25	41	35	7	16	14

여자 탤런트에 대한 일본어 학습자의 인지도는 35%로 나타났다. 남학생이 25%, 여학생이 41%로 여학생의 선호도가 압도적으로 높게 나왔다. '미야자기 아오이(宮崎あおい)'와 '우에토 아야(上戸彩)'가 46%로 가장 높았고, '아라가키 유이(新垣結衣)'가 44%로 그 뒤를 이었다. 모든 여자 탤런트에서 여학생이 남학생보다 높은 인지도를 나타내는 것을 확인할 수 있다.

여자 탤런트에 대한 일본어 학습자의 선호도는 14%로 나타났다. 남학생이

7%, 여학생이 16%로 여학생이 9%가량 높았다. '아라가키 유이(新垣結衣)'가 24%로 가장 높았고, '미야자키 아오이(宮崎あおい)'와 '이시하라 사토미(石原さとみ)'가 19%로 각각 그 뒤를 이었다. 대부분의 여자 탤런트에서 여학생이 남학생보다 높은 선호도를 나타내는 것을 확인할 수 있다.

6) 남자 탤런트

이 절에서는 남자 탤런트에 대한 일본어 학습자들의 인지도, 선호도에 대해서 살펴보겠다. 다음의 표를 보도록 하자.

표 8_ 남자 탤런트에 대한 학습자들의 인지도, 선호도(%)

남자 탤런트	안다			좋아한다		
	남학생	여학생	전체	남학생	여학생	전체
大野智	35	61	52	14	33	27
桜井翔	28	69	54	7	35	25
松坂桃李	7	8	8	0	2	1
相葉雅紀	25	57	46	7	31	23
二宮和也	28	67	53	7	35	25
福山雅治	21	29	27	3	18	13
西島秀俊	17	14	15	7	4	5
松本潤	71	96	87	21	35	30
向井理	21	29	27	3	18	13
生田斗真	17	43	34	7	27	20
평균	28	47	41	7	24	18

남자 탤런트에 대한 일본어 학습자의 평균 인지도는 41%로 나타났다. 남학

생이 28%, 여학생이 47%로 여학생이 압도적인 우위를 나타냈다. '마쓰모토 준(松本潤)'이 87%로 가장 높았고, '사쿠라이 쇼(桜井翔)'와 '니노미야 가즈나리(二宮和也)'가 각각 54%, 53%로 그 뒤를 이었다. '니시지마 히데토시(西島秀俊)'를 제외한 모든 남자 탤런트에서 여학생의 인지도가 남학생보다 훨씬 높은 것을 확인할 수 있다.

남자 탤런트에 대한 일본어 학습자의 평균 선호도는 18%로 나타났다. 남학생이 7%, 여학생이 24%로 여학생 쪽이 압도적인 선호도를 나타냈다. '마쓰모토 준(松本潤)'이 30%로 가장 높았고, '오노 사토시(大野智)'가 27%로 그 뒤를 이었다. 모든 남자 탤런트에서 여학생의 선호도가 남학생보다 압도적으로 높은 사실을 확인할 수 있다.

7) 여자 성우

이 절에서는 여자 성우에 대한 일본어 학습자들의 인지도, 선호도에 대해서 살펴보겠다. 다음의 표를 보도록 하자.

▌표 9_ 여자 성우에 대한 학습자들의 인지도, 선호도(%)

여자 성우	안다			좋아한다		
	남학생	여학생	전체	남학생	여학생	전체
能登麻美子	14	2	6	0	2	1
田村ゆかり	17	12	14	3	0	0
花沢香菜	10	2	5	0	0	0
内田真礼	10	6	8	3	0	1
伊藤かな恵	7	4	5	0	0	0
中津 真莉子	7	2	4	0	0	0

茅野愛衣	7	2	4	0	2	1
福円美里	7	4	5	3	0	1
豊崎愛生	10	4	6	3	2	3
水樹奈々	35	16	23	17	4	9
평균	14	6	8	3	2	1

　여자 성우에 대한 일본어 학습자의 평균 인지도는 8%로 나타났다. 남학생이 14%, 여학생이 6%로 남학생이 2배가량 높았다. '미즈키 나나(水樹奈々)'가 23%로 가장 높았고, '다무라 유카리(田村ゆかり)'가 14%로 그 뒤를 이었다. 여자 성우 전체에서 남학생의 인지도가 여학생보다 약간 높거나 압도적으로 높았다.

　여자 성우에 대한 일본어 학습자의 평균 선호도는 1%로 나타났다. 남학생이 3%, 여학생이 2%로 남녀차가 거의 없으며, '미즈키 나나(水樹奈々)'를 제외하고는 선호도가 전반적으로 낮은 것을 알 수 있다.

8) 남자 성우

　이 절에서는 남자 성우에 대한 일본어 학습자들의 인지도, 선호도에 대해서 살펴보겠다. 다음의 표를 보도록 하자.

┃표 10_ 남자 성우에 대한 학습자들의 인지도, 선호도(%)

남자 성우	안다			좋아한다		
	남학생	여학생	전체	남학생	여학생	전체
三木真一郎	21	6	11	0	0	0
中村悠一	21	14	16	3	8	6

神谷浩史	17	14	15	3	8	6
緑川光	3	8	6	0	0	0
鳥海浩輔	7	4	5	0	0	0
津田健次郎	10	2	5	0	0	0
福山潤	35	14	22	3	4	4
石田彰	7	14	11	0	6	4
鈴木千尋	3	6	5	0	6	4
下野紘	7	8	8	0	2	1
평균	14	10	10	1	4	3

　남자 성우에 대한 일본어 학습자의 평균 인지도는 10%로 나타났다. 남학생은 14%, 여학생은 10%로 남학생이 약간 높았다. '후쿠야마 쥰(福山潤)'이 22%로 가장 높았고, '나카무라 유이치(中村悠一)'가 16%, '가미야 히로시(神谷浩史)'가 15%로 각각 그 뒤를 이었다. 남학생의 남자 성우에 대한 인지도가 여학생보다 약간 높거나 혹은 압도적으로 높은 것을 확인할 수 있다.

　남자 성우에 대한 일본어 학습자의 평균 선호도는 3%로 나타났다. 남학생은 1%, 여학생은 4%로 오히려 여학생이 높았다. '나카무라 유이치(中村悠一)', '가미야 히로시(神谷浩史)'가 6%로 가장 높았으며, '나카무라 유이치(中村悠一)', '가미야 히로시(神谷浩史)'에 대한 선호도는 남학생보다 여학생이 높은 것을 확인할 수 있다.

9) 여자 개그맨

　이 절에서는 여자 개그맨에 대한 일본어 학습자들의 인지도, 선호도에 대해서 살펴보겠다. 다음의 표를 보도록 하자.

표 11_ 여자 개그맨에 대한 학습자들의 인지도, 선호도(%)

여자 개그맨	안다			좋아한다		
	남학생	여학생	전체	남학생	여학생	전체
黒沢かずこ	7	6	6	0	2	1
箕輪はるか	3	2	3	0	0	0
大島美幸	3	4	4	0	6	4
柳原可奈子	0	2	1	0	2	1
中島知子	3	4	4	0	4	3
上村和子	0	4	3	0	2	1
虻川美穂子	0	2	1	0	0	0
浅本みか	3	2	3	0	0	0
安田由紀奈	3	4	4	0	0	0
白鳥久美子	0	8	5	0	2	1
평균	3	4	4	0	2	1

여자 개그맨에 대한 일본어 학습자의 평균 인지도는 4%로 나타났다. 남학생은 3%, 여학생은 4%로 남녀차가 거의 나지 않았다. '구로사와 가즈코(黒沢かずこ)'가 6%로 가장 높았고, '시라토리 구미코(白鳥久美子)'가 5%로 그 뒤를 이었다. 남학생보다 여학생 쪽의 인지도가 전반적으로 높게 나타났다.

여자 개그맨에 대한 일본어 학습자의 평균 선호도는 1%로 매우 낮은 수치를 나타냈다. 남학생은 0%이며, 여학생은 2%의 수치를 나타냈다. '오시마 미유키(大島美幸)'가 4%로 가장 높았다.

10) 남자 개그맨

이 절에서는 남자 개그맨에 대한 일본어 학습자들의 인지도, 선호도에 대해서 살펴보겠다. 다음의 표를 보도록 하자.

표 12_ 남자 개그맨에 대한 학습자들의 인지도, 선호도(%)

남자 개그맨	안다			좋아한다		
	남학생	여학생	전체	남학생	여학생	전체
陣内智則	67	53	58	28	16	20
ナインティナイン	0	8	5	0	2	1
まつこ	3	6	4	0	4	3
さまぁ～ず	7	4	5	0	0	0
劇団ひとり	14	18	16	3	14	10
田村淳	10	10	10	0	4	3
オードリ	0	6	4	0	4	3
桜塚やっくん	14	8	10	0	2	1
雨上がり	7	2	4	0	0	0
明石家さんま	0	16	10	0	6	4
평균	14	14	13	3	6	5

남자 개그맨에 대한 일본어 학습자의 평균 인지도는 13%로 나타났다. 남학생과 여학생 모두 14%의 인지도를 나타냈다. '진나이 도모노리(陣内智則)'가 58%로 가장 높았고, '게키단 히토리(劇団ひとり)'가 16%로 그 뒤를 이었다. 전반적으로 남학생의 인지도가 높았다.

남자 개그맨에 대한 일본어 학습자의 평균 선호도는 5%로 나타났다. 남학생이 3%, 여학생이 6%의 선호도를 나타냈다. '진나이 도모노리(陣内智則)'에 대

한 선호도가 20%로 가장 높았고, '게키단 히토리(劇団ひとり)'가 10%로 그 뒤를 이었다. 전반적으로 여학생의 선호도가 높은 것을 알 수 있다.

11) 여자 모델

이 절에서는 여자 모델에 대한 일본어 학습자들의 인지도, 선호도에 대해서 살펴보겠다. 다음의 표를 보도록 하자.

▍표 13_ 여자 모델에 대한 학습자들의 인지도, 선호도(%)

여자 모델	안다			좋아한다		
	남학생	여학생	전체	남학생	여학생	전체
武井咲	7	22	16	3	20	14
蒼井そら	32	57	48	7	4	5
米倉凉子	10	16	14	0	8	5
ゆみ	10	6	8	0	2	1
夏帆	17	24	22	3	8	6
新垣結衣	25	49	41	10	22	18
篠崎愛	3	14	10	3	2	3
香里奈	17	18	18	10	10	10
水原希子	10	55	39	3	20	14
矢野志保	32	45	41	7	8	8
평균	17	31	25	3	10	9

여자 모델에 대한 일본어 학습자의 평균 인지도는 25%로 나타났다. 남학생이 17%, 여학생이 31%로 여학생의 인지도가 압도적으로 높았다. '아오이 소

라(蒼井そら)'가 48%로 가장 높았고, '아라가키 유이(新垣結衣)'와 '야노 시호(矢野志保)'가 모두 41%로 각각 그 뒤를 이었다.

여자 모델에 대한 일본어 학습자의 평균 선호도는 9%로 나타났다. 남학생이 3%, 여학생이 10%로 여학생의 선호도가 훨씬 높았다. '아라가키 유이(新垣結衣)'가 18%로 가장 높았으며, '미즈하라 기코(水原希子)'와 '다케이 에미(武井咲)'가 14%로 그 뒤를 이었다.

12) 남자 모델

이 절에서는 남자 모델에 대한 일본어 학습자들의 인지도, 선호도에 대해서 살펴보겠다. 다음의 표를 보도록 하자.

▌표 14_ 남자 모델에 대한 학습자들의 인지도, 선호도(%)

남자 모델	안다			좋아한다		
	남학생	여학생	전체	남학생	여학생	전체
大谷亮平	21	14	16	0	2	1
大東駿介	3	12	9	0	8	5
岡沢高宏	0	4	3	0	2	1
松坂桃李	3	8	6	0	4	3
坂口憲二	10	14	13	0	0	0
井浦新	3	0	1	0	2	1
かたおのたいこ	3	4	4	0	0	0
久保田裕之	3	6	5	0	2	1
秋山真太郎	0	4	3	0	2	1
平山祐介	3	10	8	0	4	3
평균	7	8	6	0	2	1

남자 모델에 대한 일본어 학습자의 평균 인지도는 6%로 나타났다. 남학생이 7%, 여학생이 8%로 남녀차가 크지 않았다. '오타니 료헤이(大谷亮平)'가 16%로 가장 높았고, '사카구치 켄지(坂口憲二)'가 13%로 그 뒤를 이었다. 전반적으로 여학생의 인지도가 남학생보다 높은 것을 알 수 있다.

남자 모델에 대한 일본어 학습자의 평균 선호도는 1%로 나타났다. 남학생이 0%, 여학생이 2%로 나타났다. '다이토 슌스케(大東駿介)'가 5%로 가장 높았고, '히라야마 유스케(平山祐介)'가 3%로 그 뒤를 이었다. 남자 모델에 대한 남학생의 선호도는 0%인 반면에 여학생은 낮은 수치이긴 하지만 고른 선호도를 보여주고 있다.

4_ 정리

3절에서 제시한 일본 연예인의 인지도는 다음의 **표 15**와 같이 정리할 수 있다.

| 표 15_ 일본 연예인에 대한 일본어 학습자의 인지도(%)

일본 연예인						
여자 배우	남자 배우	여자 가수	남자 가수	탤런트(여)	탤런트(남)	여자 성우
53	18	44	48	35	41	8
일본 연예인						
남자 성우	개그우먼	개그맨	여자 모델	남자 모델	전체 평균	
10	4	13	25	6	25	

일본 연예인에 대한 일본어 학습자의 전체 평균 인지도는 25%이다. 여자 배우가 53%로 가장 높고, 남자 가수가 48%, 여자 가수가 44%, 남자 탤런트가 41%로 각각 그 뒤를 이었다. 여자 개그맨(개그우먼)이 4%로 가장 낮은 인지도를 보였다. 5절에서는 연예인을 활용한 일본어교육의 가능성에 대해서 모색하고자 한다.

5_ 일본어교육으로의 활용 가능성

이하의 절에서는 연예인의 프로필을 활용한 듣기, 말하기, 읽기, 쓰기 방안에 대해서 살펴보기로 한다. 矢野志保 프로필을 설명하는 아래의 문장을 보도록 하자.

幼少期から周囲よりも手足が長く、細身であったことから、高校に進学してすぐ、母親に「将来はモデルにでもなったら？」と勧められ、『サトルジャパン』へモデル応募。16歳から同事務所に所属をし、雑誌『Junie』(当時は鎌倉書房)専属モデル募集に応募。ほどなく雑誌『プチセブン』でプロのモデルとしてデビューを飾る(初撮影は既にモデルとして活躍していた神田うのと一緒だった)。
仕事のたびに地元の滋賀から通っていたが、本格的にモデルとして活動することを決め、18歳(高校3年生)のときに単身上京、在学していた滋賀県立草津東高等学校から東京都立玉川高等学校に転入し卒業。玉川高校で同級生だったのがほしのあきで、『プチセブン』編集部へ行くSHIHOについて行ったところをスカウトされ、ほしのも『プチセブン』のモデルになった。
2002年9月6日に自著の絵本『ALL HAPPEN IS GOOD!』を、同年11月29日に初の写真集『model; Shiho』を発売。翌2003年の9月には女性誌『an・an』の1391号でセミヌードを披露。同年10月からは、TOKYO FMの週末枠のラジオ番組として、自身

듣기 방안으로 위의 내용을 들려주고 질문에 대답하게 하는 것을 생각해 볼 수 있다. 질문은 스키밍, 스캐닝, 자세하게 묻기와 같이 학습자의 레벨을 고려하여 선택해서 할 수 있다. 말하기 방안으로는 위의 프로필을 조별 활동으로서 읽고 프로필을 정리하여 조별로 발표를 하거나 토론을 하는 것을 들 수 있다. 읽기 방안으로는 위의 프로필을 읽고 한국어로 번역하는 것을 들 수 있다. 쓰기 방안으로는 위의 문장을 손으로 쓰거나 혹은 내용을 일본어로 압축해서 정리하는 것을 생각해볼 수 있다.

6_ 나오는 말

일본 연예인에 대한 일본어 학습자들의 평균 인지도가 25%로 나타났다. 이 수치는 연예인을 매개로 하여 일본인과 교감을 나누고자 할 경우, 교감 가능성이 25%라는 것이다. 영화 13%, 드라마 32%로 연예인에 대한 일본어 학습자들의 평균 인지도는 영화보다는 높고 드라마보다는 낮은 편이다. 일본 연예인에 대한 프로필은 일본판 위키페디아에 자세하게 기술되어 있고, 사진도 검색할 수 있으므로 교수자가 연예인 프로필을 잘 활용하면 매우 다채로운 언어4기능 교육이 가능할 것으로 보인다.

❶ 구글 검색을 통해서 아래의 일본 연예인 한자명에 해당하는 요미가나를 기입해
보세요.

• 沢尻エリカ ➡ _____	• 新垣結衣 ➡ _____
• 戸田恵梨香 ➡ _____	• 深田恭子 ➡ _____
• 宮崎あおい ➡ _____	• 長澤まさみ ➡ _____
• 上野樹里 ➡ _____	• 綾瀬はるか ➡ _____
• 蒼井優 ➡ _____	• 広末涼子 ➡ _____
• 松田龍平 ➡ _____	• 堤真一 ➡ _____
• いしだ壱成 ➡ _____	• 安藤政信 ➡ _____
• 椎名桔平 ➡ _____	• 田辺誠一 ➡ _____
• 窪塚洋介 ➡ _____	• 竹野内豊 ➡ _____
• 反町隆史 ➡ _____	• 瑛太 ➡ _____
• 伊藤由奈 ➡ _____	• 椎名裕美子 ➡ _____
• 宇多田光 ➡ _____	• 浜崎あゆみ ➡ _____
• 中島美嘉 ➡ _____	• 柴咲コウ ➡ _____
• 松下優也 ➡ _____	• 嵐 ➡ _____
• 佐々木希 ➡ _____	• 宮崎あおい ➡ _____
• 松嶋菜々子 ➡ _____	• 北川景子 ➡ _____
• 仲間由紀恵 ➡ _____	• 堀北真希 ➡ _____
• 新垣結衣 ➡ _____	• 石原さとみ ➡ _____
• 吉高由里子 ➡ _____	• 上戸彩 ➡ _____
• 大野智 ➡ _____	• 櫻井翔 ➡ _____
• 松坂桃李 ➡ _____	• 相葉雅紀 ➡ _____
• 二宮和也 ➡ _____	• 福山雅治 ➡ _____
• 西島秀俊 ➡ _____	• 松本潤 ➡ _____
• 向井理 ➡ _____	• 生田斗真 ➡ _____

- 能登麻美子　➡　＿＿＿＿＿＿
- 花澤香菜　➡　＿＿＿＿＿＿
- 伊藤かな恵　➡　＿＿＿＿＿＿
- 茅野愛衣　➡　＿＿＿＿＿＿
- 豊崎愛生　➡　＿＿＿＿＿＿
- 三木眞一郎　➡　＿＿＿＿＿＿
- 神谷浩史　➡　＿＿＿＿＿＿
- 鳥海浩輔　➡　＿＿＿＿＿＿
- 福山潤　➡　＿＿＿＿＿＿
- 鈴木千尋　➡　＿＿＿＿＿＿
- 黒沢かずこ　➡　＿＿＿＿＿＿
- 大島美幸　➡　＿＿＿＿＿＿
- 中島知子　➡　＿＿＿＿＿＿
- 虻川美穂子　➡　＿＿＿＿＿＿
- 安田由紀奈　➡　＿＿＿＿＿＿
- 陣内智則　➡　＿＿＿＿＿＿
- 田村淳　➡　＿＿＿＿＿＿
- 雨上がり　➡　＿＿＿＿＿＿
- 武井咲　➡　＿＿＿＿＿＿
- 米倉涼子　➡　＿＿＿＿＿＿
- 新垣結衣　➡　＿＿＿＿＿＿
- 香里奈　➡　＿＿＿＿＿＿
- 矢野志保　➡　＿＿＿＿＿＿
- 大東駿介　➡　＿＿＿＿＿＿
- 松坂桃李　➡　＿＿＿＿＿＿
- 井浦新　➡　＿＿＿＿＿＿
- 秋山真太郎　➡　＿＿＿＿＿＿

- 田村ゆかり　➡　＿＿＿＿＿＿
- 内田真礼　➡　＿＿＿＿＿＿　➡
- 中津真莉子　➡　＿＿＿＿＿＿　➡
- 福圓美里　➡　＿＿＿＿＿＿
- 水樹奈々　➡　＿＿＿＿＿＿
- 中村悠一　➡　＿＿＿＿＿＿
- 緑川光　➡　＿＿＿＿＿＿
- 津田健次郎　➡　＿＿＿＿＿＿
- 石田彰　➡　＿＿＿＿＿＿
- 下野紘　➡　＿＿＿＿＿＿
- 箕輪はるか　➡　＿＿＿＿＿＿
- 柳原可奈子　➡　＿＿＿＿＿＿
- 上村和子　➡　＿＿＿＿＿＿
- 浅本みか　➡　＿＿＿＿＿＿
- 白鳥久美子　➡　＿＿＿＿＿＿
- 劇団ひとり　➡　＿＿＿＿＿＿
- 桜塚やっくん　➡　＿＿＿＿＿＿
- 明石家さんま　➡　＿＿＿＿＿＿
- 蒼井そら　➡　＿＿＿＿＿＿
- 夏帆　➡　＿＿＿＿＿＿
- 篠崎愛　➡　＿＿＿＿＿＿
- 水原希子　➡　＿＿＿＿＿＿
- 大谷亮平　➡　＿＿＿＿＿＿
- 岡澤高宏　➡　＿＿＿＿＿＿
- 坂口憲二　➡　＿＿＿＿＿＿
- 久保田裕之　➡　＿＿＿＿＿＿
- 平山祐介　➡　＿＿＿＿＿＿

일본 애니메이션의 이해와 일본어교육

1_ 들어가는 말

천호재·이은선(2010)은 일본 애니메이션에 대한 일본어 학습자의 관심도를 조사하였는데, 그 결과는 아래의 **표 1**과 같다. 천호재·이은선(2010)에서는 관심도 수치가 소수점 이하까지 표시되어 있으나 본서에서는 소수점 이하를 표시하지 않았다(반올림하였다.).

▌표 1_ 일본 애니메이션에 대한 일본어 학습자의 관심도(%)

설문 내용	4. 다음의 일본 애니메이션 중에서 관심 있는 장르는 무엇입니까?							
보기	멜로	코믹	SF	공포	액션	판타지	기타	없다
설문 내용	15	52	9	4	12	28	1	7

위의 표 1에서 보듯 '코믹 애니메이션'이 52%로 가장 많으며, '판타지 애니메이션'이 28%, '멜로 애니메이션'이 15%로 각각 그 뒤를 잇고 있다. '공포 애니메이션'이 4%로 기타를 제외하면 가장 관심도가 낮은 것을 알 수 있다. '관

심있는 애니메이션이 없다'는 수치도 7%나 된다. 그리고 위의 표에는 제시되지 않았지만, 여학생이 남학생보다 멜로 애니메이션, 코믹 애니메이션에 대한 관심도가 훨씬 높았다. 반면에 액션 애니메이션에 대한 관심도는 남학생 쪽이 훨씬 높았다.

표 1은 일본 애니메이션 장르에 대한 일본어 학습자의 관심도를 파악하기에는 충분할지는 모르지만, 각 장르에 속하는 실제 애니메이션에 대한 일본어 학습자들의 관심도는 알 수 없다는 한계가 있다. 이에 본 장에서는 각 애니메이션 장르에 속하는 실제 애니메이션 작품에 대한 구체적인 관심도를 좀 더 발전시킨 인지도와 경험도를 측정해보고자 한다. 아울러 본 장에서는 일본 애니메이션을 활용한 일본어교육의 가능성을 모색한다.

2_ 애니메이션 관련 예비지식

이 절에서는 애니메이션을 로맨스(멜로) 애니메이션, 코믹 애니메이션, SF 애니메이션, 공포 애니메이션, 액션 애니메이션, 판타지 애니메이션으로 나누고 각각의 장르에 속하는 실제 작품(베스트20)을 무작위로 선정하였다. 각 장르에 속하는 실제 작품은 '다음'에서 검색한 것이다. 그리고 이하에서 열거하는 애니메이션 작품은 한 장르에만 속하는 것도 있지만, '액션 애니메이션'이나 '코믹 애니메이션'과 같이 여러 장르에 속하는 작품도 있다. 따라서 각 분야에 중복된 애니메이션 작품도 있다는 점에 유의해 주길 바란다.

우선 첫째로, 로맨스(멜로) 애니메이션으로 '늑대아이(おおかみこどもの雨と雪)', '귀를 기울이면(耳をすませば)', '고쿠리코 언덕에서(コクリコ坂から)', '천년여우(千年女優)', '이누야샤(犬夜叉)', '이브의 시간(イヴの時間)', '안녕 우주전함 야마토(さらば

宇宙戦艦ヤマト)’, ‘도쿄 마블 초콜릿(東京マーブルチョコレート)’, ‘파이브 스타 스토
리스(ファイブスター物語)’, ‘장난스런 키스(イタズラなKiss)’, ‘지하환등극화—소녀춘
(地下幻灯劇画少女椿)’, ‘우주전함 야마토(宇宙戦艦ヤマト)’, ‘은발의 아기토(銀色の髪の
アギト)’ 등을 들 수 있다.

둘째, 코믹 애니메이션으로는 ‘스즈미야 하루히의 소실(涼宮ハルヒの消失)’, ‘짱
구는 못말려(クレヨンしんちゃん)’, ‘폭풍우 치는 밤에(あらしのよるに)’, ‘은혼(銀魂)’,
‘원피스(ワンピース)’, ‘닌자 보이 란타로(忍たま乱太郎)’, ‘메모리즈(メモリーズ)’, ‘개
구리 중사 케로로(ケロロ軍曹)’, ‘이웃집 야마다 군(となりの山田くん)’, ‘초코초코
대작전(チョコレート・アンダーグラウンド)’, ‘카우보이 비밥(カウボーイビバップ)’, ‘도
라에몽(ドラえもん)’, ‘아즈망가 대왕(あずまんが大王)’, ‘체포하겠어(逮捕しちゃうぞフ
ルスロットル)’ 등을 들 수 있다.

셋째, SF 애니메이션으로는 ‘에반게리온(ヱヴァンゲリヲン)’, ‘아스트로보이(鉄
腕アトム)’, ‘파프리카(パプリカ)’, ‘신암행어사(新暗行御史)’, ‘스팀보이(スチームボーイ)’,
‘공각기동대(攻殻機動隊)’, ‘브레이크 블레이드(ブレイクブレイド)’, ‘블러드—C(ブラッ
ドシー)’, ‘애플시드(アップルシード)’, ‘벡실(ベクシル)’, ‘날아라 호빵맨(それいけ！アン
パンマン)’, ‘To(トゥー)’, ‘009사이보그(サイボーグ009)’, ‘버닝 붓다맨(燃える仏像人間)’
등을 들 수 있다.

넷째, 공포 애니메이션으로는 ‘아수라(アシュラ)’, ‘헬싱(ヘルシング)’, ‘헬싱 얼
티메이트(hellsing ultimate)’, ‘요수도시(妖獣都市)’, ‘데빌맨(デビルマン)’, ‘블러드—라
스트(Blood : The Last Vampire)’, ‘천사의 알(天使の卵)’, ‘단테스 인페르노(Dante's
inferno)’, ‘모노노케(モノノ怪)’, ‘우로쓰키(うろつき)’, ‘진격의 거인(進撃の巨人)’, ‘미
도리코(緑子)’ 등을 들 수 있다.

다섯째, 액션 애니메이션으로는 ‘나루토(ナルト)’, ‘베르세르크(ベルセルク)’, ‘드
래곤볼Z(DRAGON BALL Z)’, ‘스트레인저(ストレンジャーズ)’, ‘크리스마스에 기적

을 만날 확률(東京ゴッドファーザーズ)', '철근 콘크리트(鉄コン筋クリート)', '천공의 성 라퓨타(天空の城ラピュタ)', '모노노케 히메(もののけ姫)', '붉은 돼지(紅の豚)', '명탐정 코난(名探偵コナン)', '타이거 앤 버니(TIGER & BUNNY)', '루팡3세(ルパン三世)', '진구세주전설－북두의 권(真救世主伝説－北斗の拳)', '잃어버린 마법의 섬－훗타라케(ホッタラケの島－遥と魔法の鏡)', '강철의 연금술사(鋼の錬金術師)', '가시나무왕(いばらの王)', '스카이 크롤러(スカイ・クロラ)' 등을 들 수 있다.

마지막으로 판타지 애니메이션으로 '페어리테일－봉황의 무녀(FAIRY TAIL －鳳凰の巫女)', '썸머워즈(サマーウォーズ)', '모모와 수상한 다락방의 요괴들(ももへの手紙)', '시간을 달리는 소녀(時をかける少女)', '별을 좇는 아이(星を追う子ども)', '포켓몬스터(ポケットモンスター)', '마녀배달부 키키(魔女の宅急便)', '센과 치히로의 행방불명(千と千尋の神隠し)', '고양이의 보은(猫の恩返し)', '이웃집 토토로(となりのトトロ)', '바람 계곡의 나우시카(風の谷のナウシカ)', '마법 소녀 마도카 마기카(魔法少女まどか・マギカ)', '부도리의 꿈(グスコーブドリの伝記)' 등을 들 수 있다.

3절에서는 이상 열거한 애니메이션의 인지도와 경험도에 대해서 살펴보도록 하겠다.

3_ 일본 애니메이션에 대한 일본어 학습자의 인지도, 경험도 조사

우선 일본 애니메이션에 대한 일본어 학습자의 인지도 및 경험도를 조사하기 전에 설문의 개요 및 조사 방법에 대해서 간략하게 언급한다. 설문 조사는 2013년도 10월 28일~10월 31일 사이에 행해졌다. 조사 대상은 K대학교의 일본어문학과 학생(2학년/3학년)이었다. 설문 조사에 응해 준 학생은 전체 75명으로 남학생 17명, 여학생 58명이었다.

설문 조사 방법은 다음과 같다. 예를 들어 '늑대아이(おおかみこどもの雨と雪)', '귀를 기울이면(耳をすませば)', '고쿠리코 언덕에서(コクリコ坂から)', '천년여우(千年女優)', '이누야사(犬夜叉)'를 아래와 같이 나열하고 해당 애니메이션에 대한 일본어 학습자의 인지 여부, 경험 여부를 복수 체크하도록 하는 방식을 취했다.

▌표 2_ 설문 조사 방법(예시)

일본 애니메이션	알고 있다	본 적이 있다
늑대아이(おおかみこどもの雨と雪)	√	
귀를 기울이면(耳をすませば)	√	
고쿠리코 언덕에서(コクリコ坂から)	√	√
천년여우(千年女優)		
이누야사(犬夜叉)	√	

분석은 각 애니메이션(전체 애니메이션도 포함)에 대한 전체 일본어 학습자(남학생/여학생)의 인지도, 경험도를 백분율로 나타내고 다시 그 백분율 평균치의 높낮이를 비교 논의하는 방식을 취하였다.

그러면 이하에서는 일본 애니메이션에 대한 인지도와 경험도에 대해서 살펴보도록 하겠다.

1) 로맨스(멜로) 애니메이션

이 절에서는 로맨스(멜로) 애니메이션에 대한 일본어 학습자들의 인지도, 경험도에 대해서 살펴보겠다. 다음의 표를 보도록 하자.

▌표 3_ 로맨스 애니메이션에 대한 학습자들의 인지도, 경험도(%)

로맨스(멜로) 애니메이션	안다			본 적이 있다		
	남학생	여학생	전체	남학생	여학생	전체
おおかみこどもの雨と雪	41	47	45	6	28	23
耳をすませば	47	43	44	6	19	16
コクリコ坂から	24	53	47	6	19	16
千年女優	18	34	31	0	16	12
犬夜叉	59	67	65	41	34	36
イヴの時間	18	9	11	0	3	3
さらば宇宙戦艦ヤマト	0	5	4	0	2	1
東京マーブルチョコレート	12	29	25	6	12	11
ファイブスター物語	18	9	11	6	2	3
イタズラなKiss	53	83	76	12	29	25
地下幻灯劇画少女椿	0	5	4	0	0	0
宇宙戦艦ヤマト	24	21	21	0	3	3
銀色の髪のアギト	6	9	8	0	2	1
평균	24	31	31	6	14	12

　　로맨스(멜로) 애니메이션에 대한 일본어 학습자의 평균 인지도는 31%로 나타났다. 남학생은 24%, 여학생은 31%로 여학생의 인지도가 높은 것을 알 수 있다. '장난스런 키스(イタズラなKiss)'가 76%로 가장 높았고, '이누야사(犬夜叉)'가 65%, '늑대아이(おおかみこどもの雨と雪)'가 45%로 각각 그 뒤를 이었다. 대부분의 로맨스(멜로) 애니메이션에서 여학생의 인지도가 높게 나타났다.

　　로맨스(멜로) 애니메이션에 대한 일본어 학습자의 평균 경험도는 12%로 나타났다. 남학생이 6%, 여학생이 14%로 역시 여학생이 높은 경험도를 나타냈다. '이누야사'가 36%로 가장 높았고, '장난스런 키스(イタズラなKiss)'가 25%,

'늑대아이(おおかみこどもの雨と雪)'가 23%로 각각 그 뒤를 이었다. '이누야사(犬夜叉)'와 '파이브 스타 스토리스(ファイブスター物語)'를 제외한 나머지 애니메이션에서 여학생의 경험도가 높은 것으로 나타났다.

2) 코믹 애니메이션

이 절에서는 코믹 애니메이션에 대한 일본어 학습자들의 인지도, 경험도에 대해서 살펴보겠다. 다음의 표를 보도록 하자.

표 4_ 코믹 애니메이션에 대한 학습자들의 인지도, 경험도(%)

코믹 애니메이션	안다			본 적이 있다		
	남학생	여학생	전체	남학생	여학생	전체
涼宮ハルヒの消失	59	45	48	24	7	11
クレヨンしんちゃん	100	98	99	82	95	92
あらしのよるに	12	41	35	0	21	16
銀魂	76	60	64	35	28	29
ワンピース	94	98	97	70	66	67
忍たま乱太郎	47	34	37	12	16	15
メモリーズ	0	12	9	0	5	4
ケロロ軍曹	88	98	96	65	74	72
となりの山田くん	0	17	13	0	9	7
チョコレート・アンダーグラウンド	0	9	7	0	3	3
カウボーイビバップ	76	41	49	47	24	29
ドラえもん	100	97	97	82	81	81
あずまんが大王	82	91	89	71	76	75

逮捕しちゃうぞフルスロットル	59	24	32	41	10	17
평균	59	55	55	35	36	37

코믹 애니메이션에 대한 일본어 학습자의 평균 인지도는 55%로 나타났다. 남학생이 59%, 여학생이 55%로 남학생 쪽의 인지도가 약간 높은 것을 알 수 있다. '짱구는 못말려(クレヨンしんちゃん)'이 99%로 가장 높았으며, '도라에몽(ドラえもん)', '원피스(ワンピース)'가 97%, '개구리 중사 케로로(ケロロ軍曹)'가 96%로 각각 그 뒤를 이었다. 8개 애니메이션에서는 남학생이, 6개 애니메이션에서는 여학생의 인지도가 높았다.

코믹 애니메이션에 대한 일본어 학습자의 평균 경험도는 37%로 나타났다. 남학생이 35%, 여학생이 36%로 나타났다. '짱구는 못말려(クレヨンしんちゃん)'가 92%로 가장 높았고, '도라에몽(ドラえもん)'이 81%, '아즈망가 대왕(あずまんが大王)'이 75%, '개구리 중사 케로로(ケロロ軍曹)'가 72%로 각각 그 뒤를 이었다.

3) SF 애니메이션

이 절에서는 SF 애니메이션에 대한 일본어 학습자들의 인지도, 경험도에 대해서 살펴보겠다. 다음의 표를 보도록 하자.

▮표 5_ SF 애니메이션에 대한 학습자들의 인지도, 경험도(%)

SF 애니메이션	안다			본 적이 있다		
	남학생	여학생	전체	남학생	여학생	전체
ヱヴァンゲリヲン	94	57	67	29	28	28
鉄腕アトム	18	21	20	12	7	8

パプリカ	6	7	7	0	3	3
新暗行御史	53	28	33	24	14	16
スチ-ムボ-イ	6	5	5	6	2	3
攻殻機動隊	65	31	39	24	14	16
ブレイクブレイド	6	5	5	6	2	3
ブラッドシー	6	17	15	0	7	5
アップルシード	6	7	7	0	0	0
ベクシル	0	5	4	0	2	1
それいけ！アンパンマン	88	97	95	82	88	87
To	0	3	3	0	0	0
サイボーグ009	0	7	5	0	0	0
燃える仏像人間	0	9	7	0	2	1
평균	24	21	23	12	12	12

　　SF 애니메이션에 대한 일본어 학습자의 평균 인지도는 23%로 나타났다. 남학생이 24%, 여학생이 21%로 남학생 쪽이 약간 높았다. '날아라 호빵맨(それいけ！アンパンマン)'이 95%로 가장 높았고, '에반게리온(ヱヴァンゲリヲン)'이 67%, '공각기동대(攻殻機動隊)'가 39%로 각각 그 뒤를 이었다. '에반게리온(ヱヴァンゲリヲン)', '신암행어사(新暗行御史)', '공각기동대(攻殻機動隊)'는 남학생의 선호도가 압도적으로 높았다.

　　SF 애니메이션에 대한 일본어 학습자의 평균 경험도는 12%로 나타났다. 남학생과 여학생 모두 12%의 경험도를 나타냈다. '날아라 호빵맨(それいけ！アンパンマン)'이 87%로 가장 높았고, '에반게리온(ヱヴァンゲリヲン)'이 28%로 그 뒤를 이었다.

4) 공포 애니메이션

이 절에서는 공포 애니메이션에 대한 일본어 학습자들의 인지도, 경험도에 대해서 살펴보겠다. 다음의 표를 보도록 하자.

표 6_ 공포 애니메이션에 대한 학습자들의 인지도, 경험도(%)

공포 애니메이션	안다			본 적이 있다		
	남학생	여학생	전체	남학생	여학생	전체
アシュラ	6	10	9	0	2	1
ヘルシング	53	26	32	35	12	17
hellsing ultimate	29	10	15	12	3	5
妖獣都市	0	5	4	0	2	1
デビルマン	12	52	43	6	2	3
Blood：The Last Vampire	18	17	17	6	5	5
天使の卵	6	7	7	0	0	0
Dante's inferno	18	9	11	0	5	4
モノノ怪	6	28	23	0	17	13
うろつき	0	3	3	0	0	0
進撃の巨人	94	93	93	59	34	40
緑子	6	7	7	6	0	1
평균	24	22	21	12	7	8

공포 애니메이션에 대한 일본어 학습자의 평균 인지도는 21%로 나타났다. 남학생이 24%, 여학생이 22%로 남녀차가 크지 않았다. '진격의 거인(進撃の巨人)'이 93%로 가장 높았으며, '데빌맨(デビルマン)'이 43%, '헬싱(ヘルシング)'이 32%로 각각 그 뒤를 이었다.

제3부 일본 대중문화의 이해와 일본어교육

공포 애니메이션에 대한 일본어 학습자의 평균 경험도는 8%로 나타났다. 남학생이 12%, 여학생이 7%로 나타났다. '진격의 거인(進撃の巨人)'이 40%로 가장 높았고, 헬싱이 17%, '모노노케(モノノ怪)'가 13%로 각각 그 뒤를 이었다.

5) 액션 애니메이션

이 절에서는 액션 애니메이션에 대한 일본어 학습자들의 인지도, 경험도에 대해서 살펴보겠다. 다음의 표를 보도록 하자.

표 7_ 액션 애니메이션에 대한 학습자들의 인지도, 경험도(%)

액션 애니메이션	안다			본 적이 있다		
	남학생	여학생	전체	남학생	여학생	전체
ナルト	94	98	97	76	79	79
ベルセルク	47	19	25	29	10	15
DRAGON BALL Z	100	93	95	88	76	79
ストレンジャーズ	0	10	8	0	3	3
東京ゴッドファーザーズ	6	12	11	0	5	4
鉄コン筋クリート	6	21	17	0	9	7
天空の城ラピュタ	71	67	68	41	43	43
もののけ姫	53	62	60	29	48	44
紅の豚	53	62	60	24	36	33
名探偵コナン	100	98	99	82	93	91
TIGER & BUNNY	6	9	8	6	3	4
ルパン三世	53	22	29	24	3	8
真救世主伝説-北斗の拳	47	9	17	18	2	5
ホッタラケの島 －遥と魔法の鏡	0	10	8	0	5	4

鋼の錬金術師	94	86	88	59	40	44
いばらの王	18	12	13	0	5	4
スカイ・クロラ	6	3	4	0	0	0
평균	47	41	41	29	28	28

액션 애니메이션에 대한 일본어 학습자의 평균 인지도는 41%로 나타났다. 남학생이 47%, 여학생이 41%로 남학생의 인지도가 높았다. '명탐정 코난(名探偵コナン)'이 99%로 가장 높았고, '나루토(ナルト)'가 97%, '드래곤볼Z(DRAGON BALL Z)'가 95%로 각각 그 뒤를 이었다. 9개 부문에서 남학생의 인지도가 높게 나타났다.

액션 애니메이션에 대한 일본어 학습자의 평균 경험도는 28%로 나타났다. 남학생이 29%, 여학생이 28%로 남녀차가 크지 않았다. '명탐정 코난(名探偵コナン)'이 91%로 가장 높았고, '나루토(ナルト)'와 '드래곤볼Z(DRAGON BALL Z)'가 79%로 그 뒤를 이었다. 10개 부문에서 여학생의 경험도가 높게 나타났다.

6) 판타지 애니메이션

이 절에서는 판타지 애니메이션에 대한 일본어 학습자들의 인지도, 경험도에 대해서 살펴보겠다. 다음의 표를 보도록 하자.

▌표 8_ 판타지 애니메이션에 대한 학습자들의 인지도, 경험도(%)

판타지 애니메이션	안다			본 적이 있다		
	남학생	여학생	전체	남학생	여학생	전체
FAIRY TAIL－鳳凰の巫女	29	17	20	12	7	8

サマーウォーズ	41	57	53	29	47	43
ももへの手紙	47	41	43	18	26	24
時をかける少女	88	93	92	71	76	75
星を追う子ども	0	33	25	0	16	12
ポケットモンスター	94	97	96	94	88	89
魔女の宅急便	47	66	61	24	38	35
千と千尋の神隠し	88	97	95	71	86	83
猫の恩返し	47	74	68	18	59	49
となりのトトロ	82	98	95	29	74	64
風の谷のナウシカ	53	40	43	24	28	27
魔法少女まどか・マギカ	24	22	23	12	12	12
グスコーブドリの伝記	0	9	7	0	0	0
평균	47	57	56	29	43	40

　판타지 애니메이션에 대한 일본어 학습자의 평균 인지도는 56%로 나타났다. 남학생이 47%, 여학생이 57%로 여학생의 인지도가 훨씬 높았다. '포켓몬스터(ポケットモンスター)'가 96%로 가장 높았고, '센과 치히로의 행방불명(千と千尋の神隠し)'과 '이웃집 토토로(となりのトトロ)'가 95%, '시간을 달리는 소녀(時をかける少女)'가 92%로 각각 그 뒤를 이었다. 9개 애니메이션에서 여학생의 인지도가 남학생보다 높게 나타났다.

　판타지 애니메이션에 대한 일본어 학습자의 평균 경험도는 40%로 나타났다. 남학생이 29%, 여학생이 43%로 여학생의 경험도가 훨씬 높았다. '포켓몬스터(ポケットモンスター)'가 89%로 가장 높았고, '센과 치히로의 행방불명(千と千尋の神隠し)'이 83%, '시간을 달리는 소녀(時をかける少女)'가 75%로 각각 그 뒤를 이었다. 전반적으로 여학생의 경험도가 높게 나타났다.

4_ 정리

3절에서 제시한 애니메이션의 평균 인지도를 정리하면 다음의 **표 9**와 같다.

표 9_ 애니메이션에 대한 일본어 학습자의 평균 인지도(%)

장르	애니메이션						
	로맨스	코믹	SF	공포	액션	판타지	전체 평균
평균	31	55	23	21	41	56	38

애니메이션에 대한 일본어 학습자의 전체 평균 인지도는 38%로 나타났다. 판타지 애니메이션에 대한 인지도가 56%로 가장 높았고, 코믹 애니메이션이 55%, 액션 애니메이션이 41%, 로맨스 애니메이션이 31%로 각각 그 뒤를 이었다. 공포 애니메이션이 21%로 가장 낮은 인지도를 보였다. 5절에서는 애니메이션을 활용한 일본어교육의 가능성에 대해서 모색하고자 한다.

5_ 일본어교육으로의 활용 가능성

이 절에서는 듣기, 말하기, 읽기, 쓰기 방안을 별도로 제시하지 않고 이들 네 가지 기능을 복합적으로 다루는 방안에 대해서 살펴보기로 한다. 언어4기능 능력의 향상을 위한 방안으로는 잘 알려진 바와 같이 시뮬레이션, 프로젝트 워크를 들 수 있다. 시뮬레이션은 실제로 있을 법한 사회문제와 같은 이슈를 선정하여 그 이슈를 둘러싸고 둘 이상의 상반된 의견을 지니는 그룹으로 나누어 각각의 입장에서 일본어로 토론하는 교실활동이다. 논쟁 혹은 디베이트(debate)라고도 한다. 이와 비슷한 교실활동으로 롤 플레이(role play)를 들 수 있는데, 롤 플레이는 짧은 몇 문장의 회화를 연습한다는 점에서 시뮬레이션과 구별된다. 프로젝트 워크는 조별로 결정된 프로젝트를 실시하기 위해 각 그룹별 구성원들이 분담을 하여, 계획하고 정보를 수집하며 그것을 보고서로 작성하고 최종적으로 발표를 하는 연습을 말한다.

먼저 시뮬레이션 교실활동에 대해서 살펴보도록 하자. 예를 들어 'クレヨンしんちゃん'이란 애니메이션 영화의 유해성 여부를 두고, '유해하다'라는 그룹과 '유해하지 않다'라는 그룹으로 나누고 각 그룹 구성원들로 하여금 왜 유해한지, 왜 유해하지 않은지 일본어로 적게 한다. 이때 쓰기 기능이 숙달될 기회가 주어진다고 할 수 있다. 그리고 그것을 바탕으로 각 그룹 구성원들이 일본어로 의견을 논의한다. 이때, 말하기 기능과 듣기 기능이 자연스럽게 숙달될 것으로 판단된다. 그리고 '유해하다'고 생각하는 그룹이 '유해하지 않다'고 생각하는(또는 그 반대로 생각하는) 그룹에게 어떠한 반론을 펼칠지 서로 의논한다. '유해하다(유해하지 않다)'고 생각하는 그룹은 '유해하지 않다(유해하다)'고 생각하는 그룹에게 미리 정리한 것을 읽으면서 반론한다. 읽기 기능과 말하기 기능이 숙달될 기회가 주어진다고 할 수 있다. 심판 그룹은 양쪽 그룹의 토론을 듣고 판정한다.

둘째, 롤 플레이를 활용한 교실활동에 대해서 생각해 보자. 드라마나 영화 대본을 '구글'이나 '다음', '네이버'에서 쉽게 검색할 수 있는데, 예를 들어 'クレヨンしんちゃん' 극장판 대본을 대표자가(혹은 각자가) 다운로드해서 그 대본을 읽고, 번역하고, 실제 애니메이션을 보고 대사를 성우와 같이 흉내내어 말하기를 일정 기간 연습한다. 그러면 특정한 교실활동에서 그동안 연습했던 것을 각 그룹별 구성원들이 나와서 소리를 제거한 화면을 보면서 각자 맡은 배역의 대사를 실감나게 말하도록 한다. 대본을 다운로드하여 그 대본을 번

역하는 가운데, 읽기 기능의 향상이 이루어질 것이고, 대사를 듣고, 읽고 말하는 가운데 읽기 기능과 말하기 기능의 향상이 이루어질 것이다. 그룹별 발표를 위해서 반복해서 이러한 행동들이 이루어질 것이므로 자연스럽게 읽기, 말하기, 듣기 기능의 향상이 이루어질 것으로 판단된다.

마지막으로 프로젝트 워크이다. 예를 들어 '銀魂'이란 애니메이션에 등장하는 등장인물들의 선호도 조사를 프로젝트의 주제로 정했다고 하자. 그러면 각 구성원들은 일본 인터넷이나 책자를 통해 등장인물에 관련된 정보를 수집한다. 이때 자연스럽게 읽기 기능의 향상이 이루어질 것이다. '銀魂'의 주요 등장인물을 선택하여 각 인물의 선호도를 일본어로 인터뷰의 형식으로 조사한다. 말하기 기능과 듣기 기능의 향상이 자연스럽게 이루어질 것이다. 선호도 파악이 끝나면 그것을 보고서로 작성한다. 그러면 쓰기 기능의 향상이 이루어질 것이다. 각 그룹별로 최종적으로 의논하고 발표한다. 그러면 말하기, 듣기 기능의 향상이 이루어질 것이다.

이와 같이 시뮬레이션, 롤플레이, 프로젝트 워크를 활용한 교실활동의 가능성을 고려해 보았는데, 이들 활동은 특정한 기능의 향상을 염두에 두지 않고 자연스럽게 언어4기능을 복합적으로 배양하고자 하는 데에 그 특징이 있다고 할 수 있다.

6_ 나오는 말

일본 애니메이션에 대한 평균 인지도가 38%로, 영화 13%, 연예인 25%, 드라마 32%보다 훨씬 높게 나왔다. 이는 일본어 학습자들이 일본 대중문화에서 애니메이션에 노출되는 정도가 매우 높다는 것을 의미한다. 일본어를 학습하

기 이전부터, 즉 어릴 때부터 애니메이션에 노출된 시기가 길었기 때문이었을 것으로 본 저자는 판단하고 있다. 학습자들을 가르치다보면 애니메이션에 관심을 가지는 학습자들이 매우 많은 사실에 놀라곤 한다. 물론 그 중에는 애니메이션을 혐오하는 학습자도 있기는 하다. 그러나 잘 알려진 애니메이션, 예를 들어 'となりのととろ'와 같은 애니메이션은 평소 애니메이션에 대한 일본어 학습자들의 호불호에 관계없이 많이 좋아하는 것을 볼 수 있다. 교수자는 학습자들의 집중도를 올리는 것이 무엇보다 필요하므로 애니메이션을 활용한 다양한 교수법을 마련하는 것이 필요할 것으로 생각한다.

1 구글 검색을 통해서 아래의 일본 애니메이션 범주에 속하는 애니메이션 제목을 기입해보세요.

• 로맨스(멜로) 애니메이션

• 코믹 애니메이션

• SF 애니메이션

• 공포 애니메이션

• 액션 애니메이션

• 판타지 애니메이션

• 기타 애니메이션

일본 만화의 이해와 일본어교육

1_ 들어가는 말

천호재・이은선(2010)에서는 일본 만화에 대한 일본어 학습자의 관심도를 조사하고 있는데, 그 결과는 아래의 **표 1**과 같다. 천호재・이은선(2010)에서는 관심도 수치가 소수점 이하까지 표시되어 있으나 본서에는 소수점 이하를 표시하지 않았다(반올림하였다.).

표 1_ 일본 만화에 대한 일본어 학습자의 관심도(%)

설문 내용	6. 다음의 일본 만화 중에서 관심 있는 장르는 무엇입니까?									
보기	코믹	액션	SF	학원	판타지	순정(로맨스)	스포츠	무협	기타	없다
설문 내용	36	11	8	16	13	41	9	4	4	9

위의 **표 1**에서 보듯 '순정 만화'가 41%로 가장 많으며, '코믹 만화'가 36%, '학원 만화'가 16%로 각각 그 뒤를 잇고 있다. '무협 만화'가 4%로 기타와 함께 가장 낮은 관심도를 보였다. '관심있는 만화가 없다'는 수치도 9%나 되었

다. 그리고 위의 표에는 제시되지 않았지만, '순정 만화에 대한 관심도'가 남학생보다 여학생 쪽이 압도적으로 높았다. 반면에 남학생은 '코믹 만화', '액션 만화', 'SF 만화', '판타지 만화', '무협 만화'에 대한 관심도가 여학생보다 높았다.

그러나 표 1은 일본 만화의 장르에 대한 일본어 학습자의 관심도를 파악하기에는 충분할지는 모르지만, 각 만화 장르에 속하는 실제 만화에 대한 관심도는 알 수 없다는 한계가 있다. 이에 본 장에서는 각 만화 장르에 속하는 실제 만화 작품에 대한 구체적인 관심도를 좀 더 발전시켜 인지도와 경험도, 그리고 선호도를 측정해 보고자 한다. 아울러 본 장에서는 일본 만화를 활용한 일본어교육의 가능성을 모색한다.

2_ 일본 만화 관련 예비지식

이 절에서는 천호재·이은선(2010)에서 분류한 만화 장르를 '코믹 만화', 'SF 만화', '요리 만화', '스포츠 만화', '액션 만화', '학원 만화', '판타지 만화', '로맨스(연애) 만화', '감동 만화', '일상계 만화', '무협 만화'로 분류하고 각 장르에 속하는 실제 작품(베스트20)을 무작위로 선정한다. 각 장르에 속하는 실제 작품은 '구글'과 '다음'에서 검색한 것이다. 특정 작품이 어느 장르에 속하는지 모르는 경우에는 검색한 작품의 줄거리를 읽고 특정 장르에 편입하였다. 이하에서 열거하는 만화 작품은 한 장르에만 속하는 것도 있지만, '코믹 만화'나 '액션 만화'와 같이 여러 장르에 속하는 작품도 있다. 따라서 여러 장르에 중복된 만화도 있다는 점에 유의해 주길 바란다. 이하 각 장르에 속하는 대표적인 만화 작품을 열거하도록 하겠다.

첫째, 코믹 만화로는 '은혼(銀魂-ぎんたま)', '은수저(銀の匙)', '마기(マギ)', '죠죠

의 기묘한 모험(ジョジョリオン)', '오쿠(大奥)', '너에게 닿기를(君に届け)', '원피스(ワンピース)', '도리코(トリコ)', '킹덤(キングダム)', '죠죠벨러(JOJOVELLER)' 등을 들수 있다.

둘째, SF 만화로는 '기생수(寄生獣)', '어린이 왕국(子供の王国)', '시간을 걷는방법(時間の歩き方)', '플라네테스(プラネテス)', '시간의 승무원(時の添乗員)', '째깍째깍(刻々)', '공각기동대(攻殻機動隊)', '러브 싱크로이드(ラブ・シンクロイド)', '극한의별(度胸星)', '동몽(童夢)' 등을 들 수 있다.

셋째, 요리 만화로는 '미스터 스시왕(将太の寿司)', '식탐정(喰いタン)', '아빠는요리사(クッキングパパ)', '요리사 미평(包丁人味平)', '미스터 아짓꼬(ミスター味っ子)', '밤비노(バンビーノ)', '맛 일번지(味いちもんめ)', '서양골동양과자점(西洋骨董洋菓子店)', '하나씨의 간단 요리(花のズボラ飯)', '맛의 달인(美味しんぼ)' 등을 들 수 있다.

넷째, 스포츠 만화로는 '도카벤(ドカベン)', '에이스를 노려라(エースをねらえ)', '날아라 캡틴(キャプテン翼)', 'H2', '메이저(MAJOR)', '터치(タッチ)', '내일의 죠(あしたのジョー)', '슬램덩크(SLAM DUNK)', '야와라(YAWARA)', '더 파이팅 라이징(はじめの一歩)' 등을 들 수 있다.

다섯째, 액션 만화로는 '드래곤볼(ドラゴンボール)', '강철의 연금술사(鋼の錬金術師)', '금색의 갓슈벨(金色のガッシュ)', '유유백서(幽・遊・白・書)', '원피스(ワンピース)', '꼭두각시 서커스(からくりサーカス)', '요괴소년 호야(うしおととら)', '죠죠의 기묘한 모험(ジョジョの奇妙な冒険)', '몬스터(MONSTER)', 나루토(NARUTO)' 등을 들 수 있다.

여섯째, 학원 만화로는 '꽃보다 남자(花より男子)', '유한클럽(有閑倶楽部)', '러브 컴플렉스(ラブ★コン)', '아즈망가 대왕(あずまんが大王)', '란마1/2(らんま1/2)', '인피니트 스트라토스(I"s)', '쓸모없는 녀석 블루스(ろくでなし BLUES)', '돌격! 남자훈련소(魁!!男塾)', '오란고교 호스트부(桜蘭高校ホスト部)', '스즈카(涼風)' 등을 들 수 있다.

일곱째, 판타지 만화로는 '악령이 사는 집(悪夢の棲む家 ゴーストハント)', '진격의 거인(進撃の巨人)', '흑집사(黒執事)', '청의 엑소시스트(青の祓魔師)', '세인트 영맨(聖☆おにいさん)', '호즈키의 냉철(鬼灯の冷徹)', '암살교실(暗殺教室)', '보석의 나라(宝石の国)', '테르마이 로마이(テルマエ・ロマエ)', '나쓰메 우인장(夏目友人帳)' 등을 들 수 있다.

여덟째, 로맨스(연애) 만화로는 '운명(運命(キスメット))', '공주는 도망중(プリンセスは逃走中)', '왕자님과 나(王子様とわたし)', '월영의 수도(月影の水都)', '억만장자는 비밀을 좋아해(億万長者は秘密が好き)', '로맨스 친위대(ロマンス親衛隊)', '찢어진 하트(ちぎれたハート)', '신부의 가격(花嫁の値段)', '조그마한 사랑의 바람(小さな愛の願い)', '왕자님의 프로포즈(プリンスのプロポーズ)' 등을 들 수 있다.

아홉째, 감동 만화로는 '아리아(ARIA)', '빈란드 사가(ヴィンランド・サガ)', '나의 지구를 지켜줘(ぼくの地球を守って)', '레터비(テガミバチ)', '열화의 염(烈火の炎)', '크르노크루세이드(クロノクルセイド)', '메존일각(めぞん一刻)', '우주형제(宇宙兄弟)', '세븐시즈(7SEEDS)', '동물의 왕국(どうぶつの国)' 등을 들 수 있다.

열 번째, 일상계 만화로는 '요쓰바랑(よつぱと!)', '그래도 마을은 돌아간다(それでも町は廻っている)', '바라카몬(ばらかもん)', '제7 여자회 방황(第七女子会彷徨)', '남자 고교생의 일상(男子高校生の日常)', '내 마음 속의 자전거(並木橋通りアオバ自転車店)', '라이카 데이즈(らいか・デイズ)' 등을 들 수 있다.

마지막으로 무협 만화로는 '시편로(時遍路)', '노부나가(信長)', '삼일월용이문(三日月竜異聞)', '브레이브10S(BRAVE 10S)', '창천의 권(蒼天の拳)', '삼국지(三国志)', '북두의 권(北斗の拳)', '바람의 검심(るろうに剣心)', '위풍당당 가네쓰쿠(義風堂々!! 兼続と慶次)' 등을 들 수 있다.

3절에서는 코믹 만화, SF 만화, 요리 만화, 스포츠 만화, 액션 만화, 학원 만화, 판타지 만화, 로맨스(연애) 만화, 감동 만화, 일상계 만화, 무협 만화에 대한 일본어 학습자들의 인지도, 경험도, 선호도에 대해서 자세하게 살펴보기로 하겠다.

3_ 일본 만화에 대한 일본어 학습자의 인지도, 경험도, 선호도 조사

우선 일본 만화에 대한 일본어 학습자의 인지도, 경험도, 선호도를 조사하기 전에 설문의 개요 및 조사 방법에 대해서 간략하게 언급한다. 설문 조사는 2013년도 11월 04일~11월 08일 사이에 행해졌다. 조사 대상은 K대학교의 일본어문학과 학생(2학년/3학년)이었다. 설문 조사에 응해 준 학생은 전체 76명으로 남학생 19명, 여학생 57명이었다.

설문 조사 방법은 다음과 같다. 예를 들어 '은혼(銀魂-ぎんたま)', '은수저(銀の匙)', '마기(マギ)', '죠죠의 기묘한 모험(ジョジョリオン)', '오쿠(大奥)'를 아래와 같이 나열하고 해당 애니메이션에 대한 일본어 학습자의 인지 여부, 경험 여부, 선호 여부를 복수 체크하도록 하는 방식을 취했다.

▍표 2_ 설문 조사 방법(예시)

일본 만화	알고 있다	본 적이 있다	좋아한다
은혼(銀魂-ぎんたま-)	√	√	√
은수저(銀の匙)	√		
마기(マギ)	√		
죠죠의 기묘한 모험(ジョジョリオン)			
오쿠(大奥)	√		

분석은 각 만화(전체 만화도 포함)에 대한 전체 일본어 학습자(남학생/여학생)의 인지도, 경험도, 선호도를 백분율로 나타내고 다시 그 백분율 평균치의 높낮이를 비교 논의하는 방식을 취하였다.

그러면 이하에서는 일본 만화를 코믹 만화, SF 만화, 요리 만화, 스포츠 만화, 액션 만화, 학원 만화, 판타지 만화, 로맨스(연애) 만화, 감동 만화, 일상계 만화, 무협 만화로 나누고 이들 만화에 대한 일본어 학습자들의 인지도, 경험도, 선호도에 대해서 자세하게 살펴보기로 하겠다.

1) 코믹 만화

이 절에서는 먼저 코믹 만화에 대한 일본어 학습자들의 인지도, 경험도, 선호도를 살펴보도록 하겠다. 우선 다음의 표에 주목해 주길 바란다.

▌표 3_ 코믹 만화에 대한 학습자들의 인지도, 경험도, 선호도(%)

코믹 만화	안다			본 적이 있다			좋아한다		
	남	여	전체	남	여	전체	남	여	전체
銀魂-ぎんたま-	47	39	41	37	19	24	16	12	13
銀の匙	11	7	8	5	5	5	0	2	1
マギ	16	14	14	16	11	12	5	7	7
ジョジョリオン	11	2	4	11	2	4	0	0	0
大奥	5	16	13	0	7	5	0	4	3
君に届け	63	63	63	32	47	43	16	30	26
ワンピース	100	96	97	74	68	70	32	39	37
トリコ	37	21	25	21	9	12	0	2	1
キングダム	21	16	17	11	5	7	0	0	0

JOJOVELLER	0	2	1	0	2	1	0	0	0
평균	32	28	29	21	18	18	5	9	9

위의 표에서 '코믹 만화'에 대한 일본어 학습자의 평균 인지도는 평균 29%로 나타났다. 남학생이 32%, 여학생은 28%의 인지도를 보였다. '원피스(ワンピース)'의 경우 무려 97%의 인지도를 나타냈다. '너에게 닿기를(君に届け)', '은혼(銀魂)'이 각각 63%, 41%로 그 뒤를 잇고 있다.

경험도는 평균 18%이며 남학생이 21%, 여학생이 18%의 비율을 나타냈다. 인지도와 마찬가지로 '원피스(ワンピース)'에 대한 경험도가 가장 높고 그 뒤를 각각 '너에게 닿기를(君に届け)', '은혼(銀魂)'이 잇고 있다.

선호도는 평균 9%이고, 남학생(5%)보다 여학생이 9%로 오히려 높다. '원피스(ワンピース)'에 대한 경험도가 가장 높고 그 뒤를 각각 '너에게 닿기를(君に届け)', '은혼(銀魂)'이 잇고 있다.

'코믹 만화'에 대한 남녀의 인지도, 경험도, 선호도의 평균치를 재차 살펴보면, 남학생이 인지도, 경험도에서 여학생보다 높으며, 선호도에서는 여학생이 높은 사실을 확인할 수 있다.

  2) SF 만화

이 절에서는 SF 만화에 대한 일본어 학습자들의 인지도, 경험도, 선호도를 보도록 하자. 다음의 표를 우선 살펴보겠다.

■표 4_ SF 만화에 대한 학습자들의 인지도, 경험도, 선호도(%)

SF 만화	안다			본 적이 있다			좋아한다		
	남	여	전체	남	여	전체	남	여	전체
寄生獣	26	7	12	16	0	4	5	0	1
子供の王国	16	5	8	5	4	4	0	0	0
時間の歩き方	16	23	21	0	7	5	0	0	0
プラネテス	11	9	9	0	0	0	0	0	0
時の添乗員	5	4	4	5	0	1	0	0	0
刻々	5	0	1	0	0	0	0	0	0
攻殻機動隊	42	4	13	21	2	7	5	0	1
ラブ・シンクロイド	0	2	1	0	2	1	0	0	0
度胸星	0	2	1	0	2	1	0	0	0
童夢	11	11	11	5	2	3	0	0	0
평균	16	7	8	5	2	3	1	0	0

위의 표를 보면 'SF 만화'에 대한 일본어 학습자의 인지도는 평균 8%로 나타났다. 남학생이 16%, 여학생은 7%의 비율을 나타냈다. '시간을 걷는 방법(時間の歩き方)'이 21%로 가장 높은 인지도를 나타냈으며, '공각기동대(攻殻機動隊)'와 '기생수(寄生獣)'가 각각 13%, 12%로 그 뒤를 잇고 있다.

경험도는 평균 3%이며 남학생은 5%, 여학생은 2%의 선호도를 보였다. 경험도의 순위는 인지도의 순위와 동일하다.

선호도는 거의 0%이다. 수치가 미미하기는 하지만 선호도의 순위 역시 인지도, 경험도와 거의 일치한다.

'SF 만화'에 대한 남녀의 인지도, 경험도, 선호도의 평균치를 재차 살펴보면, 남학생이 여학생보다 높다는 사실을 확인할 수 있다. '공각기동대(攻殻機動隊)'와 '기생수(寄生獣)'에 대해서는 남학생 쪽이 인지도, 경험도, 선호도가 높고,

'시간을 걷는 방법(時間の歩き方)'에 대해서는 여학생 쪽이 인지도, 경험도가 높다는 사실을 확인할 수 있다.

3) 요리 만화

이 절에서는 요리 만화에 대한 일본어 학습자들의 인지도, 경험도, 선호도에 대해서 살펴보자. 다음의 표를 보도록 하자.

표 5_ 요리 만화에 대한 학습자의 인지도, 경험도, 선호도(%)

요리 만화	안다			본 적이 있다			좋아한다		
	남	여	전체	남	여	전체	남	여	전체
将太の寿司	21	14	16	16	7	9	5	0	1
喰いタン	0	4	3	0	2	1	0	0	0
クッキングパパ	5	11	9	0	4	3	0	2	1
包丁人味平	0	2	1	0	0	0	0	0	0
ミスター味っ子	16	9	11	11	2	4	0	0	0
バンビーノ	16	37	32	5	18	14	0	9	7
味いちもんめ	0	4	3	0	2	1	0	0	0
西洋骨董洋菓子店	32	21	24	11	9	9	0	2	1
花のズボラ飯	16	4	7	0	2	1	0	2	1
美味しんぼ	11	5	7	0	2	1	0	2	1
평균	11	11	11	5	5	4	1	2	1

위의 표를 보면 '요리 만화'에 대한 일본어 학습자의 인지도는 평균 11%이다. 남학생과 여학생 모두 11%의 인지도를 나타냈다. '밤비노(バンビーノ)'에 대

한 전체 평균 인지도는 32%, '서양골동양과자점(西洋骨董洋菓子店)'은 24%, '미스터 스시왕(将太の寿司)'은 16%로 나타났다.

전체 평균 경험도는 4%로 나타났다. 남학생과 여학생 모두 5%의 경험도를 나타냈다. '밤비노(バンビーノ)'에 대한 전체 평균 경험도는 14%, '서양골동양과자점(西洋骨董洋菓子店)'과 '미스터 스시왕(将太の寿司)'은 각각 9%의 경험도를 나타냈다.

전체 평균 선호도는 1%로 수치가 확연하게 낮아진다. 남학생은 1%, 여학생은 2%의 선호도를 나타냈다. '밤비노(バンビーノ)'가 7%로 가장 높은 선호도를 나타냈다.

'요리 만화'에 대한 남녀의 인지도, 경험도, 선호도의 평균치를 재차 살펴보면, 남녀차가 거의 발생하지 않는 것을 알 수 있다.

4) 스포츠 만화

다음은 '스포츠 만화'에 대한 일본어 학습자들의 인지도, 경험도, 선호도에 대해서 살펴보도록 하자.

■ 표 6_ 스포츠 만화에 대한 학습자의 인지도, 경험도, 선호도(%)

스포츠 만화	안다			본 적이 있다			좋아한다		
	남	여	전체	남	여	전체	남	여	전체
ドカベン	5	4	4	5	2	3	0	0	0
エースをねらえ	5	9	8	5	5	5	0	2	1
キャプテン翼	26	11	14	16	4	7	0	0	0
H2	21	12	14	5	2	3	5	0	1
MAJOR	58	16	26	37	7	14	16	2	5

タッチ	11	7	8	5	2	3	5	0	1
あしたのジョー	26	11	14	5	5	5	0	2	1
SLAM DUNK	89	77	80	79	51	58	58	23	32
YAWARA	5	5	5	0	0	0	0	0	0
はじめの一歩	47	9	18	42	4	13	21	0	5
평균	32	16	20	21	9	11	11	4	5

위의 표를 보면 '스포츠 만화'에 대한 일본어 학습자의 인지도는 평균 20%
이다. 남학생이 32%, 여학생은 16%로 남학생의 선호도가 높았다. '슬램덩크
(SLAM DUNK)'가 80%로 가장 높았고, '메이저(MAJOR)'가 26%, '더 파이팅 라
이징(はじめの一歩)'이 18%로 그 뒤를 이었다.

전체 평균 경험도는 11%로 나타났으며, 남학생이 21%, 여학생이 9%로 나
타났다. 구체적 작품에 대한 평균 경험도는 '슬램덩크(SLAM DUNK)'가 58%로
가장 높았고, '메이저(MAJOR)'가 14%, '더 파이팅 라이징(はじめの一歩)'이 13%
로 나타났다.

전체 평균 선호도는 5%로 나타났으며, 남학생은 11%, 여학생은 4%로 나타
났다. '슬램덩크(SLAM DUNK)'는 32%, '메이저(MAJOR)'와 '더 파이팅 라이징(は
じめの一歩)'은 각각 5%로 나타났다.

'스포츠 만화'에 대한 남녀의 인지도, 경험도, 선호도의 평균치를 재차 살펴
보면, 남학생이 여학생보다 압도적으로 높다는 사실을 확인할 수 있다.

5) 액션 만화

이 절에서는 '액션 만화'에 대한 일본어 학습자들의 인지도, 경험도, 선호도
에 대해서 살펴보도록 하겠다.

표 7_ 액션 만화에 대한 학습자의 인지도, 경험도, 선호도(%)

액션 만화	안다			본 적이 있다			좋아한다		
	남	여	전체	남	여	전체	남	여	전체
ドラゴンボール	84	70	74	63	58	59	37	21	25
鋼の錬金術師	58	18	28	37	14	20	26	12	16
金色のガッシュ	42	19	25	21	14	16	0	12	9
幽・遊・白・書	47	9	18	26	11	14	11	7	8
ワンピース	79	75	76	53	61	59	37	30	32
からくりサーカス	11	5	7	5	0	1	0	0	0
うしおととら	0	4	3	0	0	0	0	0	0
ジョジョの奇妙な冒険	32	7	13	16	2	5	5	5	3
MONSTER	47	21	28	37	9	16	5	5	3
NARUTO	95	93	93	63	65	64	32	26	28
평균	47	32	37	32	23	25	16	11	12

위의 표를 보면 '액션 만화'에 대한 일본어 학습자의 인지도는 평균 37%임을 확인할 수 있다. 남학생이 47%, 여학생은 32%로 남학생 쪽이 훨씬 높다. '나루토(NARUTO)'의 경우 93%의 인지도를 보이고 있으며, '원피스(ワンピース)'와 '드래곤볼(ドラゴンボール)'은 각각 76%와 74%로 그 뒤를 잇고 있다.

경험도의 전체 평균은 25%이다. 남학생은 32%, 여학생은 23%로 남학생 쪽이 9% 높다. '나루토(NARUTO)'가 가장 높고 '원피스(ワンピース)'와 '드래곤볼(ドラゴンボール)'이 59%로 각각 그 뒤를 잇고 있다.

선호도의 전체 평균은 12%이며, 남학생은 16%, 여학생은 11%로 남학생 쪽이 5% 가량 높다. 선호도는 'ワンピース'(32%)>'NARUTO'(28%)>'ドラゴンボール'(25%)의 순위를 보였다.

'액션 만화'에 대한 남녀의 인지도, 경험도, 선호도의 평균치를 재차 살펴보면, 남학생이 여학생보다 훨씬 높다는 것을 알 수 있다. 'NARUTO', 'ワンピース', 'ドラゴンボール' 이외의 만화에서도 인지도, 경험도, 선호도에서 남녀차가 전반적으로 크게 나는 것을 확인할 수 있다.

6) 학원 만화

이 절에서는 '학원 만화'에 대한 일본어 학습자들의 인지도, 경험도, 선호도를 살펴보도록 하겠다. 다음의 표를 보도록 하자.

▎표 8_ 학원 만화에 대한 학습자의 인지도, 경험도, 선호도(%)

학원 만화	안다			본 적이 있다			좋아한다		
	남	여	전체	남	여	전체	남	여	전체
花より男子	84	91	89	37	72	63	16	49	41
有閑倶楽部	16	9	11	11	5	7	5	2	3
ラブ★コン	21	42	37	11	33	28	5	18	14
あずまんが大王	68	75	74	58	67	64	26	33	32
らんま1/2	84	81	82	53	60	58	21	30	28
I"s	21	5	9	16	0	4	5	0	1
ろくでなし BLUES	0	4	3	0	4	3	0	2	1
魁!!男塾	0	2	1	0	2	1	0	0	0
桜蘭高校ホスト部	32	37	36	21	33	30	5	19	16
涼風	16	4	7	11	2	4	0	2	1
평균	37	35	34	21	28	26	11	16	13

위의 표를 보면 '학원 만화'에 대한 일본어 학습자의 평균 인지도는 34%이다. 남학생은 37%, 여학생은 35%로 큰 차이가 보이지는 않는다. 세부적으로 말하면 '꽃보다 남자(花より男子)'가 89%로 가장 높고, '란마1/2(らんま1/2)'와 '아즈망가 대왕(あずまんが大王)'이 각각 82%, 74%로 그 뒤를 잇고 있다.

경험도를 보면 전체 평균이 26%, 남학생은 21%, 여학생은 28%로 여학생 쪽이 높은 것을 알 수 있다. 경험도 순위를 보면 '아즈망가 대왕(あずまんが大王)'이 64%로 가장 높고 '꽃보다 남자(花より男子)'와 '란마1/2(らんま1/2)'가 63%, 58%로 각각 그 뒤를 잇고 있다.

선호도를 보면 전체 평균은 13%이다. 남학생은 11%, 여학생은 16%이다. 선호도 순위는 경험도 순위와 동일하다.

'학원 만화'에 대한 남녀의 차이를 보면 인지도를 제외한 경험도, 선호도에서는 여학생 쪽이 높다. 세부적으로 보면 '꽃보다 남자(花より男子)', '란마1/2(らんま1/2)'와 '아즈망가 대왕(あずまんが大王)'에서 인지도, 경험도, 선호도에서 남녀차가 크게 발생하는 것을 알 수 있다.

7) 판타지 만화

이 절에서는 '판타지 만화'에 대한 일본어 학습자들의 인지도, 경험도, 선호도에 대해서 살펴보겠다. 다음의 표를 보도록 하자.

표 9를 보면 '판타지 만화'에 대한 일본어 학습자의 인지도는 평균 14%이다. 남학생이 21%, 여학생은 12%로 남학생 쪽이 월등하게 높다. 세부적으로 보면 '진격의 거인(進撃の巨人)'이 54%로 가장 높고, '나쓰메 우인장(夏目友人帳)', '흑집사(黒執事)'가 각각 26%, 22%로 그 뒤를 잇고 있다.

표 9_ 판타지 만화에 대한 학습자의 인지도, 경험도, 선호도(%)

판타지 만화	안다			본 적이 있다			좋아한다		
	남	여	전체	남	여	전체	남	여	전체
悪夢の棲む家 ゴーストハント	11	11	11	11	5	7	0	2	2
進撃の巨人	79	46	54	63	25	34	26	12	16
黒執事	26	21	22	5	21	17	0	12	9
青の祓魔師	16	9	11	11	7	8	0	4	3
聖☆おにいさん	5	5	5	0	2	1	0	0	0
鬼灯の冷徹	5	2	3	5	2	3	0	0	0
暗殺教室	21	5	9	11	2	4	0	0	0
宝石の国	0	4	3	0	2	1	0	0	0
テルマエ・ロマエ	11	2	4	5	2	3	0	0	0
夏目友人帳	26	26	26	5	18	14	0	16	12
평균	21	12	14	11	9	9	5	5	4

경험도는 평균 9%이며 남학생은 11%, 여학생은 9%이다. 경험도 순위를 보면 '진격의 거인(進撃の巨人)'이 34%로 가장 높고, '흑집사(黒執事)', '나쓰메 우인장(夏目友人帳)'이 각각 17%, 14%로 그 뒤를 잇고 있다.

선호도는 평균 4%로 나타났다. 남학생과 여학생 모두 5%의 선호도를 나타냈다. '진격의 거인(進撃の巨人)'이 16%로 가장 높고, '나쓰메 우인장(夏目友人帳)', '흑집사(黒執事)'가 각각 12%, 9%로 그 뒤를 이었다.

'판타지 만화'에 대한 남녀의 인지도, 경험도, 선호도의 평균치를 재차 살펴보면, 인지도와 경험도는 남학생이 여학생보다 높으며, 선호도는 남학생과 여학생 모두 동일하다는 것을 확인할 수 있다. 그리고 '진격의 거인(進撃の巨人)', '나쓰메 우인장(夏目友人帳)', '흑집사(黒執事)'에서 남녀차가 크다는 것을 알 수 있다.

8) 로맨스(연애) 만화

이 절에서는 로맨스(연애) 만화에 대한 일본어 학습자들의 인지도, 경험도, 선호도에 대해서 살펴보겠다. 다음의 표를 보도록 하자.

▌표 10_ 로맨스 만화에 대한 학습자의 인지도, 경험도, 선호도(%)

로맨스 만화	안다			본 적이 있다			좋아한다		
	남	여	전체	남	여	전체	남	여	전체
運命(キスメット)	0	2	2	0	2	2	0	0	0
プリンセスは逃走中	0	5	4	0	2	2	0	0	0
王子様とわたし	5	7	7	0	2	2	0	0	0
月影の水都	0	2	2	0	2	2	0	0	0
億万長者は秘密が好き	0	5	4	0	2	2	0	0	0
ロマンス親衛隊	0	5	4	0	2	2	0	0	0
ちぎれたハート	0	0	0	0	0	0	0	0	0
花嫁の値段	0	4	3	0	2	2	0	2	2
小さな愛の願い	0	2	2	0	2	2	0	2	2
プリンスのプロポーズ	0	4	3	0	0	0	0	0	0
평균	1	4	3	0	2	2	0	0	0

위의 표를 보면 '로맨스(연애) 만화'에 대한 일본어 학습자의 인지도는 평균 3%이다. 남학생이 1%, 여학생은 4%이다. '왕자님과 나(王子様とわたし)', '공주는 도망중(プリンセスは逃走中)', '억만장자는 비밀을 좋아해(億万長者は秘密が好き)'가 각각 7%, 4%, 4%의 인지도를 보였다.

경험도는 평균 2%이며 남학생은 0%, 여학생은 2%의 경험도를 보였다. 선호도는 남녀 모두 0%에 가까운 비율을 보였다.

'로맨스(연애) 만화'에 대한 남녀의 인지도, 경험도, 선호도의 평균치를 재차 살펴보면, 남학생은 거의 모두 0%에 가까운 비율을 보인 반면에, 여학생은 어느 정도의 비율을 차지하는 것으로 보아, '로맨스 만화'에 대한 관심이 여학생 쪽이 높은 것을 알 수 있다.

9) 감동 만화

이 절에서는 감동 만화에 대한 일본어 학습자들의 인지도, 경험도, 선호도에 대해서 살펴보자. 다음의 표를 보도록 하자.

▍표 11_ 감동 만화에 대한 학습자의 인지도, 경험도, 선호도(%)

감동 만화	안다			본 적이 있다			좋아한다		
	남	여	전체	남	여	전체	남	여	전체
ARIA	37	12	18	16	7	9	5	5	5
ヴィンランド・サガ	0	2	1	0	2	1	0	2	1
ぼくの地球を守って	11	7	8	11	2	4	5	2	3
テガミバチ	5	5	5	5	4	4	0	0	0
烈火の炎	0	4	3	0	4	3	0	0	0
クロノクルセイド	26	5	11	21	5	9	11	4	5
めぞん一刻	5	5	5	0	4	3	0	2	1
宇宙兄弟	16	9	11	11	4	5	5	0	1
7SEEDS	5	5	5	5	2	3	0	0	0
どうぶつの国	0	11	8	0	2	1	0	0	0
평균	11	7	8	5	4	4	5	2	1

표 11에서 '감동 만화'에 대한 일본어 학습자의 평균 인지도가 8%임을 확인할 수 있다. 남학생이 11%, 여학생은 7%의 인지도를 보였다. 인지도의 순위는 '아리아(ARIA)'(18%)>'크르노크루세이드(クロノクルセイド)'(11%)로 나타났다.

경험도는 평균 4%이며 남학생은 5%, 여학생은 4%의 경험도를 보였다. '아리아(ARIA)'(9%)와 '크르노크루세이드(クロノクルセイド)'가 가장 높은 경험도를 보였다.

선호도는 1%에 불과했다. 남학생은 5%, 여학생은 2%의 비율로 선호도를 나타냈다.

'감동 만화'에 대한 남녀의 인지도, 경험도, 선호도의 평균치를 재차 살펴보면, 남학생이 여학생보다 조금 높다는 사실을 확인할 수 있다. '아리아(ARIA)'와 '크르노크루세이드(クロノクルセイド)', 그리고 '우주형제(宇宙兄弟)'에서 남학생 쪽이 여학생보다 인지도, 경험도, 선호도가 높은 것을 확인할 수 있다.

10) 일상계(空気系) 만화

이 절에서는 일상계 만화에 대한 일본어 학습자들의 인지도, 경험도, 선호도를 살펴보도록 하자. 다음의 표를 보도록 하자.

표 12_ 일상계 만화에 대한 학습자의 인지도, 경험도, 선호도(%)

일상계 만화	안다			본 적이 있다			좋아한다		
	남	여	전체	남	여	전체	남	여	전체
よつぱと!	32	11	16	21	9	12	16	4	7
それでも町は廻っている	11	7	8	0	4	3	0	2	1
ばらかもん	11	2	4	0	2	1	0	2	1

第七女子会彷徨	5	4	4	0	2	1	0	0	0
男子高校生の日常	37	18	22	26	12	16	11	5	7
並木橋通りアオバ自転車店	0	5	4	0	5	4	0	2	1
らいか・デイズ	5	2	3	0	2	1	0	0	0
평균	16	7	9	5	5	5	5	2	3

위의 표를 보면 '일상계 만화(空気系)'에 대한 일본어 학습자의 인지도는 평균 9%임을 확인할 수 있다. 남학생이 16%, 여학생은 7%의 비율을 나타냈다. '남자 고교생의 일상(男子高校生の日常)'이 22%로 가장 높은 인지도를 나타냈으며, '요쓰바랑(よつばと!)'와 '그래도 마을은 돌아간다(それでも町は廻っている)'가 각각 16%, 8%로 그 뒤를 잇고 있다.

경험도는 평균 5%이며 남학생과 여학생 모두 각각 5%의 비율을 나타냈다. '남자 고교생의 일상(男子高校生の日常)'에 대한 경험도가 16%로 가장 높은 비율을 보였으며, '요쓰바랑(よつばと!)'이 12%로 그 뒤를 잇고 있다.

선호도는 3%로 더더욱 낮아진다. 남학생은 5%, 여학생은 2%의 비율로 선호도를 나타냈다. '남자 고교생의 일상(男子高校生の日常)', '요쓰바랑(よつばと!)'에 대한 선호도는 각각 7%로 나타냈다.

'일상계 만화'에 대한 남녀의 인지도, 경험도, 선호도의 평균치를 재차 살펴보면, 남학생이 여학생보다 약간 높은 사실을 확인할 수 있다. 특히 인지도의 경우는 여학생보다 남학생 쪽이 두배가량 높은 것을 알 수 있다.

11) 무협 만화

이 절에서는 무협 만화에 대한 일본어 학습자들의 인지도, 경험도, 선호도를 살펴보도록 하겠다. 다음의 표를 보도록 하자.

▌표 13_ 무협 만화에 대한 학습자의 인지도, 경험도, 선호도(%)

무협 만화	안다			본 적이 있다			좋아한다		
	남	여	전체	남	여	전체	남	여	전체
時遍路	0	2	1	0	2	1	0	0	0
信長	11	9	9	0	4	3	0	2	1
三日月竜異聞	0	2	1	0	0	0	0	0	0
BRAVE 10S	5	9	8	5	4	4	0	0	0
蒼天の拳	16	4	7	11	5	7	5	4	4
三国志	32	35	34	11	5	7	5	0	1
北斗の拳	53	12	22	21	5	9	11	0	3
るろうに剣心	89	61	68	68	26	37	26	16	18
義風堂々!! 兼続と慶次	0	9	7	0	0	0	0	0	0
평균	32	16	17	11	5	8	5	2	3

위의 표를 보면 '무협 만화'에 대한 일본어 학습자의 인지도는 평균 17%이며, 남학생이 32%로 여학생 16%보다 훨씬 높다. '바람의 검심(るろうに劍心)'이 68%로 가장 높은 인지도를 나타냈고 '삼국지(三国志)'와 '북두의 권(北斗の拳)'이 각각 34%, 22%로 그 뒤를 잇고 있다.

경험도는 평균 8%이며 남학생은 11%, 여학생은 5%로 나타났다. '바람의 검심(るろうに劍心)'에 대한 경험도가 37%로 가장 높은 비율을 나타냈으며, '북두의 권(北斗の拳)', '삼국지(三国志)', '창천의 권(蒼天の拳)'이 각각 9%, 7%, 7%로 그 뒤를 잇고 있음을 확인할 수 있다.

그러나 선호도는 극단적으로 낮아지는데, 전체 3%만이 무협 만화에 대한 선호도를 나타냈으며, 남학생은 5%, 여학생은 2%의 비율로 무협 만화에 대한 선호도를 나타냈다. '바람의 검심(るろうに劍心)'이 18%로 가장 높은 선호도를 나타냈으며, '창천의 권(蒼天の拳)'과 '북두의 권(北斗の拳)'이 각각 4%, 3%로 그 뒤를 이었다.

'무협 만화'에 대한 남녀의 인지도, 경험도, 선호도의 평균치를 재차 살펴보면 남학생이 여학생보다 높다는 사실을 확인할 수 있다. 인지도, 경험도, 선호도에 있어 남학생이 여학생보다 대부분 2배 이상 높다는 사실을 확인할 수 있다.

4_ 정리

3절에서 제시한 일본 만화의 인지도를 정리하면 다음의 **표 14**와 같다.

표 14_ 만화에 대한 일본어 학습자의 평균 인지도(%)

장르	일본 만화											
	코믹	SF	요리	스포츠	액션	학원	판타지	로맨스	감동	일상계	무협	전체 평균
평균	29	8	11	20	37	34	14	3	8	9	17	17

만화에 대한 일본어 학습자의 전체 평균 인지도는 17%로 나타났다. 액션 만화가 37%로 가장 높았으며, 학원 만화가 34%, 코믹 만화가 29%, 스포츠 만화가 20%로 각각 뒤를 이었다. 로맨스 만화가 3%로 가장 낮은 인지도를 보였다. 5절에서는 만화를 활용한 일본어교육의 가능성에 대해서 모색하고자

한다.

5_ 일본어교육으로의 활용 가능성

말하기 기능으로는 크게 기계 드릴과 의미 드릴로 나뉜다. 기계 드릴은 반복 드릴, 확장 드릴, 전개 드릴, 대입 드릴, 변형 드릴, 결합 드릴, 완성 드릴, 문답 드릴, 의미 드릴은 장면 연습, 소회화 연습, 정보의 갭, 인터뷰 태스크로 나뉜다. 기계 드릴이 정확성을 기하려는 활동이라면 의미 드릴은 실제 회화에 가까운 자연스러움을 기하려는 활동이다. 제5장에서 기계 드릴을 언급한 바 있으므로 이 절에서는 의미 드릴을 활용하여 듣기, 말하기, 읽기, 쓰기 방안에 대해서 살펴보기로 한다.

먼저 '장면 연습(situation drill)'이다. 이 연습은 교수자가 특정한 장면을 제시하면 학습자가 알고 있는 혹은 제시된 어구를 가지고 말하거나 쓰거나 읽거나 듣거나 하는 연습이다. 예를 들어 'あずまんが大王'에서 첫 수업시간에 '다니자키(谷崎) 선생님'이 학생들에게 첫인사를 하는 장면을 학습자들에게 제시한다. 말풍선에 들어갈 대사, 원 대사는 「はい！私が三組の担任の谷崎です！わからない事は何でも聞いてね！」인데, 이 말풍선에 들어갈 대사를 학습자들이 유추해서 쓰거나, 말하거나 자신이 유추하여 작성한 문장을 읽도록 한다. 다른 학습자들은 그것을 듣는다. 그리고 교수자는 「はい！私が三組の担任の谷崎です！わからない事は何でも聞いてね！」라는 원래의 대사를 들려주고 따라서 읽도록 한다.

둘째, '소회화연습(small conversation drill)'이다. 이 연습은 교수자가 학습자들이 배운 내용 중에서 짧은 회화문을 학습자에게 제시하면 학습자들이 다른

문장을 완성하는 것인데, 예를 들어 「はい、転入生を紹介します。美浜ちよちゃんです。」「美浜ちよです。よろしくおねがいします。」라는 장면을 보여주면 밑줄 친 부분에 학습자 자신의 이름을 넣어서 문장을 읽고, 쓰고, 말하고, 듣는 교실활동을 생각할 수 있다. 만화에는 다양한 장면이 들어가 있으므로 일상생활에서 자주 접하는 장면을 쉽게 고를 수 있다는 점에서 소회화연습은 매우 유용하게 교실활동에 도입될 수 있을 것으로 판단된다.

셋째, 정보의 갭(informaiton gap)이다. 일상생활을 하는 사람들의 언어행동을 잘 관찰하면 대부분 누군가가 누군가에게 묻고, 그 누군가는 그 누군가에게 대답을 하고, 대답을 한 사람은 다시 누군가에게 묻고, 물은 사람은 다시 그 누군가의 물음에 대답을 하는 것을 볼 수 있다. 즉 우리나 일본이라는 나라의 일상은 정보의 갭을 메꾸는 일련의 언어행동을 통해서 흘러간다고 할 수 있다. 교수자는 만화에 나오는 질문과 대답을 선정하여 학습자들에게 제시하면 학습자들은 그것을 그대로 혹은 적절하게 변형하여 질문과 대답 연습을 하는 것이다. 혹은 질문과 대답을 쓰거나 혹은 질문과 대답을 듣거나, 혹은 읽거나 한다. 예를 들어 「では、ここちよちゃん、わかるかな。」「えーと...わかりません。」과 같이 질문과 대답이 들어간 대사를 복수 선정해서 대사를 학습자들에게 들려주거나 그림을 보여주거나 읽게 하거나 말하도록 하는 것이다.

마지막으로 인터뷰 태스크이다. 이것은 인터뷰를 통해서 예정된 정보를 획득하는 언어활동이다. 예를 들어 'あずまんが大王①'에서 복수의 소제목을 임의로 고른다. 예를 들면 'ゆかり先生', '抜きうちテスト', '私は93点', 'こども高校生'라는 소제목들을 고르게 한 뒤, 그것에 관련된 만화 장면을 보여주고 읽고 번역하도록 한다. 각 소제목에 관련된 만화 장면의 내용을 아래와 같은 일본어로 묻고 대답하도록 한다. 대답한 것을 듣고 들은 내용을 학습자들이 태스크 시트에 기입하도록 한다. 나중에 정답 여부를 각자 재차 확인할 수 있도록 한다.

❶ ゆかり先生は何組の担任ですか。

❷ 抜きうちテストは誰が作りましたか。

❸ 大山君は抜きうちテストで何点とりましたか。

❹ 転入してきた女子学生の名前は何ですか。

6_ 나오는 말

일본 만화에 대한 평균 인지도는 17%이다. 영화 13%보다는 높고, 드라마 32%, 연예인 25%, 애니메이션 38%보다는 훨씬 낮다. 일본 만화에 대한 평균 인지도가 17%라는 것은 일본 만화를 매개로 일본인과 문화적 교감을 나눌 수 있는 가능성이 17%라는 말이다. 본 저자의 개인적인 체험이지만, 언어4기능 향상을 위해 교실활동을 하고자 할 경우, 만화를 활용한 교실활동이 가장 충실하게 이루어지는 것을 자주 체험해 왔다. 학습자들의 만족도도 높은 편이다. 영화나 드라마, 애니메이션은 화면이 움직이고 여분의 정보가 많이 제시되므로 집중이 어려운 반면에, 만화의 그림은 정지되어 있으므로 교수자나 학습자는 안정된 자세로 언어4기능 향상을 위한 연습에 집중할 수 있다는 이점이 있다. 만화를 활용한 교수법도 조금만 강구해 보면 참으로 다양하다는 것을 교수자는 알게 될 것이다.

❶ 구글 검색을 통해서 아래의 일본 만화 범주에 속하는 만화 제목을 기입해보세요.

• 코믹 만화

• SF 만화

• 요리 만화

• 스포츠 만화

• 액션 만화

- 학원 만화

- 판타지 만화

- 로맨스(연애) 만화

- 감동 만화

- 일상계 만화

- 무협 만화

일본 캐릭터의 이해와 일본어교육

1_ 들어가는 말

천호재·이은선(2010)에서는 일본 캐릭터에 대한 일본어 학습자의 관심도를 조사하였는데, 그 결과를 집계한 수치는 아래의 **표 1**과 같이 나타낼 수 있다. 천호재·이은선(2010)에서는 관심도 수치가 소수점 이하까지 표시되어 있으나 본서에서는 소수점 이하를 표시하지 않았다(반올림하였다.).

┃표 1_ 일본 캐릭터에 대한 일본어 학습자의 관심도(%)

설문 내용	8. 다음의 일본 캐릭터 중에서 관심 있는 장르는 무엇입니까?						
보기	애니	스타	팬시	게임	프로모션	기타	없다
설문 내용	56	3	22	6	1	0	23

캐릭터란 만화나 영화, 연극, 게임 등에 등장하는 특정 인물(동물, 사물)을 일컫는다. 팬시 캐릭터는 만화, 영화, 연극, 게임 등에서 실존하지 않는 사물이나 인물 이미지를 일컫는다. 프로모션 캐릭터는 특정 프로모션 사에서 의도

적으로 기획한 캐릭터를 일컫는다. 위의 표 1을 보면 '애니메이션 캐릭터'가 56%로 가장 많으며, '팬시 캐릭터'가 22%, '게임 캐릭터'가 6%로 각각 그 뒤를 잇고 있다. '프로모션 캐릭터'가 1%로 기타를 제외하면 가장 관심도가 낮다. '관심있는 캐릭터가 없다'는 수치가 무려 23%나 되었다. 그리고 위의 표에는 제시되지 않았지만, '애니메이션 캐릭터'에 대한 관심도에 있어 남녀차가 크지 않았다. 반면에 '팬시 캐릭터'에 대해서는 여학생의 관심도가 훨씬 높았고, '게임 캐릭터'에 대해서는 남학생이 여학생보다 훨씬 높았다.

그러나 표 1은 일본 캐릭터의 장르에 대한 일본어 학습자의 관심도를 파악하기에는 충분할지는 모르지만, 각 캐릭터 장르에 속하는 실제 캐릭터에 대한 관심도는 알 수 없다는 한계가 있다. 이에 본 장에서는 위의 장르와는 약간 다른 애니메이션 캐릭터, 만화 캐릭터, 동물 캐릭터, 지역 홍보 캐릭터로 분류하여 각 장르에 속하는 실제 캐릭터에 대한 인지도와 선호도를 측정해 보고자 한다. 아울러 본 장에서는 일본 캐릭터를 활용한 일본어교육의 가능성을 모색한다.

2_ 캐릭터 관련 예비지식

이 절에서는 캐릭터를 애니메이션 캐릭터(남녀 애니메이션 캐릭터), 만화 캐릭터(남녀 만화 캐릭터), 동물 캐릭터, 지역 홍보 캐릭터로 나누고 각 분류에 속하는 작품들을 열거한다.

각 장르에 속하는 실제 작품은 '구글'과 '다음'에서 검색한 것이다.

먼저 애니메이션 캐릭터이다. 여자 애니메이션 캐릭터로는 '은하철도999의 메텔(「銀河鉄道999」のメーテル)', '공각기동대의 구사나기 모토코(「攻殻機動隊」の草薙

素子)', '바람의 검심의 다카니 메구미(「るろうに剣心」の高荷恵)', '신세기 에반게리온의 이부키 마야(「新世紀エヴァンゲリオン」の伊吹マヤ)', '몽키턴의 아모시마 유코(「モンキーターン」の青島優子)', '옆자리 괴물군의 오시마 치즈루(「となりの怪物君」の大島千鶴)', '간스링 가갈의 페토루슈카(「ガンスリンガーガール」のペトルーシュカ)', '바질리스크 고가인법첩의 오보로(「バジリスク甲賀忍法帖」の朧)', '인피니트 스트라토스의 야마다 마야(「インフィニット・ストラトス」の山田真耶)', '노다메 칸타빌레의 노다메 구미(「のだめカンタービレ」の野田恵)' 등을 들 수 있다. 남자 애니메이션 캐릭터로는 '너에게 닿기를'의 가제하야군(「君に届け」の風早君)', '슬램덩크의 루카와군(「スラムダンク」の流川君)', '원피스의 산지(「ONE PIECE」のサンジ)', '명탐정 코난의 구도신이치(「名探偵コナン」の工藤新一)', '강철의 연금술사'의 로이 마스탕(「鋼の錬金術師」のロイ・マスタング)', '드래곤 볼의 트랑크스(「ドラゴンボールZ」のトランクス)', '은혼의 히지카타 도시로(「銀魂」の土方十四郎)', '나루토의 가카씨 선생(「NARUTO」のカカシ先生)', '노다메 칸타빌레의 치아키사마(「のだめカンタービレ」の千秋様)', '마마레드보이의 유(「ママレードボーイ」の遊)' 등을 들 수 있다.

둘째, 만화 캐릭터이다. 여자 만화 캐릭터로는 '메존일각의 오토나시 교코(「めぞん一刻」の音無響子)', '무한의 주인의 소마료(「無限の住人」の杣燎)', '마법진 구루구루의 룬룬 페르멜(「魔法陣グルグル」のルンルン・フェルメール)', '오챠니고스의 아네사키 나오미(「お茶にごす」の姉崎奈緒美)', '은수저의 미카게 아키(「銀の匙」の御影アキ)', '요쓰바랑의 점보의 아내(「よつばと」のジャンボの妻)', '허니와 클로버의 야마다 아유미(「ハチミツとクローバー」の山田あゆみ)', '불어봐 재규어의 야마다 사야카(「ピューと吹くジャガー」の山田さやか)', '샤먼킹의 도윤(「シャーマンキング」の道潤)', '맛의 달인의 구리타 유코(「美味しんぼ」の栗田ゆう子)' 등을 들 수 있다. 남자 만화 캐릭터로는 '모노크롬 팩터의 니카이도 아키라(「モノクロームファクター」の二階堂昶)', '스케이트 댄스의 쓰바키 사스케(「スケット・ダンス」の椿佐介)', '판도라 하쓰의 오즈(「パンドラハーツ」のオズ)’, ‘스케이트 댄스의 스위치(「スケット・ダンス」のスイッチ)’, ‘소울 이터의 깃(「ソウルイーター」のキッド)’, ‘절원의 템페스트의 요시노(「絶園のテンペスト」の吉野), ‘누라리횬의 손자 리쿠오(「ぬらりひょんの孫」のリクオ)’, ‘테니스 왕자의 에치젠 료마(「テニスの王子様」の越前リョーマ)’, ‘워킹의 소마상(「working」の相馬さん)’, ‘블리치의 이치고(「BLEACH」の一護)’ 등을 들 수 있다.

셋째, 동물 캐릭터로는 ‘요시농(よしのん)’, ‘펭펭(ぺんぺん)’, ‘우소군(うそくん)’, ‘데토(てと)’, ‘키라라(きらら)’, ‘리농(りのん)’, ‘캔디(キャンディ)’, ‘판사리리(ぱんさーりりー)’, ‘아구몽(あぐもん)’, ‘가린사마(かりんさま)’, ‘시로쿠마(シロクマ)’, ‘푸알(プーアル)’, ‘샤르르(シャルル)’, ‘샨탓군(しゃんたっくん)’, ‘고마쨩(ゴマちゃん)’, ‘큐베(キュウべえ)’, ‘함타로(ハム太郎)’, ‘사카모토상(坂本さん)’, ‘스테키(ステーキ)’, ‘샤미센(しゃみせん)’ 등을 들 수 있다.

마지막으로 지역 홍보 캐릭터로는 ‘바리상(バリィさん)’, ‘쵸루루(ちょるる)’, ‘군마쨩(ぐんまちゃん)’, ‘사노마루(さのまる)’, ‘훗가쨩(ふっかちゃん)’, ‘시마넷꼬(しまねっこ)’, ‘슛세다이묘이에야스군(出世大名家康くん)’, ‘야나나(やなな)’, ‘아유코로쨩(あゆコロちゃん)’, ‘다키노미치 유즈루(滝ノ道ゆずる)’ 등을 들 수 있다. ‘바리상(バリィさん)’은 아이치현 이마바리시(愛媛県今治市), 쵸루루(ちょるる)’는 야마구치현(山口県)의 브랜드 캐릭터이다. ‘군마쨩(ぐんまちゃん)’은 군마현(群馬県), ‘사노마루(さのまる)’는 도치기현 사노시(栃木県佐野市)의 브랜드 캐릭터이다. ‘훗가쨩(ふっかちゃん)’은 후카야시(深谷市)의 브랜드 캐릭터이며, ‘시마넷꼬(しまねっこ)’는 시마네현(島根県) 관광 캐릭터이다. ‘슛세다이묘이에야스 군(出世大名家康くん)’은 시즈오카현 하마마쓰시(静岡県浜松市)의 이미지 캐릭터이다. ‘야나나(やなな)’는 기후현 기후시(岐阜県岐阜市)의 야나가세(柳ケ瀬) 상점가의 비공식 캐릭터이다. ‘아유코로쨩(あゆコロちゃん)’은 아쓰기시(厚木市)의 브랜드 캐릭터이며, ‘다키노미치 유즈루(滝ノ道ゆずる)’는 오사카부 미노시(大阪府箕面市)의 브랜드 캐릭터이다. (자세하게는 위키페디아를 참조할 것)

3_ 일본 캐릭터에 대한 일본어 학습자의 인지도, 선호도 조사

우선 일본 캐릭터에 대한 일본어 학습자의 인지도, 선호도를 조사하기 전에 설문의 개요 및 조사 방법에 대해서 간략하게 언급한다. 설문 조사는 2013년도 11월 11일~11월 15일 사이에 행해졌다. 조사 대상은 K대학교의 일본어문학과 학생(2학년/3학년)이었다. 설문 조사에 응해 준 학생은 전체 77명으로 남학생 20명, 여학생 57명이었다.

설문 조사 방법은 다음과 같다. 예를 들어 '은하철도999의 메텔(「銀河鉄道999」のメーテル)', '공각기동대의 구사나기 모토코(「攻殻機動隊」の草薙素子)', '바람의 검심의 다카니 메구미(「るろうに剣心」の高荷恵)', '신세기 에반게리온의 이부키 마야(「新世紀エバンゲリオン」の伊吹マヤ)', '몽키턴의 아모시마 유코(「モンキーターン」の青島優子)를 아래와 같이 나열하고 해당 캐릭터에 대한 일본어 학습자의 인지 여부, 선호 여부를 복수 체크하도록 하는 방식을 취했다.

표 2_ 설문 조사 방법(예시)

일본 캐릭터	알고 있다	좋아한다
은하철도999의 메텔(「銀河鉄道999」のメーテル)	√	√
공각기동대의 구사나기 모토코(「攻殻機動隊」の草薙素子)		
바람의 검심의 다카니 메구미(「るろうに剣心」の高荷恵)	√	√
신세기 에반게리온의 이부키 마야 (「新世紀エバンゲリオン」の伊吹マヤ)		
몽키턴의 아모시마 유코(「モンキーターン」の青島優子)	√	

분석은 각 캐릭터(전체 캐릭터도 포함)에 대한 전체 일본어 학습자(남학생/여학생)의 인지도, 선호도를 백분율로 나타내고 다시 그 백분율 평균치의 높낮이

를 비교 논의하는 방식을 취하였다.

그러면 이하에서는 일본 캐릭터에 대한 일본어 학습자들의 인지도, 선호도에 대해서 자세하게 살펴보기로 하겠다.

1) 여자 애니메이션 캐릭터

이 절에서는 여자 애니메이션 캐릭터에 대한 일본어 학습자들의 인지도, 선호도에 대해서 살펴보겠다. 다음의 표를 보도록 하자.

▌표 3_ 여자 애니메이션 캐릭터에 대한 학습자의 인지도와 선호도(%)

캐릭터명	알고 있다			좋아한다		
	남학생	여학생	전체	남학생	여학생	전체
「銀河鉄道999」のメーテル	85	91	90	25	16	18
「攻殻機動隊」の草薙素子	35	12	18	5	5	5
「るろうに剣心」の高荷恵	40	23	27	10	5	6
「新世紀エバンゲリオン」の伊吹マヤ	30	14	18	5	2	3
「モンキーターン」の青島優子	10	5	6	0	2	1
「となりの怪物君」の大島千鶴	15	19	18	5	5	5
「ガンスリンがーガル」のペトルーシュカ	10	5	6	0	2	1
「バジリスク甲賀忍法帖」の朧	20	4	8	0	2	1
「インフィニット・ストラトス」の山田真耶	25	7	12	0	4	3
「のだめカンタービレ」の野田恵	55	84	77	25	40	36
평균	35	26	29	10	9	8

여자 애니메이션 캐릭터에 대한 일본어 학습자의 평균 인지도는 29%로 나타났다. 남학생이 35%, 여학생이 26%로 남학생의 인지도가 훨씬 높았다. '은하철도999의 메텔(『銀河鉄道999』のメーテル)'이 90%로 가장 높았고, '노다메 칸타빌레의 노다 메구미(『のだめカンタービレ』の野田恵)'가 77%, '바람의 검심의 다카니 메구미(『るろうに剣心』の高荷恵)'가 27%로 각각 그 뒤를 이었다. '은하철도999의 메텔(『銀河鉄道999』のメーテル)'과 '노다메 칸타빌레의 노다메구미(『のだめカンタービレ』の野田恵)'에 대한 인지도는 여학생 쪽이 훨씬 높았다.

여자 애니메이션 캐릭터에 대한 일본어 학습자의 평균 선호도는 8%로 나타났다. 남학생이 10%, 여학생이 9%로 남녀차가 크지 않았다. '노다메 칸타빌레의 노다 메구미(『のだめカンタービレ』の野田恵)'가 36%로 가장 높았고, '은하철도999의 메텔(『銀河鉄道999』のメーテル)'이 18%로 그 뒤를 이었다. 캐릭터 전반적으로 선호도에 대한 남녀차가 크지 않았다.

2) 남자 애니메이션 캐릭터

이 절에서는 남자 애니메이션 캐릭터에 대한 일본어 학습자들의 인지도, 선호도에 대해서 살펴보겠다. 다음의 표를 보도록 하자.

▎표 4_ 남자 애니메이션 캐릭터에 대한 학습자의 인지도와 선호도(%)

캐릭터명	알고 있다			좋아한다		
	남학생	여학생	전체	남학생	여학생	전체
「君に届け」の風早君	55	58	57	20	37	32
「スラムダンク」の流川君	95	77	82	40	25	29
「ONE PIECE」のサンジ	100	100	100	45	49	48

「名探偵コナン」の工藤新一	95	98	97	40	51	48
「鋼の錬金術師」のロイ・マスタング	75	30	42	35	12	18
「ドラゴンボールZ」のトランクス	95	79	83	40	11	18
「銀魂」の土方十四郎	60	28	36	35	16	21
「NARUTO」のカカシ先生	85	88	87	55	30	36
「のだめカンタービレ」の千秋様	60	72	69	20	26	25
「ママレードボーイ」の遊	15	9	10	0	5	4
평균	75	63	66	35	26	29

남자 애니메이션 캐릭터에 대한 일본어 학습자의 평균 인지도는 66%로 나타났다. 남학생이 75%, 여학생이 63%로 남학생의 인지도가 훨씬 높았다. '원피스의 산지(「ONE PIECE」のサンジ)'가 100%로 가장 높았고, '명탐정 코난의 구도 신이치(「名探偵コナン」の工藤新一)'가 97%, '나루토의 가카시 선생(「NARUTO」のカカシ先生)'이 87%, '슬램덩크의 루카와군(「スラムダンク」の流川君)'이 82%로 각각 그 뒤를 이었다. 캐릭터 전반적으로 남학생의 인지도가 여학생보다 높은 것으로 나타났다.

남자 애니메이션 캐릭터에 대한 일본어 학습자의 평균 선호도는 29%로 나타났다. 남학생이 35%, 여학생이 26%로 남학생의 선호도가 훨씬 높았다. '원피스의 산지(「ONE PIECE」のサンジ)', '명탐정 코난의 구도 신이치(「名探偵コナン」の工藤新一)'가 48%로 가장 높았으며, '나루토의 가카시 선생(「NARUTO」のカカシ先生)'이 36%로 그 뒤를 이었다. 캐릭터별로 남학생과 여학생의 선호도가 크게 나뉘는 것을 알 수 있다.

3) 여자 만화 캐릭터

이 절에서는 여자 만화 캐릭터에 대한 일본어 학습자들의 인지도, 선호도에 대해서 살펴보겠다. 다음의 표를 보도록 하자.

표 5_ 여자 만화 캐릭터에 대한 학습자의 인지도와 선호도(%)

캐릭터명	알고 있다			좋아한다		
	남학생	여학생	전체	남학생	여학생	전체
「めぞん一刻」の音無響子	5	9	8	0	4	3
「無限の住人」の杣燎	0	4	3	0	2	1
「魔法陣グルグル」のルンルン・フェルメール	5	11	9	0	0	0
「お茶にごす」の姉崎奈緒美	5	5	5	0	2	1
「銀の匙」の御影アキ	5	7	6	5	4	4
「よつばと」のジャンボの妻	0	4	3	0	2	1
「ハチミツとクローバー」の山田あゆみ	15	16	16	10	12	12
「ピューと吹くジャガー」の山田さやか	5	4	4	0	2	1
「シャーマンキング」の道潤	25	7	12	10	4	5
「美味しんぼ」の栗田ゆう子	5	2	3	0	2	1
평균	5	7	6	5	4	3

여자 만화 캐릭터에 대한 일본어 학습자의 평균 인지도는 6%로 낮은 수치를 나타냈다. 남학생이 5%, 여학생이 7%로 남녀차가 크지 않았다. '하니와 클로버의 야마다 아유미(「ハチミツとクローバー」の山田あゆみ)'가 16%로 가장 높았고, '샤만 킹의 도윤(「シャーマンキング」の道潤)'이 12%로 그 뒤를 이었다. 캐릭터 전

반적으로 여학생의 인지도가 높은 것으로 나타났다.

여자 만화 캐릭터에 대한 일본어 학습자의 평균 선호도는 3%로 나타났다. 남학생이 5%, 여학생이 4%로 남녀차가 크지 않았다. '하니와 클러버의 야마다 아유미(「ハチミツとクローバー」の山田あゆみ)'가 12%로 가장 높았고, '샤만 킹의 도윤(「シャーマンキング」の道潤)'이 5%로 그 뒤를 이었다.

4) 남자 만화 캐릭터

이 절에서는 남자 만화 캐릭터에 대한 일본어 학습자들의 인지도, 선호도에 대해서 살펴보겠다. 다음의 표를 보도록 하자.

▎표 6_ 남자 만화 캐릭터에 대한 학습자의 인지도와 선호도(%)

캐릭터명	알고 있다			좋아한다		
	남학생	여학생	전체	남학생	여학생	전체
「モノクロームファクター」の二階堂昶	15	7	9	10	2	4
「スケット・ダンス」の椿佐介	10	9	9	0	5	4
「パンドラハーツ」のオズ	15	18	17	5	11	9
「スケット・ダンス」のスイッチ	20	9	12	5	0	1
「ソウルイーター」のキッド	40	11	18	15	5	8
「絶園のテンペスト」の吉野	10	9	9	0	2	1
「ぬら孫」のリクオ	20	16	17	10	12	12
「テニスの王子様」の越前リョーマ	85	65	70	15	30	26
「working」の相馬さん	40	14	21	20	7	10
「BLEACH」の一護	80	60	65	20	26	25
평균	35	21	25	10	11	10

남자 만화 캐릭터에 대한 일본어 학습자의 평균 인지도는 25%로 나타났다. 남학생이 35%, 여학생이 21%로 남학생의 인지도가 훨씬 높았다. '테니스 왕자의 에치젠 료마(「テニスの王子様」の越前リョーマ)'가 70%로 가장 높았고, '블리치의 이치고(「BLEACH」の一護)'가 65%로 그 뒤를 이었다. 작품 전반적으로 남학생의 인지도가 여학생보다 훨씬 높은 것으로 나타났다.

남자 만화 캐릭터에 대한 일본어 학습자의 평균 선호도는 10%로 나타났다. 남학생이 10%, 여학생이 11%로 남녀차가 크지 않았다. '테니스 왕자의 에치젠 료마(「テニスの王子様」の越前リョーマ)'가 26%로 가장 높았고, '블리치의 이치고(「BLEACH」の一護)'가 25%로 그 뒤를 이었다. 캐릭터별로 남녀의 선호도가 나뉘는 것을 알 수 있다.

5) 동물 캐릭터

이 절에서는 동물 캐릭터에 대한 일본어 학습자들의 인지도, 선호도에 대해서 살펴보겠다. 다음의 표를 보도록 하자.

▌표 7_ 동물 캐릭터에 대한 학습자들의 인지도와 선호도(%)

캐릭터명	알고 있다			좋아한다		
	남학생	여학생	전체	남학생	여학생	전체
よしのん	15	4	6	0	2	1
ぺんぺん	10	9	9	0	2	1
うそくん	10	5	6	5	0	1
てと	5	11	9	5	2	3
きらら	70	54	58	35	25	27
りのん	5	7	6	0	5	4

キャンディ	15	16	16	5	5	5
ぱんさーりりー	0	9	6	0	4	3
あぐもん	95	96	96	30	30	30
かりんさま	75	28	40	20	11	14
シロクマ	10	14	13	5	5	5
プーアル	65	33	42	30	9	14
シャルル	15	11	12	0	4	3
しゃんたっくん	15	5	8	5	2	3
ゴマちゃん	10	16	14	5	9	8
キュウベえ	35	11	17	5	2	3
ハム太郎	65	98	90	20	46	40
坂本さん	30	16	19	15	4	6
ステーキ	0	5	4	0	0	0
しゃみせん	25	12	16	10	0	3
평균	30	23	25	10	9	9

　동물 캐릭터에 대한 일본어 학습자의 평균 인지도는 25%로 나타났다. 남학생이 30%, 여학생이 23%로 남학생의 인지도가 여학생보다 높았다. '아구몽(あぐもん)'이 96%로 가장 높았고, '함타로(ハム太郎)'가 90%, '기라라(きらら)'가 58%로 각각 그 뒤를 이었다. 작품별로 남학생과 여학생의 인지도가 나뉘는 것을 확인할 수 있다.

　동물 캐릭터에 대한 일본어 학습자의 평균 선호도는 9%로 나타났다. 남학생이 10%, 여학생이 9%로 남녀차가 크지 않았다. '함타로(ハム太郎)'가 40%로 가장 높았고, '아구몽(あぐもん)'이 30%, '기라라(きらら)'가 27%로 각각 그 뒤를 이었다. 캐릭터별로 남학생과 여학생의 선호도가 나뉘는 것을 확인할 수 있다.

6) 지역 홍보 캐릭터(ユルキャラ)

이 절에서는 지역 홍보 캐릭터에 대한 일본어 학습자들의 인지도, 선호도에 대해서 살펴보겠다. 다음의 표를 보도록 하자.

▌표 8_ 지역 홍보 캐릭터에 대한 학습자의 인지도와 선호도(%)

캐릭터명	알고 있다			좋아한다		
	남학생	여학생	전체	남학생	여학생	전체
バリィさん	10	11	10	15	11	12
ちょるる	10	5	6	5	7	6
ぐんまちゃん	15	4	6	10	11	10
さのまる	10	5	6	10	11	10
ふっかちゃん	10	9	9	15	23	21
しまねっこ	15	12	13	15	18	17
出世大名家康くん	10	2	4	15	4	6
やなな	0	2	1	10	5	6
あゆコロちゃん	10	4	5	15	16	16
滝ノ道ゆずる	10	9	9	20	12	14
평균	10	7	8	15	12	12

지역 홍보 캐릭터에 대한 일본어 학습자의 평균 인지도는 8%로 나타났다. 남학생이 10%, 여학생이 7%로 남녀차가 크지 않았다. '시마넷코(しまねっこ)'가 13%로 가장 높았으며, '바리상(バリィさん)'이 10%로 각각 그 뒤를 이었다. 캐릭터 전반적으로 남학생의 인지도가 여학생보다 높은 것으로 나타났다.

지역 홍보 캐릭터에 대한 일본어 학습자의 평균 선호도는 12%로 나타났다. 여기에서 말하는 선호도는 인지도에 관계없이 캐릭터에 대한 순수한 호감도를 의미한다. 남학생이 15%, 여학생이 12%로 남녀차가 크지 않았다. 캐릭터별로 남녀의 선호도가 나뉘는 것을 알 수 있다.

'훗가쨩(ふっかちゃん)'이 21%로 가장 높았고, '시마넷코(しまねっこ)'가 17%, '아유코로쨩(あゆコロちゃん)'이 16%로 각각 그 뒤를 이었다.

4_ 정리

3절에서 제시한 일본 캐릭터의 인지도를 재차 정리하면 다음의 **표 9**와 같다.

┃표 9_ 일본 캐릭터에 대한 일본어 학습자의 평균 인지도(%)

장르	일본 캐릭터						
	여자 애니메이션	남자 애니메이션	여자 만화	남자 만화	동물	지역 홍보	전체 평균
평균	29	66	6	25	25	8	27

일본 캐릭터에 대한 일본어 학습자의 전체 평균 인지도는 27%로 나타났다. 남자 애니메이션 캐릭터의 인지도가 66%로 가장 높았고, 여자 애니메이션 캐릭터가 29%, 남자 만화 캐릭터와 동물 캐릭터가 25%로 각각 그 뒤를 이었다. 여자 만화 캐릭터가 6%로 가장 인지도가 낮았다.

5절에서는 캐릭터를 활용한 일본어교육의 가능성에 대해서 모색하고자 한다.

5_ 일본어교육으로의 활용 가능성

이하 일본 캐릭터(지역 홍보 캐릭터)를 활용한 듣기, 말하기, 읽기, 쓰기 방안을 검토한다. 먼저 듣기 방안이다. 특정 캐릭터에 대한 일본어 설명을 학습자들이 듣고 해당 캐릭터를 알아맞히도록 하는 방안이다.

①ブタのコロちゃんは、小さい頃からおじいちゃんに厚木の魅力について、いつも聞かされていましたが、コロちゃんは実際に見たことがありません。好奇心旺盛でやんちゃなコロちゃんはいつか自分の目で確かめたいという気持ちでいっぱいでした。そんなある日の事です。コロちゃんは冒険に出ることにしました。コロちゃんはおじいちゃんから貰った法被を着て、外へ出掛けることに。ふと、コロちゃんはおじいちゃんとの会話を思い出し、「おじいちゃんがいってたなー、川では鮎釣りが盛んだって」(コロ)、おじいちゃんから聞いた言葉を頼りに、コロちゃんは相模川へ向かうことに。そこでは、鮎釣りをする人が多く、コロちゃんは釣りをする人を眺めながら、川沿いをトボトボ歩いていました。—이하 생략—

— 厚木市 홈페이지에서 인용함(2014.04.15.)

②市制100周年記念マスコットとして2011年(平成23年)に徳川家康をモチーフとして誕生したキャラクターで、ちょんまげはウナギ[1]、羽織の紋はみかん、袴はピアノ柄と浜松の特産品をあしらっている。顔の下側の黒い逆三角形は口ではなくあごひげであり、顔の中央にあるのが口である。口癖は「浜松は日本一良いとこじゃ。」で、出世大名家康くんのセリフの吹き出しは「～じゃ」を付けることとされている。同年の第82回都市対抗野球大会におけるキャラクター選手権では第4代チャンピオンとなり、2012年(平成24年)の「ゆるキャラグランプリ2012」では第7位を受賞した。

— Wikipedia에서 인용함(2014.04.15.)

③初代ぐんまちゃんは1983年に群馬県で開催された第38回国民体育大会のマスコットキャラクターとして馬場のぼるのデザインで登場した。国民体育大会のキャラクターとしては名前が初めて付けられた。「4本足で走る馬」をモチーフにしており、蒼色の鬣を持つ。群馬県に著作権を移すときに「デザインの変更」を含めなかったため、デザインが2通りしかない。国体終了後は県のマスコットキャラクターとなるが、後に登場する「2代目」に名称が受け継がれることとなる。

－Wikipedia에서 인용함(2014.04.15.)

④当初、バリィさんは今治地方観光協会から「ホームページ用に何かキャラクターを」との発注を受けて制作したキャラクターであった。「バリィさん」の他に「ブリッジ3兄弟」、「タオルン」、「ヤキトリオ」、「イマジョウさん」、「セレブ男子バリオさん」といったキャラクターが観光協会に提案され、結果「バリィさん」が採用されることになったが社内では「ブリッジ3兄弟」が面白いと盛り上がったという。名前は今治市の「バリ」をもじって命名された。頭の王冠は来島海峡大橋をイメージしたもの。腹巻は今治市名産のタオル地を使用し、日本一を誇る造船業をイメージする船の形をした財布を持っている。今治市は焼き鳥が有名ということから、バリィさん自身も焼き鳥好き。イヨノ助さんという友達がいる。犬を飼っており、名前はハル(昔の人はイマバリと言わずイマハルと言っていたところからつけている)。夢は「いろんな人に今治の良さを知ってもらうこと」で鋭意活動中。

－Wikipedia에서 인용함(2014.04.15.)

Ⓐぐんまちゃん

Ⓑあゆコロちゃん

Ⓒ出世大名家康くん

Ⓓバリィさん

コストブログ2

まにあ道

鉛筆画〜似顔絵チャレンジ

www.barysan.net

둘째, 말하기 방안이다. 교수자로부터 각 캐릭터에 대해 설명을 듣고 난 뒤, 조별로 혹은 두 사람씩(교수자-학습자, 학습자-학습자) 자신이 좋아하는 캐릭터가 무엇인지, 왜 그 캐릭터를 좋아하는지에 대해서 일본어로 서로 이야기하는 것을 생각해 볼 수 있다.

셋째, 읽기 방안이다. 아래의 칸에 나열된 캐릭터명 옆에 괄호를 제시하면 학습자들이 해당 그림을 보면서 알파벳을 괄호 속에 기입한다. 이 방안은 단어 읽기에 주안점이 두고 있다고 할 수 있지만 결과적으로 학습자들의 지역 홍보 캐릭터 이미지의 기억을 촉진하는 결과를 기대해볼 수 있다.

①バリィさん　（　　　）	②ぐんまちゃん　（　　　）	③出世大名家康くん（　　　）
④しまねっこ（　　　　）	⑤ふっかちゃん（　　　　）	⑥あゆコロちゃん（　　　　）
⑦さのまる（　　　）	⑧ちょるる　（　　　）	

Ⓐ Ⓑ Ⓒ Ⓓ

Ⓔ OTOTOY　Ⓕ 出雲国神社めぐり　Ⓖ Wikipedia　Ⓗ 東萩行

마지막으로 쓰기 방안이다. Ⓐ~Ⓓ의 사진을 제시하고 해당 사진에 해당하는 캐릭터명을 학습자들이 기입하는 방안이다.

Ⓐ (   )   Ⓑ (   )   Ⓒ (   )   Ⓓ (   )

6_ 나오는 말

일본 캐릭터에 대한 일본어 학습자들의 평균 인지도는 27%이다. 영화 13%, 연예인 25%, 만화 17%보다는 높고, 드라마 32%, 애니메이션 38%보다는 낮다. 어쨌든 일본 캐릭터를 매개로 일본인들과 문화적 교감을 나눌 수 있는 가능성이 27%라는 것인데, 캐릭터는 그 아기자기함으로 인해 학습자들로 하여금 쉽게 집중하게 할 수 있다는 이점이 있다. 캐릭터명을 인터넷에서 검색하면 일본어로 캐릭터에 대한 소개가 자세하게 나와 있으므로 일본어교육에 활용할 방안이 매우 다양하다는 것을 교수자는 알게 될 것이다. 그리고 기능별 훈련이 끝날 때마다 혹은 전체적으로 기능 훈련이 끝나고 특정 캐릭터를 학습자들로 그려보게 하면 수업에 대한 만족도가 매우 높다는 사실을 교수자는 깨닫게 될 것이다.

① 구글 검색을 통해서 아래의 일본 캐릭터 범주에 속하는 실제 캐릭터명을 기입해보
세요.

- 여자 애니메이션 캐릭터

- 남자 애니메이션 캐릭터

- 여자 만화 캐릭터

- 남자 만화 캐릭터

- 동물 캐릭터

- 지역 홍보 캐릭터

일본 코스프레의 이해와 일본어교육

1_ 들어가는 말

천호재·이은선(2010)에서는 일본 코스프레에 대한 일본어 학습자의 관심도를 조사하였는데, 그 결과를 집계한 수치를 제시하면 아래의 표 1과 같다. 천호재·이은선(2010)에서는 관심도 수치가 소수점 이하까지 표시되어 있으나 본서에는 소수점 이하를 표시하지 않았다(반올림할 수 있는 것은 반올림하였다.).

┃표 1_ 일본 코스프레에 대한 일본어 학습자의 관심도(%)

설문 내용	9. 다음의 코스프레 중에서 관심있는 장르는 무엇입니까?					
보기	애니	게임	창작	팬코스	기타	없다
설문 결과	33	4	4	3	1	59

'코스프레'란 코스프레에 관심을 지닌 사람들이 만화나 애니메이션 캐릭터, 또는 인기 연예인들이 입은 의상을 모방한 것을 입거나 분장을 하여 특정 공간이나 이벤트 회장에서 유희를 즐기는 행위를 말한다. 애니메이션 코스프레

는 애니메이션에 등장하는 캐릭터 의상을 흉내낸 퍼포먼스를 말한다. 게임 코스프레는 게임에 등장하는 캐릭터의 의상을 흉내낸 퍼포먼스를 가리키며, 창작 코스프레는 순수히 자신이 직접 의상을 창작해서 입는 퍼포먼스를 말한다. 팬 코스프레는 유명 아이돌 가수나 연예인들의 의상이나 헤어스타일을 모방하여 춤을 추거나 하는 퍼포먼스를 일컫는다.

위의 **표 1**을 보면 애니메이션 코스프레가 33%로 가장 많으며, '게임 코스프레'와 '창작 코스프레'가 4%로 그 뒤를 잇고 있다. 특이한 것은 '관심없다'고 응답한 수치가 무려 59%에 이른다는 것이다. 그리고 위의 표에는 제시되지 않았지만, '애니메이션 코스프레'에 대한 관심도는 여학생 쪽이 높았고, '게임 캐릭터'에 대해서는 남학생이 여학생보다 높았다.

그런데 **표 1**은 일본 코스프레의 장르에 대한 일본어 학습자의 관심도를 파악하기에는 충분할지는 모르지만, 각 코스프레 장르에 속하는 실제 코스프레에 대한 관심도는 알 수 없다는 한계가 있다. 이에 본 장에서는 '애니메이션 코스프레', '직업 코스프레', '게임 코스프레'에만 집중하여, 각 장르에 속하는 실제 코스프레에 대한 인지도와 선호도를 측정해 보고자 한다. 아울러 본 장에서는 일본 코스프레를 활용한 일본어교육의 가능성을 모색한다.

2_ 코스프레 관련 예비지식

본서에서는 코스프레를 애니메이션 코스프레, 직업별 코스프레, 게임 코스프레로 분류하고 본 저자가 임의로 선정한 각 애니메이션 코스프레, 직업 코스프레, 게임 코스프레에 속하는 실제 코스프레명을 열거한다.

먼저 애니메이션 코스프레로는 '빙과(氷菓)', '럭키독(ラッキードック)', '너와 나

(君とぼく)', 'K', '돌고 도는 핑크 드럼(輪るピンクドラム)', '청의 엑소시스트(青の祓魔師)', '옆자리 괴물군(となりの怪物君)', '구로코의 농구(黒子のバスケ)', '중2라도 사랑이 하고 싶어(中二でも恋がしたい!)', '파이널 판타지(ファイナルファンタジー)', '노래의 왕자님(うたの☆プリンスさまっ♪)', '원피스(ワンピース)', '마법소녀 마도카(魔法少女まどか)', '건담(ガンダム)', '테니스의 왕자(テニスの王子様)', '보컬로이드(VOCALOID)', '소녀 요괴 자쿠로(おとめ妖怪ざくろ)', '은혼(銀魂)', '동방 프로젝트(東方project)', '박앵귀(薄桜鬼)', '마크로스 프론티어(マクロスFRONTIER)', '흑집사(黒執事)', '나루토(NARUTO-ナルト)', '코드기어스(コードギアスC.C)', '에반게리온(エバンゲリオン)', '디그레이맨(D.Gray-man)', '가정교사 힛트맨(家庭教師ヒットマンリボーン)', '헤타리아(ヘタリア)', '뱀파이어 기사(バンパイア騎士)' 등에 등장하는 등장인물들의 의상이나 외형을 흉내낸 코스프레들을 들 수 있다.

둘째, 직업별 코스프레로는 '교복 메이드복(하녀복)', '간호사복(백의의 천사)', '아이돌 복장', '해적복', '마녀복', '경찰복', '세일러복', '성직자복', '마술사복', '항공승무원복' 등을 들 수 있다.

마지막으로 게임 코스프레로는 '수퍼마리오(スーパーマリオ)', '데빌 메이크라이(デビルメイクライ)', '이 멋진 세계(すばらしきこの世界)', '파이널 판타지(ファイナルファンタジー)', '페르소나(ペルソナ)', '오카미(大神)', '바이오해저드(バイオハザード)', '어쌔신크리드(アサシンクリード)', '오토기(O.TO.GI)', '귀무자(鬼武者)', '진삼국무쌍(真・三国無双)' 등을 들 수 있다.

이하의 사진들은 도쿄 현지에서 본 저자가 직접 촬영한 것이다.

3절에서는 이상 열거한 코스프레의 인지도와 선호도에 대해서 살펴보도록 하겠다.

제 3 부 일본 대중문화의 이해와 일본어교육

3_ 일본 코스프레에 대한 일본어 학습자의 인지도, 선호도 조사

우선 일본 코스프레에 대한 일본어 학습자의 인지도, 선호도를 조사하기 전에 설문의 개요 및 조사 방법에 대해서 간략하게 언급한다. 설문 조사는 2013년도 11월 18일~11월 22일 사이에 행해졌다. 조사 대상은 K대학교의 일본어문학과 학생(2학년/3학년)이었다. 설문 조사에 응해 준 학생은 전체 76명으로 남학생 19명, 여학생 57명이었다.

설문 조사 방법은 다음과 같다. 예를 들어 '빙과(氷菓)', '럭키독(ラッキードック)', '너와 나(君とぼく)', 'K', '돌고 도는 핑크 드럼(輪るピンクドラム)'을 아래와 같이 나열하고 해당 애니메이션에 대한 일본어 학습자의 인지 여부, 선호 여

부를 복수 체크하도록 하는 방식을 취했다.

표 2_ 설문 조사 방법(예시)

일본 코스프레	알고 있다	좋아한다
빙과(氷菓)	√	√
럭키독(ラッキードック)	√	
너와 나(君とぼく)	√	√
K		
돌고 도는 핑크 드럼(輪るピンクドラム)		

분석은 각 코스프레(전체 캐릭터도 포함)에 대한 전체 일본어 학습자(남학생/여학생)의 인지도, 선호도를 백분율로 나타내고 다시 그 백분율 평균치의 높낮이를 비교 논의하는 방식을 취하였다.

그러면 이하에서는 일본 캐릭터에 대한 일본어 학습자들의 인지도, 선호도에 대해서 자세하게 살펴보기로 하겠다.

1) 애니메이션 코스프레

이 절에서는 애니메이션 코스프레에 대한 일본어 학습자들의 인지도, 선호도에 대해서 살펴보겠다. 다음의 표를 보도록 하자.

표 3_ 애니메이션 코스프레에 대한 학습자들의 인지도와 선호도(%)

	본 적이 있다			좋아한다		
	남학생	여학생	전체	남학생	여학생	전체
氷菓	5	7	5	0	11	8

ラッキードック	0	4	3	0	4	3
君とぼく	5	4	4	0	2	1
K	5	7	7	0	4	3
輪るピンクドラム	0	4	3	0	2	1
青の祓魔師	5	9	8	0	4	3
となりの怪物君	11	14	13	0	11	8
黒子のバスケ	5	14	12	0	9	7
中二でも恋がしたい！	21	5	9	0	2	1
ファイナルファンタジー	11	5	7	0	2	1
うたの☆プリンスさまっ♪	5	9	8	0	4	3
ワンピース	58	51	53	5	14	12
魔法少女まどか	21	11	13	0	2	1
ガンダム	32	30	30	5	5	5
テニスの王子様	21	39	34	0	7	5
VOCALOID	32	16	20	0	7	5
おとめ妖怪ざくろ	0	4	3	0	4	3
銀魂	32	23	25	0	5	4
東方project	26	7	2	5	4	4
薄桜鬼	0	4	3	0	0	0
マクロスFRONTIER	11	5	7	11	5	7
黒執事	0	14	11	0	7	5
NARUTO-ナルト	58	58	58	5	11	9
コードギアスC.C	16	14	14	5	5	5
エバンゲリオン	11	16	14	0	4	3
D.Gray-man	11	30	25	5	11	9
家庭教師リボーン	0	21	16	0	4	3
ヘタリア	0	4	3	0	0	0

| バンパイア騎士 | 5 | 7 | 7 | 0 | 2 | 1 |
| 평균 | 16 | 14 | 14 | 1 | 5 | 4 |

애니메이션 코스프레에 대한 일본어 학습자의 평균 인지도(경험도)는 14%로 나타났다. 남학생이 16%, 여학생이 14%로 남녀차가 크지 않았다. '나루토(NARUTO-ナルト)'가 58%로 가장 높았고 '원피스(ワンピース)'가 53%로 그 뒤를 이었다. 작품별로 남녀의 인지도(경험도)가 나뉘는 것을 알 수 있다.

애니메이션 코스프레에 대한 일본어 학습자의 평균 선호도는 4%로 나타났다. 남학생이 1%, 여학생이 5%로 남녀차가 크지 않았다. '원피스(ワンピース)'가 12%로 가장 높았으며, '나루토(NARUTO-ナルト)'와 '디 그레이맨(D.Gray-man)'이 9%로 그 뒤를 이었다. 작품 전반적으로 여학생의 선호도가 높은 것으로 나타났다.

2) 직업별 코스프레

이 절에서는 직업별 코스프레에 대한 일본어 학습자들의 인지도(경험도), 선호도에 대해서 살펴보겠다. 다음의 표를 보도록 하자.

표 4_ 직업별 코스프레에 대한 학습자들의 인지도와 선호도(%)

종류	본 적이 있다			좋아한다		
	남학생	여학생	전체	남학생	여학생	전체
교복	58	88	80	5	4	4
메이드복(하녀복)	42	68	62	5	4	4
간호사복(백의의 천사)	32	54	49	5	4	4
아이돌 복장	42	39	39	5	2	3

해적복	26	30	29	5	4	4
마녀복	11	28	24	5	0	1
경찰복	26	47	42	5	5	5
세일러복	47	77	70	5	4	4
성직자복	5	23	18	5	2	3
마술사복	21	25	24	5	0	1
항공승무원복	16	30	26	5	4	4
평균	32	46	42	5	4	4

직업별 코스프레에 대한 일본어 학습자의 평균 경험도는 42%로 나타났다. 남학생이 32%, 여학생이 46%로 여학생의 인지도가 훨씬 높았다. '교복'이 80%로 가장 높았고, '세일러복'이 70%, '메이드복(하녀복)'이 62%로 각각 그 뒤를 이었다. 작품 전반적으로 여학생의 인지도(경험도)가 훨씬 높았다.

직업별 코스프레에 대한 일본어 학습자의 평균 선호도는 4%로 나타났다. 남학생이 5%, 여학생이 4%로 남녀차가 크지 않았다. '경찰복'이 5%로 가장 높았다. 작품 전반적으로 남학생의 선호도가 여학생보다 약간 높은 것으로 나타났다.

3) 게임 코스프레

이 절에서는 게임 코스프레에 대한 일본어 학습자들의 인지도, 선호도에 대해서 살펴보겠다. 다음의 표를 보도록 하자.

표 5_ 게임 코스프레에 대한 학습자들의 인지도(경험도)와 선호도(%)

종류	본 적이 있다			좋아한다		
	남학생	여학생	전체	남학생	여학생	전체
スーパーマリオ	37	35	36	0	5	4
アビルメイクライ	11	4	5	5	0	1
すばらしきこの世界	5	7	7	0	0	0
ファイナルファンタジー	16	7	9	0	0	0
ペルソナ	26	11	14	0	0	0
大神	0	5	4	0	0	0
バイオハザード	5	2	3	0	0	0
アサシンクリード	0	0	0	0	0	0
O.TO.GI	0	2	1	0	0	0
鬼武者	5	0	1	0	0	0
真・三国無双	21	5	9	5	0	1
평균	11	7	8	1	0	1

게임 코스프레에 대한 일본어 학습자의 평균 경험도는 8%로 나타났다. 남학생이 11%, 여학생이 7%로 남학생의 경험도가 높은 것으로 나타났다. '수퍼마리오(スーパーマリオ)'가 36%로 가장 높았고, '페르소나(ペルソナ)'가 14%로 그 뒤를 이었다. 작품별로 남녀의 경험도가 나뉘는 것을 알 수 있다.

게임 코스프레에 대한 일본어 학습자의 평균 선호도는 1%로 매우 낮은 수치를 나타냈다. 남학생이 1%, 여학생이 0%로 나타났다. '수퍼마리오(スーパーマリオ)'가 4%로 가장 높은 수치를 나타냈다.

4_ 정리

3절에서 제시한 일본 코스프레의 평균 인지도는 다음의 **표 6**과 같이 정리할 수 있다.

▌표 6_ 일본 코스프레에 대한 일본어 학습자의 평균 인지도(%)

장르	일본 코스프레			
	애니메이션	직업	게임	전체 평균
평균	14	42	8	21

코스프레에 대한 일본어 학습자의 평균 인지도는 21%로 나타났다. 직업별 코스프레에 대한 인지도가 42%로 가장 높았고, 애니메이션 코스프레가 14%, 게임 코스프레가 8%로 각각 그 뒤를 이었다. 5절에서는 코스프레를 활용한 일본어교육의 가능성에 대해서 모색하고자 한다.

5_ 일본어교육으로의 활용 가능성

우선 듣기 방안은 많이 있지만, 다음과 같은 방안을 제시하고자 한다. 학습자들이 특정한 코스프레 사진을 보는 가운데, 교수자는 특정 코스프레의 내용을 일본어로 설명한다. 그리고 학습자들이 복수의 코스프레 설명을 교수자로부터 듣고 난 후, 교수자가 특정 코스프레에 대한 내용을 다시 한번 질문하면 학습자들은 특정한 코스프레명을 맞히는 것이다.

말하기 방안으로는 특정한 코스프레 사진에 관련된 질문을 하면 학습자들이 그 질문에 대답을 하거나, 코스프레에 관련된 퀴즈를 일본어로 설명하고 일본어로 알아맞히거나, 일본 코스프레 문화에 대한 토론을 하거나, 코스프레 선호도를 조사해서 그 결과를 일본어로 토론하거나 발표하는 방안을 검토해 볼 수 있다.

읽기 방안으로는 특정 코스프레를 설명한 텍스트를 입수하여 일본어로 읽고 나서 한국어로 번역을 한다든지, 특정 코스프레와 코스프레명을 연결하거나, 특정 코스프레 사진에 관련된 문장을 복수의 문장에서 골라 읽기를 한다든지 하는 방안을 생각해 볼 수 있다.

마지막으로 쓰기 방안으로는 특정한 코스프레 사진을 보고 학습자 자신이 일본어 문장으로 작성하거나 좋아하는 코스프레에 대해서 리포트의 형식으로 일본어로 작성하는 방안을 들 수 있다.

6_ 나오는 말

제3부에서는 일본 대중문화 즉 영화, 드라마, 연예인, 애니메이션, 만화, 캐릭터, 코스프레에 대한 일본어 학습자의 인지도에 대해서 살펴보았다. 이들 각 대중문화에 대한 일본어 학습자의 전체 평균 인지도를 정리하면 다음의 표 7과 같다.

▎표 7_ 일본 대중문화에 대한 일본어 학습자의 인지도(%)

장르	일본 대중문화							
	영화	드라마	연예인	애니	만화	캐릭터	코스프레	전체 평균
평균	13	32	25	38	17	27	21	25

위의 대중문화에 대한 일본어 학습자들의 인지도를 보면, 애니메이션이 38%로 인지도가 가장 높고, 드라마가 32%, 캐릭터가 27%, 연예인 25%, 코스프레 21%, 만화 17%, 영화 13%로 각각 그 뒤를 이었다. 일본 대중문화에 대한 일본어 학습자의 전체 평균 인지도는 25%로 나타났다. 이는 일본 대중문화를 매개로 일본인과 문화적 교감을 나눌 수 있는 가능성이 25%라는 말이다.

코스프레 역시 학습자들의 집중을 용이하게 할 수 있는 이점을 가지고 있으므로 각 장르에 속하는 코스프레명을 인터넷에서 검색해서 학습자들에게 제시하면 고도의 집중력을 발휘할 수 있을 것으로 본 저자는 확신한다. 코스프레를 활용한 일본어교육 방안도 매우 다양하다고 생각한다.

❶ 구글 검색을 통해서 아래의 일본 코스프레 범주에 속하는 코스프레명을 기입해
보세요.

　　• 애니메이션 코스프레

　　• 직업별 코스프레

　　• 게임 코스프레

• 팬시 코스프레

• 창작 코스프레

• 기타 코스프레

언어문화의
일본어학적
이해

14

오야지 개그 문화의 일본어학적 이해[1]

1_ 들어가는 말

오야지 개그(おやじギャグ)란 일본의 중년 남성들이 자주 사용하는 다쟈레(駄洒落)[2]나 지구치(地口)[3]의 요소를 포함한 개그이다. 간단히 말하면 관련성이 전혀 없는 특정한 단어와 다른 특정한 단어가 들어간 구나 문장을 발화함으로써 상대방으로 하여금 웃음을 유발하는 것이 오야지 개그의 특징이라고 할 수 있다. 예를 들면 (1)에서 'シャッター'와 의미적으로 전혀 연관성이 없는 '押しシャッタ'를, (2)에서 '屋上'와 의미적으로 전혀 연관성이 없는 '置くじょ'를 단순히 소리로 연관지음으로써 상대방으로 하여금 웃음을 유발하게 하는 것이다.

❶ シャッター押ししゃった～

❷ 屋上に置くじょ。

---

1 14장은 천호재(2014a)의 논문을 가필한 것이다. 내용은 거의 동일하며 311개의 예를 추가하였다.

2 동음이의어(同音異義語)나 유음어(類音語, 음이 거의 유사한 단어)로 노는 일종의 말놀이.

3 속담이나 경구 등 발음이 비슷한 어구를 서로 맞춰서 노는 말놀이를 말한다.

여기에서 유념해야 할 사실은 상대방에게 오야지 개그를 말하였다고 해서 상대방이 반드시 웃어준다는 보장은 없다는 것이다. 사춘기 이전의 남자아이는 오야지 개그를 매우 좋아하지만, 10대에서 20대의 남녀 젊은이들은 오야지 개그를 경멸하는 경향을 보인다고 하는데, 그 이유는 별로 웃기지 않는 내용을 싸구려적이고 약간은 저질풍으로 사람을 웃기려고 하는 데에 대한 반감 때문인 것으로 알려져 있다.[4] 본 저자도 수업 시간에 일본어 오야지 개그를 해보지만, 학생들의 반응은 거의 비웃음에 가까운 것을 자주 목격한다. 예를 들어 "나는 '아부나이'한 사람이에요. 왜냐하면 나는 '아부'가 없는 사람(아부 못하는 사람)이거든요."라고 말하면 학생들의 반응은 매우 차갑다. 오야지 개그를 말하는 사람들(일본인 중년 남성들)도 이 점은 충분히 잘 알고 있다고 하며, 자신의 개그가 재미없을 거라는 것을 알면서도 그냥 내뱉어보는 심정으로 말을 하는 경향이 높다고 한다. 흥미로운 것은 오야지 개그를 말하는 중년 남성들은 사람이 좋고 여유가 있으며 부부관계가 원만하며 화목한 가정을 꾸려가는 능력 있는 가장인 경우가 많다고 한다.[5]

사정이 어쨌든 본 저자는 오야지 개그가 경직된 대인관계의 벽을 허물 수 있고 나아가 일본인들의 언어생활을 이해하는 데에 매우 중요한 것으로 보고, 오야지 개그라는 언어문화를 음운론적, 형태적, 통사적, 의미적인 방법으로 고찰하고자 한다. 오야지 개그를 일본어학적으로 분석한 연구는 본 저자의 관견으로는 아직 존재하지 않는다. 본서를 통해서 오야지 개그의 언어학적 구조가 상당 부분 밝혀지고, 그 결과를 토대로 한국인들이 일본인들의 언어 행동을 이해하는 데에 조금이나마 도움이 되었으면 한다.

---

[4] 위키페디아 일본판 'おやじギャグ'의 설명(2013.10.01.)을 참조하라.
[5] 4)와 동일함.

2_ 고찰의 대상

본 장에서 다룰 오야지 개그는 'カリスマおやじギャル'의 'なつみのおやじギャグ500選'이라는 인터넷 사이트에서 가져 온 것이다.[6] 오야지 개그의 유형을 본 저자는 다음의 세 가지로 나누었다.

❸ シャッター 押ししゃった〜   ❹ 投資の見通し
　　　A　　　　B　　　　　　　　　　A　B

❺ ましな マシーン
　　B　A

첫째가 ❸에서 보듯 단어와 단어가 나열된 경우이다. 둘째는 ❹에서 보듯 단어와 단어가 격조사로 연결된 경우이다. 마지막으로는 ❺에서 보듯 어떤 단어가 다른 단어를 형태적으로 수식하는 경우이다. 두 개의 자립어가 나열되어 있다는 점에서 공통점을 지닌다. 위에서 A요소가 고찰 대상이다. 즉 B요소는 A요소의 존재를 전제로 오야지 개그화가 진행된 것으로 보기 때문이다. A요소가 없었으면 B요소라는 오야지 개그는 근본적으로 발생하지 않았다고 생각한다. A요소와 B요소의 위치를 정한 데에는 언어의 선조성(線条性, 발화시 문장을 구성하는 단어들이 한꺼번에 제시되는 것이 아니라 시간적인 간격을 두고 나열된다는 언어적 성질)이란 특성을 고려했기 때문이다(cf. 천호재(2013 : 19)). 그러나 경우에 따라서는 B요소도 고찰의 대상으로 삼는다.(후술)

반면에 ❺의 경우는 ❸과 ❹와 달리 A요소와 B요소의 위치가 다르다. 본

---

6 사이트 주소는 다음과 같다. http://planetransfer.com/natsumi/oyajigag/(2013.10.01.)

장에서는 오야지 개그가 연체 수식어의 형태를 취할 경우, 수식하는 단어를 B로, 수식받는 단어를 A로 간주하고, 그 A를 고찰의 대상으로 한다. ❺로 말하자면 A에 해당하는 'マシーン'이 없었으면, B는 존재하지 않았다고 보기 때문이다. 즉 오야지 개그를 시도하려는 사람이 자신의 눈앞에 보이는 'マシーン'을 보고 B에 해당하는 'ましな'를 착안하기에 이르렀다고 보기 때문이다.

3_ 오야지 개그의 분석 기준

본 장에서는 오야지 개그를 음운론적, 형태론적, 통사론적, 의미론적으로 분석하고자 하는데[7], 본서의 이해를 돕기 위해 사전 지식에 해당하는 이들 일본어학적 층위를 간략하게 소개하고자 한다.

먼저 본 저자는 오야지 개그를 구성하는 A요소의 음운적 특성을 분석한다. 본 장에서 다룰 음운론적 특성은 박자수(mora)와 음절수이다. 먼저 박자수부터 설명하면 다음과 같다. 예를 들어 'つくえ'라는 단어에서 'つ・く・え'라는 히라가나 글자 하나하나는 동일한 시간적 길이로 발음되는데, 이를 박(mora)이라고 한다. 즉 다른 히라가나와 동일한 시간적 길이를 지니는 음성 단위라고 할 수 있다. 'きゃく'의 'きゃ'와 같이 요음(拗音)이 들어간 것은 글자가 두 개라도 하나의 박으로 취급한다. 그리고 'ざっし'에서 촉음(っ), 그리고 'ほんや'에서 발음(撥音, ん), 'おかあさん'의 장음(あ) 등도 다른 히라가나와 마찬가지로 하나의 박으로 취급을 한다. 그 다음으로 음절수이다. 음절이란 실제적으로 귀에 들리는 음성학적 단위를 말하는데, 자음과 모음이 결합하면 물리적

---

7 물론 일본어학에서는 이들 층위만 존재하는 것은 아니다. 본 장에서 제시하는 이들 층위는 소위 협의의 일본어학이라 불리는데, 본 저자는 이들 네 가지 범주 내에서만 고찰한다.

으로 소리의 경계가 인정되지만, 자음, 발음(撥音), 장음, 촉음은 그 자체 소리를 낼 수 없기 때문에 음절로 인정되지 않는다. 박과 음절의 기준으로 보면 'つくえ'라는 단어는 3박 3음절어라고 할 수 있다. 그러나 'おきゃくさん'의 경우에는 박의 기준으로 보면 'お/きゃ/く/さ/ん'으로 5박어가 되며, 음절의 기준으로 보면 'お/きゃ/く/さん/'으로 4음절어가 된다. 박과 음절에 대한 구체적으로는 민광준(2010 : 24)을 참조하길 바란다.

둘째, 본 장에서는 오야지 개그를 구성하는 A요소와 B요소의 형태적 특성을 분석할 것이다. 먼저 A요소와 B요소의 형태적 일치도와 A요소의 어종별 분석을 행하고자 한다. 예를 들어 A요소와 B요소의 어형이 일치하는지 혹은 일치하지 않는지를 살펴볼 것이다. 'さいとうのサイト'에서 A요소와 B요소는 어형이 불일치하는 경우이고, '火曜に通う'는 A요소와 B요소가 일치하는 경우이다. A요소가 순수 일본어인지, 한어인지, 혹은 외래어인지, 혼종어인지도 살펴볼 것이다. 'お金はおっかねえ'에서 'お金'는 순수 일본어(和語)라고 할 수 있다. 그리고 A요소가 취하는 격 형태와 술어의 품사를 분류해서 오야지 개그의 형태적 특성도 분석한다. 예를 들어 '佐藤が殺到'에서 명사(A)が+명사(B)의 격 형태와 품사의 관계를 살펴볼 것이다.

셋째, 본 장에서는 오야지 개그를 구성하는 A요소와 B요소의 통사적 특성을 분석할 것이다. 물론 앞에서 언급한 '佐藤が殺到'에서 명사(A)が+명사(B)라는 격 관계와 품사를 보는 것도 오야지 개그의 통사적 특성을 관찰하는 것이라 볼 수 있는데, 본 장에서는 오로지 A요소가 취하는 격 형태를 통해서만 형태적 특성을 고찰하였다는 점을 부언해 둔다. 이에 반해 오야지 개그의 통사적 특성을 본 저자는 A요소와 B요소의 어순에서 찾고자 한다(A의 격 형태는 무시한다.). 예를 들어 '명사+명사' 이외의 '事前に慈善'와 같은 '부사+명사', 'ましなマシーン'의 '형용사(연체사)+명사'와 같은 수식어에서 찾고자 한다.

마지막으로 본 장에서는 오야지 개그를 구성하는 A요소(명사)의 의미적 성질(고유명사, 일반명사, 시간명사, 추상명사, 대명사)을 분석하고자 한다. 그 다음으로 오야지 개그에서 많은 수를 차지하는 일반명사를 다시 동물 및 사람, 음식, 지명, 사물, 신체, 식물, 운동, 패션, 노래, 기타로 나누어서 오야지 개그를 구성하는 A요소의 의미를 분석한다. 마지막으로 오야지 개그를 구성하는 A요소와 B요소를 통합한 상적 의미도 분석한다.

4_ 오야지 개그의 음성학적 분석

이 절에서는 오야지 개그의 음성학적 특징으로 오야지 개그의 박자수(A), 음절수(A), A요소와 B요소의 일치 정도를 살펴보고자 한다.

먼저 오야지 개그의 박자수부터 살펴보도록 하겠다. 다음의 **표 1**을 보도록 하자.

표 1_ 오야지 개그(A)의 박자수(mora)

박자수	1박	2박	3박	4박	5박	6박	7박	8박
	0개 (0%)	40개 (8%)	195개 (39%)	196개 (39%)	52개 (10%)	14개 (2%)	3개 (0.6%)	0개 (0%)

오야지 개그에 나타난 500개의 A요소 가운데, 3박과 4박이 각각 39%로 나타났으며 5박과 2박이 각각 10%와 8%로 그 뒤를 이었다. 실제 예를 제시하면 다음과 같다. 아래의 예에서 밑줄 친 부분은 A요소를 가리킨다(밑줄은 저자.).

❻ 2박어 : 腸が超痛い/傷に傷付いた/オラのおなら/ガムを噛む/ネコが寝込んだ/犬が居ぬ/生がうっしっし/猿が去る/タラも食べたら/靴がくっついた/秘書と避暑

❼ 3박어 : 苦心の屈伸/黄色を着いろ/住まいは汚すまい/ベットは別途お求め下さい/布団はふっ飛んだ/枕で真っ暗/おやじのおじや/仏はほっとけ/惰性はダセー/シラフのシラク/内緒はないっしょ

❽ 4박어 : おっちゃんのお茶/カーテンは勝て～ん/きちんとしたキッチン/専用にはせんよ～/封筒をふっ～と/最後は最高/運よく混浴/ドジャースはどーじゃ？/宴会やってもえんかい？/けったいな接待/快調な会長

❾ 5박어 : 英会話習ってもええかい∨/導火線をどーかせんと/熱帯夜でも寝たいや/ウルグアイで売る具合/コンセントは何セント?/新しいのがあったらしい∨/今世紀の痕跡/ラブレターが破れたあ/コックさんは国産/デカンターが出たんだあ/カウンターが浮かんだあ

❿ 6박어 : 慰安旅行でいや～ん/カリフォルニアで借りとる庭/天丼食べんどん/結構なコケコッコー/回覧板が帰らんわん/お食事券の汚職事件/マンハッタンで何しはったん/セントルイスの銭湯居留守/バーテンダーやってんだあ/新年会のチンゲン菜/玄海灘の限界だな

⓫ 7박어 : ツタンカーメンの仮面/ペンシルバニアで演じるマニア

　❻의 밑줄 친 부분의 '腸'는 'ちょ/う'로 2박어이며, ❼의 '苦心'은 'く/し/ん'으로 3박어이다. ❽의 'おっちゃん'은 'お/っ/ちゃ/ん'으로 4박어이며, ❾의 '英会話'는 'え/い/か/い/わ'로 5박어이다. 그리고 상대적으로 비율이 낮은 ❿과 ⓫의 '慰安旅行'와 'ツタンカーメン'은 각각 'い/あ/ん/りょ/こ/う'와 'ツ/タ/ン/カ/ー/メ/ン'으로 각각 6박어와 7박어이다.

　위의 표에서 확인한 바와 같이 오야지 개그의 A요소 중에 3박어와 4박어가 가장 많다는 점에서 다음과 같은 오야지 개그의 성립 조건을 세울 수 있다.

⑫ 오야지 개그 성립 조건 :
오야지 개그는 3박어와 4박어의 단어(A)에서 발생하기 쉽다.

성립 조건 **⑫**는 오야지 개그를 구성하는 A요소의 음성학적 특성을 반영한 것인데, 그러나 이 특성만으로는 오야지 개그의 성립 조건을 일반화하기에는 부족한 점이 있다. 왜냐하면 오야지 개그를 구성하는 A요소의 음절적인 특징도 박과 마찬가지로 중요하기 때문이다.

다음의 **표 2**에서 보는 것처럼 오야지 개그를 구성하는 A요소는 다양한 음절을 가지는 것을 확인할 수 있다.

▎표 2_ 오야지 개그(A)의 음절수

음절수	1음절	2음절	3음절	4음절	5음절	6음절	7음절	8음절
	2개 (0.4%)	193개 (39%)	191개 (38%)	98개 (20%)	12개 (2%)	4개 (0.8%)	0개 (0%)	0개 (0%)

오야지 개그를 구성하는 A요소는 2음절과 3음절이 각각 39%와 38%를 차지하고 있으며, 4음절, 5음절, 6음절, 1음절이 각각 그 뒤를 잇고 있다. 실제 예를 제시하면 다음과 같다.

⑬ 1음절－<u>像</u>だぞう/<u>腸</u>が超痛い
⑭ 2음절－<u>地蔵</u>の事情/<u>向う</u>は無効/<u>引用</u>してもいいんよう/<u>みんな</u>で見んな/
　　　　<u>晩夏</u>の挽歌/<u>童謡</u>に動揺/<u>伝統</u>の電灯/<u>父さん</u>の倒産/<u>破門</u>の波紋/
　　　　<u>性急</u>な請求/<u>専務</u>を兼務

⑮ 3음절 – <u>さいとう</u>のサイト/素朴な<u>土木</u>/<u>内科</u>はないか?/<u>番台</u>で万歳/<u>委員</u>長の委任状/正直な<u>掃除機</u>/トンチキな<u>探知機</u>/無粋な<u>臼井</u>/億ションのオークション/<u>カンガルー</u>も考える/<u>ギャンブラー</u>のタンブラー

⑯ 4음절 – <u>ドイツ人</u>はどいつだ/<u>フロリダ</u>で風呂煮た/<u>ハリウッド</u>で針売るど/<u>テキサス</u>で敵意出す/<u>インディアナ</u>がいいんだなあ/どうした<u>大下</u>/<u>宮下</u>逃した/<u>井上</u>の身の上/<u>忠則</u>がタダ乗り/<u>トラベル</u>比べる/<u>アラスカ</u>で荒すか

⑰ 5음절 – <u>コーデネイト</u>はこ～でねえと/<u>ラスベガス</u>で貸すべからず/温か<u>いタイ</u>あったかい?/<u>カリブ海</u>を借りるかい?/<u>デトロイド</u>でトロイどお/<u>酒浸り</u>で叫びたい/<u>会社内</u>で返さない/<u>粗大ゴミ</u>の醍醐味/<u>アカプルコ</u>でバカぶる子

⑱ 6음절 – <u>カリフォルニア</u>で借りとる庭/<u>ペンシルバニア</u>で演じるマニア/<u>マダガスカル島</u>のまだ助かるどう/<u>二十歳代</u>の二次災害

⑬의 '象'는 'ぞう'로 1음절어이다. ⑭의 '地蔵'는 'じ/ぞう'로 2음절이며, ⑮의 'さいとう'는 'さ/い/とう'로 3음절어이다. 그리고 ⑯의 'ドイツ人'은 'ド/イ/ツ/じん'으로 4음절, ⑰의 'コーデネイト'는 'コー/デ/ネ/イ/ト'로 5음절이고, ⑱의 'カリフォルニア'는 'カ/リ/フォ/ル/ニ/ア'로 6음절어이다. 이상의 A요소의 음절수를 기준으로 오야지 개그 성립 조건을 ⑲-b와 같이 추가할 수 있다.

⑲ 오야지 개그 성립 조건 :
a. 오야지 개그는 3박어와 4박어의 단어에서 발생하기 쉽다.
b. 오야지 개그는 2음절, 3음절의 단어에서 발생하기 쉽다.

그러나 박자수와 음절수에 근거하여 오야지 개그를 구성하는 A요소의 특성이 모두 망라되었다고 생각해서는 안 된다. 왜냐하면 이미 언급한 바와 같이 오야지 개그가 '駄洒落'와 '地口'적인 요소를 내포하기 때문이다. 이에 본 저자는 오야지 개그를 구성하는 A요소와 B요소의 음형이 일치하는 정도를 살펴보았다. 다음의 표 3은 오야지 개그를 구성하는 음형(A-B)의 일치도를 수치화한 것이다.

▌표 3_ 음형(A-B)의 일치도

일치도	모두 일치	부분 일치	불일치
	134개(27%)	351개(70%)	15개(3%)

위의 표를 보면 오야지 개그를 구성하는 A요소와 B요소의 음형이 일치하는 비율이 27%이고, 부분적으로 일치하는 비율이 70%, 불일치하는 비율이 3%로 나타나고 있다. 이러한 사실에서 오야지 개그에서는 '駄洒落'와 '地口'적인 특성이 매우 충실하게 발휘되고 있음을 확인할 수 있다. 그러면 실제 예를 보도록 하자.

⑳ 모두 일치 - 使用にしよう/修司の習字/千両を占領/巡査の順さ/症状の賞状/アサリを漁り/事前に慈善/ヨーデルはよう出る/指揮者は識者/要人の用心/勝司の活字

㉑ 부분 일치 - 国会はどこっかい/たかりを語り/厚揚げをカツアゲ/リゾートでリゾット/マイアミまあイヤミ/アリゾナにありそうな/りすの居留守/ワイフの財布/屋上に牧場/迂闊な部活/森のお守り

㉒ 불일치 - でか目のメダカ/麻生を探そう/たわわのバナナ/道子の小道/鞍馬の枕/天才の祭典/ダイハツで配達/だせーのセーター/メモでもめても/薬のリスク/停電してんでえ/漫画は我慢

㉖의 A요소인 '使用'는 'しよう'로서 B의 'する'의 의지형인 'しよう'와 음형이 일치함을 확인할 수 있다. 반면에 ㉑의 A요소인 '国会(こっかい)'는 B요소의 'どこっかい'와 음형이 완전히 일치하지 않는다. 한편 ㉒의 첫 번째 오야지 개그에서 A요소의 'でか目'와 B요소의 'メダカ'는 각각 /dekame/와 /medaka/, 두 번째의 '麻生'와 '探そう'는 각각 /asao/와 /sagasoo/로 음형이 전혀 일치하지 않음을 볼 수 있다. 이로써 오야지 개그의 성립 조건으로 ㉓-c를 추가할 수 있다.

> ㉓ 오야지 개그 성립 조건 :
> a. 오야지 개그는 3박어와 4박어의 단어에서 발생하기 쉽다.
> b. 오야지 개그는 2음절, 3음절의 단어에서 발생하기 쉽다.
> c. 오야지 개그는 A-B의 음형이 부분적으로 일치해도 발생한다.

이상이 오야지 개그의 음성적 특성인데, 음성적 특징에만 주목하면 이들 특징으로 충분할지도 모른다. 오야지 개그에 있어서 음성적 특징은 분명히 중요한 특징이지만, 음성적 특징만으로 오야지 개그의 특징을 표착하기에는 한계가 있다.

5_ 오야지 개그의 형태적 분석

이 절에서는 오야지 개그의 형태적 분석으로 오야지 개그에 나타난 A요소의 어종과 A요소의 격 형태와 B요소가 지니는 품사의 분포 상황을 살펴보기로 한다.

먼저 오야지 개그에 나타난 A요소를 어종별로 나누어서 살펴보면 다음과 같다.

▌표 4_ A요소의 어종

어종	한어	순수 일본어	외래어	혼종어
	197개(39%)	161개(32%)	126개(25%)	16개(3%)

표 4를 보면 오야지 개그에 나타난 A요소는 한어가 39%로 가장 많고, 순수 일본어와 외래어가 각각 32%와 25%로 각각 그 뒤를 잇고 있다. 혼종어는 3%로 가장 낮은 비율을 보이고 있다. 실제 예를 제시하면 다음과 같다.

㉔ 한어－<u>仏像</u>をぶつぞ/<u>慰安旅行</u>でいや～ん/<u>筑波</u>着くまで/<u>予定</u>によってえ/<u>店頭</u>で<u>転倒</u>/<u>産婆</u>のサンバ/<u>丈夫</u>なびょうぶ/<u>重大</u>な<u>十代</u>/<u>太郎</u>がしたろう/<u>次郎</u>がジロ～/<u>佐藤</u>が<u>殺到</u>

㉕ 순수 일본어－<u>汗</u>に焦った/<u>鎖</u>がぐさり/<u>朝顔</u>を朝買おう/<u>あいつ</u>のアイス/<u>内輪</u>のうちわ/<u>竹</u>は高けえ/<u>桶</u>を置け/<u>食べかけ</u>の壁掛け/<u>ようかん</u>はよう噛んで/<u>掟</u>を置きてえ/<u>売りかけ</u>のふりかけ

㉖ 외래어－<u>イラン</u>はいらん/<u>オーメン</u>のお面/<u>ライバル</u>のララバイ/<u>ベランダ</u>のベテラン/<u>タバコ</u>の小函/<u>モットー</u>を持とう/<u>スイッチ</u>を押す位置/<u>コンセント</u>はこうせんと/<u>ヨルダン</u>は夜だ/<u>ハバナ</u>のバナナ/<u>チリ</u>の地理

㉗ 혼종어－<u>通過待ち</u>でつかれた/<u>奥さん</u>も国産/<u>普段寝る</u>フランネル/<u>ドイツ人</u>はどいつだ/<u>伴さん</u>の晩餐/<u>生姜臭</u>せえ小学生

㉔의 '仏像'는 한어이다. ㉕의 '汗'는 한자로 표기되었지만, 'あせ'라는 순수 일본어를 단순히 한자로 표기한 것이므로 순수 일본어이다. ㉖의 'イラン'은

국가명이므로 외래어이고 **㉗**의 '通過待ち'는 한어 '通過'와 순수 일본어 '待ち'가 결합한 말이므로 혼종어라고 할 수 있다.

이상의 분석을 통해 오야지 개그의 성립 조건으로 **㉘** -d를 또 하나 추가할 수 있다.

㉘ 오야지 개그 성립 조건 :
a. 오야지 개그는 3박어와 4박어의 단어에서 발생하기 쉽다.
b. 오야지 개그는 2음절, 3음절의 단어에서 발생하기 쉽다.
c. 오야지 개그는 A-B의 음형이 부분적으로 일치해도 발생한다.
d. 오야지 개그는 한어>순수 일본어>외래어의 순서로 발생하기 쉽다.

그 다음으로 오야지 개그의 조사 형태(A)와 품사(B)의 분포 상황에 대해서 살펴보도록 하겠다. 오야지 개그에 나타난 A요소가 취하는 조사의 패턴으로 ①명사ーが②명사ーに③명사ーを④명사ーは⑤명사ーで⑥명사ーも⑦명사ーの⑧명사ーと⑨명사ーから ⑩명사ー무조사 등이 있음을 확인할 수 있었다. 500개의 오야지 개그에서 A요소가 명사인 것은 모두 423개였다.

먼저 14%가 명사ーが의 패턴을 취했는데, 다음의 표에서 보듯 그 중에서도 '명사が＋동사'가 6%를 차지하였으며, '명사が＋명사'와 '명사が＋형용사'가 각각 4%, 3%로 그 뒤를 이었다.

▍표 5_ 명사(A)ーが와 품사(B)

격 형태	명사が＋명사	명사が＋동사	명사が＋형용사	명사が＋부사	전체
	15개(4%)	27개(6%)	11개(3%)	5개(1%)	58개(14%)

실제 예를 제시하면 다음과 같다.

⑵ 명사가＋명사— 佐藤が殺到/遺跡が移籍/師匠が失笑/半纏が反転/カセッ
　　トがセット/鎖がぐさり
⑶ 명사가＋동사— 怨念がおるねん/板わさが入ったわさ/ギターが来た/ネ
　　コが寝込んだ/靴がくっついた/シャーベットがしゃべるとお
⑷ 명사가＋형용사— 内蔵がないぞ/インディアナがいいんだなあ/栄養がえ
　　えよ～/次長が自重/囲いが格好いい/腸が超痛い
⑸ 명사가＋부사— 次郎がジロ～/ピッチャがピチャ

⑵의 명사(A)는 '佐藤'로 사람의 성을 일컫는 말이며 B요소인 '殺到'는 명사
이다. ⑶의 명사(A)는 '怨念'으로 추상명사의 특징을 지니며 B요소인 'おる'은
동사이다. 그런데 실제로는 'おるねん'이므로 두 개의 품사 구성으로 보는 것
이 더 타당할 것으로 생각된다. 그러나 본 저자는 오야지 개그의 경향을 살피
는 데에 주안점을 두고 있고, 그리고 A요소(명사)가 취하는 격 형태에 주목해
서 논의를 전개하고 있으므로 크게 개의치 않는다. 후술할 ⑷, ⑸에 대해서도
동일한 지적이 가능하다. ⑷의 명사(A) '内蔵'는 신체기관을 나타내며 B요소
'ない'는 형용사이다. 마지막으로 ⑸의 명사(A) '次郎'는 '佐藤'와 같이 사람의
성을 나타내는 말이며 B요소의 'ジロ～'는 부사라고 할 수 있다.

둘째, 7%가 '명사-に'의 패턴을 취했는데, 아래의 표에서 보듯 '명사に＋명
사'와 '명사に＋동사'가 각각 4%와 3%로 그 뒤를 이었다.

격 형태	명사に＋ 명사	명사に＋ 동사	명사に＋ 형용사	명사に＋ 부사	명사＋ 복합조사	전체
	13개(3%)	12개(3%)	4개(1%)	1개(0.2%)	1개(0.2%)	31개(7%)

표 6_ 명사(A)-に와 품사(B)

실제 예는 아래의 ㉝-㊲에서 보는 바와 같이 '명사に＋명사', '명사に＋동사', '명사に＋형용사', '명사に＋부사', '명사によって'로 세분화해서 제시할 수 있다.

㉝ 명사に＋명사－ボートにおう吐/土曜に動揺/ボートにおう吐/ついたてについた手/妖怪に用かい?/道場に同情

㉞ 명사に＋동사－舞茸に参ったけ/アリゾナにありそうな/イタリアに行ったりや/おしまいに押すまい/屋上に置くじょ/傷に気づいた

㉟ 명사に＋형용사－メガネに目がねえ/台湾に行きたいわん/母さんに貸さん

㊱ 명사に＋부사－スイスにスイスイ

㊲ 명사によって－予定によってえ

㉝의 명사(A)는 'ボート'이고 B의 요소 'おう吐'도 역시 명사이다. ㉞의 명사(A)의 '舞茸'는 버섯명이고, B의 요소 '参った'는 동사 '参る'의 과거형이다. ㉟의 명사(A)의 'メガネ'는 시력교정기이며, B의 요소 'ねえ'는 'ない'의 변이형으로 형용사이다. ㊱의 명사(A)의 'スイス'는 국명을 가리키며, B의 요소 'スイスイ'는 부사(의태어)이다. 마지막으로 ㊲의 명사(A)의 '予定'는 추상명사이며, 'よってえ'는 に와 결합한 복합조사이다.

셋째, 표 7을 보면 15%가 '명사–を'의 패턴을 취하는데, 그 중에서 '명사を＋동사'가 9%로 가장 많고, '명사を＋명사'가 5%로 그 뒤를 잇고 있음을 알 수 있다.

표 7_ 명사(A)–を와 품사(B)

격 형태	명사を+명사	명사を+동사	명사を+형용사	명사を+부사	전체
	21개(5%)	37개(9%)	0개(0%)	4개(1%)	62개(15%)

구체적인 예를 들면 다음과 같다.

㉘ 명사를＋명사―ラッコを抱っこ/蚕を解雇/サンプルを散布/公開を後悔/
　　アサリを漁り/レンジを展示/千両を占領
㉙ 명사를＋동사― 切手を切って/シャッター(を)押ししゃった～/仏像をぶ
　　つぞ～/四郎を知ろう/お皿をさらった/タオルを折る/メダルを
　　ねだる/ボールをほうる/レバー食べれば～/家具をかぐ/カッ
　　ターを買ったあ
㉚ 명사를＋형용사― 없음
㉛ 명사를＋부사― ドジョウをどうじょ/銅像をどうぞ/コショウ(を)少々

㉘의 명사(A)의 'ラッコ'는 동물명이며, B의 요소 '抱っこ'는 '안는다'는 의미의 명사형이다. ㉙의 명사(A)의 '切手'는 우표를 말하며, B의 요소 '切って'는 동사 '切る'의 음편형이다. ㉚의 '명사를＋형용사'에 관련된 실제 예는 보이지 않았다. 그러나 '英会話ならってもええかい'와 같이 を격 조사가 생략된 오야지 개그를 확인할 수 있었다. ㉛의 명사(A)의 'ドジョウ'는 '미꾸라지'를 의미하며, 'どうぞ'의 변이형인 'どうじょ'가 B의 요소로서 A요소와 음형적으로 대응하고 있음을 확인할 수 있다.

넷째, 표 8을 보면, 17%가 '명사-は'의 패턴을 취하는데, 그 중 '명사は＋명사'가 6%로 가장 많고, '명사は＋동사'와 '명사は＋형용사'가 각각 5%, 4%로 각각 그 뒤를 잇고 있다.

표 8_ 명사(A)-は와 품사(B)

격 형태	명사は+명사	명사は+동사	명사は+형용사	명사は+부사	전체
	26개(6%)	23개(5%)	18개(4%)	3개(0.7%)	70개(17%)

실제 예를 들면 다음과 같다.

㊷ 명사는＋명사― パスタはパスだ/ドイツ人はどいつだ/虫は無視/わたくし
はタクシーで/ヤモリは森へ/ゴジラはこちら/パスタはパスだ/ツ
チノコ(は)うちの子/僕らはもぐら/あっしは敦志/昼間はビルマ

㊸ 명사는＋동사― ワカメは噛め/イルカはいるか/時計はほっとけい/レスト
ランは決めとらん/コンニャクは今夜食う/惰性はダセー/はとバ
スは飛ばす/メインは言えん

㊹ 명사는＋형용사― ランナーはいらんなあ/商いは飽きない/お金はおっか
ねえ/オランダはおらんだ/イカはいっか/クサヤはくさいや/最後
は最高/椅子はいいっス/スイカ(は)安いか/カレーはかれえ/アメ
は甘めえ

㊺ 명사는＋부사― ベットは別途お求めください

㊷의 A요소인 'パスタ'는 음식명이며, 'パスだ'는 'pass'를 어원으로 하는 외
래어이다. ㊸의 A요소인 'ワカメ'는 해산물(미역)이며, B요소인 '噛め'는 기본
형 '噛む'의 명령형이다. ㊹의 A요소인 'ランナー'는 'runner'를 어원으로 하는
외래어이며, B요소의 'いらんなあ'는 'いらないな'의 변이형이다. 물론 'いらな
いな'는 엄밀히 말하면 '동사＋조동사＋종조사'의 구성을 취하는 것으로 볼
수 있다. 그러나 본 저자는 '동사＋조동사＋종조사'의 구성이 많이 나타나지
않기 때문에 활용형을 근거로 'いらないな'를 형용사로 취급한다. ㊺의 A요소
인 'ベット'는 'bed'를 어원으로 하는 외래어이며, B요소인 '別途'는 A요소와
동일한 음형을 지닌 부사이다.

다섯째, 표 9를 보면 12%가 '명사―で'의 패턴을 취하는데, 그 중에서 '명사
で＋동사'가 6%로 가장 많고 '명사で＋명사'가 4%로 그 뒤를 잇고 있다.

▌표 9_ 명사(A)-で와 품사(B)

격 형태	명사で+명사	명사で+동사	명사で+형용사	명사で+부사	전체
	18(4%)	25(6%)	5개(1%)	1개(0.2%)	49개(12%)

실제 예를 들면 다음과 같다.

❹❻ 명사で＋명사－店頭で転倒/海岸で開眼/店頭で転倒/転職で天職/道路で労働/三分で散文/卓球で脱臼/ショートで消灯/ニューヨークで入浴/デトロイトでトロイどお/改札で挨拶

❹❼ 명사で＋동사－ホテルでほてる/カードで買うど/歯痛で吐いた/通過待ちでつ〜かれた/ビデオで見てよ/アテネで会ってね/モノレールで戻れ〜る?/火サスでさす/でまかせで負かせ/胃炎で言えん/マラカスで笑かす

❹❽ 명사で＋형용사－熱帯夜でも寝たいや/枕で真っ暗/ネスケですけえ/酒浸りで叫びたい

❹❾ 명사で＋부사－アダプターであたふた

❹❻의 A요소인 '店頭'는 명사이고, B요소 '転倒'는 A요소의 '店頭'와 동음이형이다. ❹❼의 A요소인 'ホテル'와 동사 'ほてる'도 동음이형이다. ❹❽의 명사인 '熱帯夜'와 형용사 '寝たいや', ❹❾의 명사 'アダプター'와 부사 'あたふた'도 거의 음형이 일치하는 사실을 확인할 수 있다. 그런데 ❹❽의 '寝たいや'는 '형용사'가 아니라 '동사＋조동사＋종조사'의 구성으로 세분화해서 볼 필요가 있지만, 이들 구성 방식이 거의 나타나지 않으므로 형용사로 일괄한다.

여섯째, 표 10을 보면 전체 중에서 1%가 '명사-も'의 패턴을 취하고 있음을 알 수 있다.

격 형태	명사も+명사	명사も+동사	명사も+형용사	명사も+부사	전체
	0개(0%)	3개(0.7%)	1개(0.2%)	0개(0%)	4개(1%)

실제 예를 들면 다음과 같다.

> ㊿ 명사も＋동사― タラも食べたら
> ㉖ 명사も＋형용사― 木星もくせい

그런데 ㊿의 '食べたら'는 동사로써 일괄할 것이 아니라 '동사＋접속 조사'로 세분화할 필요가 있을 것으로 생각된다. 이점에 대해서는 재고의 여지가 분명히 있으나 그 수가 극히 적으므로 더이상 언급하지 않겠다.

일곱 번째, 표 11을 보면 전체의 33%가 '명사-の'의 패턴을 취하는 것을 확인할 수 있다.

■ 표 11_ 명사(A)-の와 품사(B)

격 형태	명사の+명사	명사の+동사	명사の+형용사	명사の+부사	전체
	140개(33%)	1개(0.2%)	0개(%)	0개(%)	141개(33%)

실제 예를 들면 다음과 같다.

> ㊾ 명사の＋명사― 投資の見通/参事の賛辞/園児のベンチ/閑職の間食/夏期の牡蛎/管理職の肝移植/名士の名刺/破門の波紋/凡才の盆栽/地蔵の事情
> ㉝ 명사の＋동사― ダサイの下さい

여덟 번째, **표 12**를 보면 전체의 0.4%가 '명사−と'의 패턴을 취하는데 이는 매우 미약한 비율이라 할 수 있다. 실제 예로 '명사と＋명사'형의 '妻と出かけ'를 들 수 있다. '出かけ'는 동사의 연용형으로도 볼 수 있다.

표 12_ 명사(A)−と와 품사(B)

격 형태	명사と＋명사	명사と＋동사	명사と+형용사	명사と＋부사	전체
	2개(0.4%)	0개(0%)	0개(0%)	0개(0%)	2개(0.4%)

아홉 번째, **표 13**을 보면 전체 0.2%가 '명사−から'의 패턴을 취하고 있음을 확인할 수 있다. '명사−から'의 실제 예로는 'カナダからだな'를 들 수 있다.

표 13_ 명사(A)−から와 품사(B)

격 형태	명사から＋명사	명사から＋동사	명사から+형용사	명사から＋부사	명사 から	전체
	0개(0%)	0개(0%)	0개(0%)	0개(0%)	1개(0%)	1개(0.2%)

열 번째, **표 14**를 통해서 전체의 약 3%가 '명사−조사의 생략'이라는 패턴을 취하고 있음이 확인되었다. '명사＋명사'로는 '総統卒倒', '명사＋동사'로는 '温かいタイあったかい'를 들 수 있다.

표 14_ 명사(A)−조사 생략과 품사(B)

격 형태	명사＋명사	명사＋동사	명사＋형용사	명사＋부사	전체
	1개(0.2%)	2개(0.4%)	0개(0%)	0개(0%)	3개(0.7%)

그런데 본 저자가 '温かいタイあったかい'를 '명사＋동사'의 구성으로 보는

것은 '温かい[タイ][あった]かい'로 구조를 나누었기 때문인데, '[タイ]'의 역할은 사실상 거의 없다고 볼 수 있다. 따라서 적절하지 않은 예로 생각할 수 있다. 오히려 '형용사＋대명사＋동사＋종조사'의 구성으로 보는 것이 더 정확하다고 할 수 있다. 그러나 그 숫자는 거의 0에 가깝고, 격 형태를 기준으로 했기 때문에 더이상 언급하지 않겠다.

이상, 지금까지 살펴본 오야지 개그에서 A요소가 취하는 조사 형태를 정리하면 다음의 **표 15**와 같다.

| 표 15_ 오야지 개그(A)의 조사 형태(423개)

조사 형태	N+が	N+に	N+を	N+は	N+で	N+も	N+の	N+と	N+から	N+생략
	58개 (14%)	31개 (7%)	62개 (15%)	70개 (17%)	49개 (12%)	4개 (1%)	141개 (33%)	2개 (0.4%)	1개 (0.2%)	3개 (0.7%)

표 15에서 'N＋の'가 33%로 가장 많고 'N＋は', 'N＋を', 'N＋が', 'N＋で', 'N＋に'가 각각 17%, 15%, 14%, 12%, 7%로 그 뒤를 잇고 있음을 확인할 수 있다. 이상의 결과를 토대로 오야지 개그의 성립 조건으로 **54** -e를 추가할 수 있다.

54 오야지 개그 성립 조건 :
   a. 오야지 개그는 3박어와 4박어의 단어에서 발생하기 쉽다.
   b. 오야지 개그는 2음절, 3음절의 단어에서 발생하기 쉽다.
   c. 오야지 개그는 A-B의 음형이 부분적으로 일치해도 발생한다.
   d. 오야지 개그는 한어>순수 일본어>외래어의 순서로 발생하기 쉽다.
   e. 오야지 개그는 '명사＋の>명사＋は>명사＋を>명사＋が'의 순서로 발생하기 쉽다.

6_ 오야지 개그의 통사적 분석

5절에서는 오야지 개그를 구성하는 A요소와 결합하는 조사의 형태만을 살펴보았을 뿐, A요소와 B요소의 문법적 관계를 고려하지는 않았다. 만약에 A요소와 B요소와의 문법적 관계를 고려한다면, 엄연한 통사론적 분석이 될 것이겠지만, 5절에서 제시한 여러 표에 대해서 더 이상 상세하게 언급하지는 않겠다. 이 절에서는 그것보다는 오야지 개그의 통사적 분석으로 A요소인 명사를 수식하는 B요소의 종류에 대해서 간략하게 살펴보기로 하겠다.

표 16_ B-A의 통사적 관계(77개)

통사적 관계	형용사(연체사)+명사	동사+명사	부사+명사	기타
	40개(52%)	10개(13%)	15개(19%)	12개(16%)

위의 표 16을 보면 연체 수식어(B)가 형용사(연체사)인 경우가 40개로 52%를 차지하고 있음을 알 수 있다. 그리고 B요소가 부사인 경우가 19%, 동사인 경우가 13%로 각각 그 뒤를 잇고 있다. 구체적인 예를 들면 다음과 같다.

(55) 형용사(연체사)＋명사－ま～どんなマドンナ/たいした鯛だ/正直な掃除機/けったいな接待/快調な会長/ふらちなプラチナ/重大な十代/けなげな枝毛/野暮な野望/まっとうな的/理不尽な貴婦人

(56) 동사＋명사－どうした大下/もてるモデル/どうした大下/普段寝るフランネル/見上げた土産/渡したタワシ

(57) 부사＋명사－事前に慈善/あくまで悪魔/運よく混浴/バシッと抜歯/まさかマッカーサー/私的に指摘/あくせくアクセス

(58) 기타－結構なコケコッコ－/痛いと言いたい

㊹는 B요소가 형용사(연체사)로 A요소인 'マドンナ'를 수식하고 있으며, ㊺의 B요소인 'どうした'는 'どうする'의 과거형으로 A요소 '大下'를 수식하고 있다. 여기에서 'どうした'를 A요소 '大下'를 수식하는 것으로 생각하기에는 사실상 무리가 있다. 즉 'どうした大下'는 'どうしたか大下'의 구성을 취하기 때문이다. 그러나 본 저자가 입수한 오야지 개그에는 이러한 구성이 거의 없기 때문에 활용 형태에만 주목하여 편의상 그렇게 분류했음을 밝혀 둔다. 오야지 개그의 성립 조건을 너무 세분화하면 오야지 개그의 큰 그림을 놓쳐버릴 염려가 있다. ㊻의 B요소 '事前'은 부사로 A요소인 '慈善'을 수식하고 있다. 그리고 기타로는 ㊼에서 보듯 형용사 '結構な'가 의성어 'コケコッコ-'를 수식하는 것도 있었다.

이상의 통사적 분석을 근거로 오야지 개그의 성립 조건으로 또 하나의 언어학적 특성 즉 ㊽-f을 추가할 수 있다.

㊽ 오야지 개그 성립 조건 :
　a. 오야지 개그는 3박어와 4박어의 단어에서 발생하기 쉽다.
　b. 오야지 개그는 2음절, 3음절의 단어에서 발생하기 쉽다.
　c. 오야지 개그는 A-B의 음형이 부분적으로 일치해도 발생한다.
　d. 오야지 개그는 한어>순수 일본어>외래어 단어의 순서로 발생하기 쉽다.
　e. 오야지 개그는 '명사の>명사＋は>명사＋を>명사＋が'의 순서로 발생하기 쉽다.
　f. 오야지 개그는 '형용사＋명사'의 연체 수식어 환경에서 발생하기 쉽다.

7_ 오야지 개그의 의미 분석

6절에서는 오야지 개그의 A와 B요소의 문법적 관계, 즉 통사론적 관계에 대해서 살펴보았다. 이 절에서는 오야지 개그를 구성하는 A요소 즉 명사(469개)의 의미에 대해서 살펴보도록 하겠다. 우선 명사의 종류부터 보기로 한다.

명사는 일반적으로 고유명사, 일반명사(보통명사), 시간명사, 추상명사, 대명사로 나뉘는데, 이들 분류를 기준으로 오야지 개그의 A요소를 살펴보면 다음과 같다.

▌표 17_ 명사(A)의 종류

명사 분류	일반명사	고유명사	추상명사	시간명사	대명사
469개	259(55%)	119(25%)	62(13%)	18(4%)	11(2%)

오야지 개그의 A요소로 일반명사가 55%로 가장 높은 비율을 차지하고 있으며, 고유명사가 25%, 추상명사가 13%, 시간명사가 4%, 대명사가 2%로 각각 그 뒤를 잇고 있음을 볼 수 있다. 실제 예를 들면 다음과 같다.

⑥⓪ 고유명사 - <u>インド</u>にいるど/<u>シラフ</u>のシラク/<u>オードリ</u>の盆踊りい/<u>ド
ジャース</u>はどーじゃ?/<u>加藤</u>に勝とう/<u>道子</u>の小道/<u>太志</u>のシフト/
<u>オーメン</u>のお面/<u>太郎</u>がしたろう/<u>ハイチ</u>のライチ/<u>哲也</u>が徹夜

⑥① 일반명사 - <u>国会</u>はどこっかい/<u>時計</u>はほっとけい/可憐な<u>カレンダー</u>/<u>家具</u>
をかぐ/<u>封筒</u>をふう〜と/<u>レストラン</u>は決めとらん/<u>棚</u>には困った
な/<u>家</u>だイエ〜イ/<u>ボート</u>におう吐/<u>グランプリ</u>は知らんぷり/<u>屋
根</u>はや〜ね〜

⑥② 시간명사 - <u>昨日</u>の機能/<u>昼間</u>はビルマ/<u>常夏</u>のココナツ/<u>今世紀</u>の痕跡/昨

日の機能/今夜は本屋/今週の恩讐/夏期の牡蛎/晩夏の晩夏/歌謡
に通う/土曜に動揺

⑥ 추상명사ー親切な新説/ネタは寝たまま/由縁は言えん/食べかけの壁掛け
/売りかけのふりかけ/めざしは目覚まし/症状の賞状/開けかけの
酒だけ/おかわりのこだわり/飲んだくれを呼んでくれ/モットー
を持とう

⑥ 대명사ー私の証/私のタワシ/わたくしはタクシーで/わたくし支度し/おら
のおなら/あっしの足/僕らはモグラ/あいつのアイス/貴殿の秘伝

⑥의 'インド'는 국명을 나타내는 고유명사이며, ⑥의 '国会'는 정치활동의
공간을 나타내는 일반명사이다. ⑥의 '昨日'는 시간명사이며, ⑥의 '新説'는 추
상명사이다. ⑥의 '私'는 일인칭 대명사이다.

이상의 분류 기준에 따르면 오야지 개그의 성립 조건으로 ⑥ ーg를 새로이
추가할 수 있다.

⑥ 오야지 개그 성립 조건 :
a. 오야지 개그는 3박어와 4박어의 단어에서 발생하기 쉽다.
b. 오야지 개그는 2음절, 3음절의 단어에서 발생하기 쉽다.
c. 오야지 개그는 A-B의 음형이 부분적으로 일치해도 발생한다.
d. 오야지 개그는 한어>순수 일본어>외래어 단어의 순서로 발생하기 쉽
다.
e. 오야지 개그는 '명사＋の>명사＋は>명사＋を>명사＋が'의 순서로 발
생하기 쉽다.
f. 오야지 개그는 '형용사＋명사'의 연체 수식어 환경에서 발생하기 쉽다.
g. 오야지 개그는 일반명사에서 발생하기 쉽다.

그런데 일반명사는 매우 포괄적인 개념으로 일반명사의 의미를 보다 상세하게 분류할 필요가 있다. 본 저자가 오야지 개그에 나타난 A성분의 일반명사를 의미적으로 살펴보았더니, '동물(ニワトリ, しまうま)', '사람(おくさん, ダンサー)', '음식(そば)', '사물(コンセント)', '신체(裸)', '식물(花,まつたけ)', '운동(卓球)', '패션', '노래(ヨーデル)', '기타'로 나눌 수 있었다. 이들 분류를 기준으로 오야지 개그를 구성하는 A요소(일반명사)의 의미를 살펴보면 다음과 같다.

▍표 18_ 일반명사(A)의 의미적 분류

의미	일반명사								
	사물	동물 및 사람	음식	식물	신체	운동	패션	노래	기타
259 (100%)	108 (42%)	98 (34%)	14 (5%)	7 (3%)	4 (1%)	1 (0.3%)	1 (0.3%)	1 (0.3%)	25 (%)

일반명사 중에서 사물이 차지하는 비율이 42%로 가장 높은 비율을 차지하였으며 동물 및 사람이 34%, 음식과 식물이 각각 5%, 3%로 그 뒤를 이었다. 실제 예를 들면 다음과 같다.

⑥⑥ 사물-桶を置け/カセットがセット/サンプルを散布/氷の小売/薬のリスク/ライトが暗いと/桶を置け/回覧板が帰らんわん/カステラを出す寺/弁当に返事/レンコンの怨恨

⑥⑦ 동물-ニワトリ二羽捕れ/シマウマをしまうな/コアラの小わざ/カルガモを飼うかも/像だぞう/ヘビーな蛇/コウモリの子守/ある日のアヒル/ラクダは楽だ/生がうっしっし/猿が去る

사람-奥さんも国産/おやじのおじや/母さんには貸さん/夫はおっとっと/神父の新譜/市長の主張/村長を尊重/隊長の体調/ダンサーの番

さす/<u>若人</u>のレコード/<u>新郎</u>の心労

⑥ 음식 — めぼしい<u>梅干</u>/どじょうをどうぞ/モーレツな<u>オムレツ</u>/そばのソバ
屋/<u>ワカメ</u>は噛め/<u>コンニャク</u>は今夜食う/<u>レバー</u>食べれば/<u>タラ</u>も
食べたら/<u>スイカ</u>安いか/<u>カレー</u>はかれえ/<u>コショウ</u>少々

⑥ 신체 — <u>ハダカ</u>のメダカ/<u>お頭</u>かしら

⑦ 식물 — <u>朝顔</u>を朝買おう/<u>松茸</u>を待つだけ/<u>舞茸</u>に参ったけ/<u>白菜</u>は臭い/<u>丸
見え</u>のマロニエ

⑦ 운동 — <u>ダンス</u>とタンス

⑦ 노래 — <u>ヨーデル</u>はよう出る

⑥의 '桶'는 일상에서 흔히 볼 수 있는 사물(통)이다. ⑥의 'ニワトリ'는 동물
(닭)이며, '奥さん'은 사람(부인)을 가리키는 단어이다. ⑥의 '梅干'는 음식이며,
⑥의 'ハダカ'는 '나체'를 의미한다. ⑦의 '朝顔'는 식물(나팔꽃)이며, ⑦의 'ダン
ス'는 운동(댄스)을 나타낸다. 그리고 ⑦의 'ヨーデル'는 스위스의 민요(요들송)
를 가리킨다.

이상의 사실에서 오야지 개그의 성립 조건으로 다른 하나를 추가할 수 있다.

⑦ 오야지 개그 성립 조건 :

a. 오야지 개그는 3박어와 4박어의 단어에서 발생하기 쉽다.

b. 오야지 개그는 2음절, 3음절의 단어에서 발생하기 쉽다.

c. 오야지 개그는 A-B의 음형이 부분적으로 일치해도 발생한다.

d. 오야지 개그는 한어>순수 일본어>외래어 단어의 순서로 발생하기 쉽다.

e. 오야지 개그는 '명사+の>명사+は>명사+を>명사+が'의 순서로 발
생하기 쉽다.

f. 오야지 개그는 '형용사+명사'의 연체 수식어 환경에서 발생하기 쉽다.

g. 오야지 개그는 일반명사에서 발생하기 쉽다.

h. 오야지 개그는 일반명사 중에서 사물>동물 및 사람의 순서로 발생하
　　　기 쉽다.

　마지막으로 오야지 개그를 구성하는 A요소와 B요소의 상적 의미에 대해서
살펴보도록 하겠다.
　다음의 **표 19**를 보면 전체 500개의 오야지 개그 중에서 동작적 의미를 나
타내는 것은 206개로 41%를 차지한 반면에 상태적 의미를 나타내는 것은
59%를 차지한 것을 알 수 있다.

▌표 19_ 상적 의미(A-B)

상적 의미	동작적 의미	상태적 의미
	206개(41%)	294개(59%)

　실제 예를 제시하면 다음과 같다.

　　🄰 동작적 의미－ハッタリで張ったり
　　🄑 상태적 의미－内蔵がないぞ～

　🄰의 'ハッタリで張ったり'는 동작적 의미를 나타내는 것이며, 반면에 🄑의
'内蔵がないぞ～'는 움직임이 결여된 상태적인 의미를 나타내는 것이다.
　이상의 분석을 통해 오야지 개그의 언어학적 특징으로 🄬 -i를 추가할 수
있다.

　🄬 오야지 개그 성립 조건 :
　　a. 오야지 개그는 3박어와 4박어의 단어에서 발생하기 쉽다.

b. 오야지 개그는 2음절, 3음절의 단어에서 발생하기 쉽다.

c. 오야지 개그는 A-B의 음형이 부분적으로 일치해도 발생한다.

d. 오야지 개그는 한어>순수 일본어>외래어 단어의 순서로 발생하기 쉽다.

e. 오야지 개그는 '명사＋の>명사＋は>명사＋を>명사＋が'의 순서로 발생하기 쉽다.

f. 오야지 개그는 '형용사＋명사'의 연체 수식어 환경에서 발생하기 쉽다.

g. 오야지 개그는 일반명사에서 발생하기 쉽다.

h. 오야지 개그는 일반명사 중에서 사물>동물 및 사람의 순서로 발생하기 쉽다.

i. 오야지 개그는 상태적 의미를 기술하는 데에서 발생하기 쉽다.

8_ 나오는 말

지금까지 일본 오야지 개그라는 언어문화를 일본어학적으로 고찰해왔다. 그 결과 오야지 개그는 3박어와 4박어와 같이 박수가 그리 길지 않은 단어에서 발생하기 쉽다는 것을 알 수 있었다. 이러한 사정은 음절에서도 나타나는데, 오야지 개그는 다음절이 아니라 2음절이나 3음절와 같은 비교적 짧은 음절을 지닌 단어에서 발생하기 쉽다는 사실을 알 수 있었다. 오야지 개그는 A요소와 B요소의 음형이 완전히 일치하지 않고 부분적으로 일치해도 발생한다는 점에서 오야지 개그가 일상에서 왕성하게 사용될 수 있음을 확인할 수 있었다. 어종별로 보면 오야지 개그(A)는 한어에서 가장 많이 발생하고 순수 일본어, 외래어가 각각 그 뒤를 이으면서 발생하는 것을 확인할 수 있었다. 조사의 형태적 고찰에서 오야지 개그는 '명사＋の>명사＋は>명사＋を>명사＋が'의 순서로 발생하기 쉬우며, 통사적 고찰에서 오야지 개그는 '형용사＋

명사'의 연체 수식어 환경에서 발생하기 쉽다는 사실을 확인할 수 있었다. 의미적 고찰에서는 오야지 개그가 일반명사(A) 가운데 사물을 나타내는 명사에서 가장 많이 발생하며, 그 다음으로 '동물' 및 '사람'을 나타내는 명사에서 발생하기 쉽다는 사실을 확인할 수 있었다. 마지막으로 오야지 개그는 상태적 의미를 기술하는 데에서 발생하기 쉽다는 것을 알 수 있었다.

지금까지의 고찰은 오야지 개그의 내적 구조를 이해하는 데에 매우 유용할 것으로 생각된다. 그러나 그렇다고 해서 본서에서 제시한 오야지 개그의 성립 조건을 100% 이해했다고는 볼 수 없다. 오야지 개그를 유발하는 환경이나 대인관계, 인간성, 오야지 개그의 기대 효과, 많은 일본인들을 대상으로 한 오야지 개그에 대한 의식조사와 같은 언어 외적인 면에서의 고찰도 아울러 이루어져야만 오야지 개그의 본질을 충분히 해명했다고 할 수 있을 것이다.

외래어의 사회언어학적 이해[1]

1_ 들어가는 말

협의의 언어학에서는 언어 내부의 특성을 연구하는 데에 주안점을 두는 반면에, 광의의 언어학은 언어 내부의 특성을 규명하는 데에서 머무르지 않고, 언어를 대인간의 의사소통, 나아가 언어가 인간사회에서 어떤 양상으로 사용되고 있는지에 대해서도 주안점을 둔다. 이것은 언어가 언어 그 자체로서의 특성뿐만 아니라 언어가 사람들 간의 의사소통에도 관여하며, 나아가 사회 구석구석으로 퍼져나가는 특성도 지니기 때문이다. 음성학, 음운론, 형태론, 통사론, 의미론은 언어 그 자체의 특성을 연구하는 것으로 전자의 협의의 언어학에 속하며, 화용론, 사회언어학(사회방언학)은 대인관계의 개선을 위한 의사소통, 언어와 사회와의 고리를 중시하므로 후자의 광의의 언어학 속한다.

광의의 언어학에 속하는 사회언어학은 대부분 주로 문장이나 담화 층위를 분석 대상으로 하는 경향을 보이는데, 단어의 차원에서 행해지는 사회언어학

---

[1] 15장은 천호재(2014b)의 논문을 가필한 것이다. 내용은 거의 동일하며 631개의 예를 추가하였다.

적 연구는 아직 보이지 않는다.

저자는 바로 이러한 경계 선상에서 단어(여성 패션 외래어)의 사회언어학적 연구 가능성을 고찰하고자 한다. 더 구체적으로 말하면 단어를 통해 협의의 언어학적 관점과 광의의 언어학적 관점을 동시에 추구하면서 단어의 사회언어학적 연구의 가능성을 마련해 보고자 하는 것이 본 저자의 의도이다.

저자가 외래어 그 중에서도 여성 패션 외래어에 주목하는 이유는 외래어가 한어나 순수 일본어(和語)에 비해 유입된 역사가 짧고, 한어나 순수 일본어보다 일본인들(특히 유행에 민감한 일본 여성들)의 언어문화나 언어생활을 들여다보기가 용이하기 때문이다. 언어문화를 탐구하면 외래어가 일본어나 일본문화에 대해 어떠한 작용을 미치는지 즉 일본인들의 외래어에 대한 문제의식을 들여다 볼 수 있고, 그리고 언어생활을 탐구하면 외래어가 그 사용자인 일본인들의 의사소통에 실제적으로 어떠한 작용을 하는지 들여다 볼 수 있다. 이와 같이 특정한 말을 통해서 일본이라는 특정 국가, 사회의 언어문화나 언어생활을 고찰하는 자세는 매우 이상적인 것으로 사회언어학이 지향하는 중요 이념이라고 할 수 있다.

2_ 외래어의 사회언어학적 연구의 특징과 방법

앞서 1절에서 언급한 바와 같이 본 장의 목적은 여성 패션 관련 외래어의 사회언어학적 연구의 가능성을 모색하는 것이다. 본 저자가 외래어의 사회언어학적 연구 가능성에 대해서 일찍이 생각을 해왔지만, 이미 진노우치(陣内 2007)에서 외래어의 연구 방법을 매우 체계적으로 제시하고 있는 사실을 확인하였다. 이에 본 저자는 그가 제시한 외래어의 사회언어학적 연구가 지향하는 것(특징)과 방법을 따르기로 하고 주요 골자를 소개하기로 한다.

진노우치(陣內 2007 : 20-32)는 사회언어학적 연구는 '사회성', '집단성', '변이성', '개방성', '실천성'을 지향하는 데에 그 특징이 있다고 하였다. '사회성'은 사회언어학이 사람이나 인간 집단이 배경이 된 언어 현상을 연구 대상으로 삼을 때 나오는 특징이다. 예를 들어 '痴呆'라는 말은 모멸적 뉘앙스, 불쾌한 감정을 전달할 수 있으므로 '認知症'를 사용하는 것이 바람직하다는 메시지를 사회언어학에서는 중점적으로 전달한다.

'집단성'을 사회언어학에서 주목하는 것은 말이 사회라는 집단 속에서 사용되기 때문이다. 언어 집단을 구성하는 세대, 성, 직업, 출신 지역 등에 의해서 특정한 말이 어떻게 다르며, 어떠한 분포를 이루는지, 왜 그러한 분포를 이루는지를 규명한다.

사회언어학에서 말의 '변이성(지시적 의미는 동일하여도 사회적 의미가 다른 복수의 표현이 존재하는 성질의 것)'에 대해 주목하는 것은 당연한 일이다. 사회 속에서 복수의 언어 형식이 각각 구별되고 가치가 매겨지며 특정한 방식으로 기능하기 때문이다. 이들을 규명하기 위해서는 예를 들어 외래어의 음형이나 어원 그리고 외래어의 내부구조 해명이 필요하다.

사회언어학은 또한 다른 학문분야와의 연결 즉 '개방성'을 끊임없이 추구한다. 그것은 말의 사회적 속성의 해명에 주안점을 두는 사회언어학에 있어서 숙명과도 같은 것이다. 예를 들어 사회언어학은 '문화인류학', '경제학', '사회학', '사회심리학', '정보학', '정치학', '교육학', '노년학', '여성학' 등과 끊임없이 소통하는 학문이다.

사회언어학은 말의 사회적 속성 그 자체의 해명으로 끝나지 않는다. 즉 사회언어학은 자체의 연구적 성과를 토대로 사회 공헌에 필요하다고 생각되는 가치있고 고결한 목적 실행을 지향하는 실천적인 면을 추구한다. 즉 기초과

학적이 아닌 사회나 생활 속에서 생기는 언어 문제, 의사소통의 문제를 해결하는 데에 주안점을 둔다.

이상 열거한 사회언어학적인 특징은 세 가지의 연구 방법으로 그 존재 가치가 드러난다. 즉 '언어 요소로 본 외래어 연구', '언어 운용으로 본 외래어 연구', '언어 사회로 본 외래어 연구' 방법이다. 첫째의 언어 요소로 본 외래어 연구는 어원, 외래어의 음형, 어종별 분석 등을 일컫는 것으로 이들 분석 방법들은 궁극적으로 언어의 '변이성'이란 특징을 규명하는 기초 자료로써 기능할 것이다. 큰 것을 말하기 위해서 작은 것을 준비하듯 말이다. 따라서 본 연구에서는 우선 언어 요소로서의 외래어의 구조를 파악한다. 제3절에서 간략하게 언급한 뒤, 제5절에서 여성 패션 관련 외래어의 내부구조를 상세하게 고찰하겠다.

둘째의 언어 운용으로 본 외래어 연구는 언어 요소가 구체적으로 의사소통에 어떻게 관여하는가에 주안점을 둔 것으로 '대인적 의사소통을 중심으로 한 미시적이고 심리적인 것을 대상으로 하는 연구', '외래어와 비외래어의 이미지 차이', '구별 의식', '표현 효과'를 고찰하는 방식으로 연구가 진행된다. 이들 연구 방식을 통해서 외래어의 집단성, 개방성이란 특징이 드러나게 되는 것이다. 이에 관련한 논문으로서는 梁敏鎬(2009)를 들 수 있다. 본 장에서는 이 가운데 여성 패션 관련 외래어의 개방성(문화인류학과의 소통 가능성)에 대해서 논의할 것이다. 제6절에서 상세하게 고찰한다.

마지막으로 언어사회로 본 외래어 연구 방법은 언어 요소가 전체 인간사회에서 어떤 양상으로 사용되고 있는지를 연구하는 데에 주안점을 둔 것으로 발신자와 사회집단과의 의사소통이라고 하는 거시적이고 사회성을 띤 연구 방법이라고 할 수 있다. 구체적으로 말하면 외래어의 사회적 기능을 조사하는 것을 말한다.

3_ 언어 요소로 본 외래어 연구의 이론적 배경

이 절에서는 우선 협의의 언어학이라는 관점에서 외래어의 내부구조에 관련된 기존의 외래어 연구의 이론적 배경에 대해서 살펴본다. 즉, 원어 어형의 일본어화에 관련된 것 가운데 생략, 혼종어, 개음절화, 촉음 삽입, 모음의 일본어화, 자음의 일본어화에 대해서 그 이론적 배경을 살펴보기로 한다. 이들 개념은 여성 패션에 관련된 외래어를 분석하기 위한 기초가 되므로 매우 중요하다. 이하에 제시하는 예는 모두 고쿠리쯔고쿠고겐큐죠(国立国語研究所 1995 : 9-110)에서 인용한 것임을 밝혀둔다.

첫째, '생략'부터 보도록 하겠다. 생략이란 일본어 외래어가 원어 어형의 일부가 생략되는 현상인데, 먼저 원어의 '기능 형태소'가 외래어에서 생략되는 경우가 있다. 기능 형태소의 생략으로 복수 접미사 {-s}의 생략, 아포스트로피 {'s}의 생략, 과거 접미사 {-ed}의 생략, 진행형 {-ing}의 생략, 정관사 {the}의 생략을 들 수 있다. 아래의 예를 보면 원어에서는 기능 형태소가 생략되지 않았지만, 외래어에서는 생략되었다.

❶ 복수 접미사 {-s}의 생략 : acoustic̲s̲→ アコースチック, cornflake̲s̲→ コーンフレーク

❷ 아포스트로피 {-'s}의 생략 : lamb̲'̲s̲ wool→ ラム-ウール, women̲'̲s̲ lib→ ウーマンリブ

❸ 과거 접미사 {-ed}의 생략 : condens̲e̲d̲ milk→ コンデンスミルク, corn̲e̲d̲ beef→ コンビーフ

❹ 진행형 {-ing}의 생략 : die cast̲i̲n̲g̲→ ダイカスト, happy end̲i̲n̲g̲→ ハッピーエンド

❺ 정관사 {the}의 생략 : off t̲h̲e̲ record→ オフレコ, on t̲h̲e̲ air→ オンエア

그 다음으로 '단어 일부의 생략'을 들 수 있는데, 단어의 후반부가 생략되는 경우와, 전반부가 생략되는 경우, 그리고 복합어가 생략되는 경우가 있다. 실제 예를 제시하면 다음과 같다.

❶ 후반 생략 : amateur→アマ(アマチュア), building→ビル(ビルディング), animation→アニメ(アニメーション), basketball→バスケ(バスケットボール), aerobics→エアロビ(エアロビクス), automatic→オートマ(オートマチック)

❷ 전반 생략 : bottle neck→ネック, dry cleaning→クリーニング

❸ 복합어 생략 : American football→アメフト(アメリカンフットボール), body conscious→ボディコン(ボディーコンシャス), radio cassette→(ラヂオカセット)

둘째, 외래어가 들어가 다른 어종의 단어와 섞여서 혼종어화하는 경우가 있다. 예를 들면 '순수 일본어(和語)＋외래어→乙女チック', '외래어＋순수 일본어→テレビっ子', '한어＋외래어→家庭サービス', '외래어＋한어→アイドル歌手' 등을 들 수 있다.

셋째, 원어에 없던 모음이 외래어에서 추가되는 즉 '개음절화 현상'이 있다. 구체적인 예를 들면 'pass→パス[pasɯ]', 'thrill→スリル[sɯrirɯ]'를 들 수 있다.

넷째, 원어가 외래어가 되면서 촉음이 삽입되는 즉 '촉음 삽입 현상'이 있다. 예를 들면 hip→ヒップ, pitch→ピッチ를 들 수 있다.

다섯째, 원어의 다양한 모음이 외래어에서 특정한 하나의 모음 예를 들어 [a]로 통일되는 현상이 있다. 예를 들면 'pad[pæd]→パッド[paddo]', 'curve[kə ：(r)v]→カーブ[ka:bɯ]', 'bus[bʌs]→バス[basɯ]', 'father[fa:ðə(r)]→ファー

ザー[hwaːza-]' 등을 들 수 있다.[2]

마지막으로 원어의 자음이 외래어에서 특정한 자음으로 통합되는 현상이 있다. 즉 '[l]'이 '[r]'로, '[θ]'가 '[s]'로, '[ð]'가 '[z]'로, '[v]'가 '[b]'로 표기되는 현상이다. 예를 들면 'fly→フライ[ɸɯrai]', 'bath→バス[basɯ]', 'mother→マザー[mazaː]', 'cover→カバー[kabaː]'로 표기된다(발음된다). 한편 원어의 [r]은 외래어에서도 [r]로, [s]는 외래어에서도 [s], [b]은 외래어에서 [b]로 표기된다. 예는 생략하기로 한다.

4절에서는 이 절에서 설명한 외래어 내부의 언어현상에 대한 설명을 토대로 여성 패션에 관련된 어휘(외래어)를 분석하고자 한다.

4_ 고찰의 대상―패션 관련 어휘

이 절에서는 제3절에서 제시한 외래어 내부구조를 토대로 여성 패션에 관련된 외래어의 내부구조를 분석하고자 한다.

본 장에서는 FASHION PRESS Fashion Dictionary(2013.09.10.) 사이트에 나타난 어휘(아이템 131개, 소재 105개, 색채 48개, 무늬 15개, 스타일 룩 93개, 디테일 테크닉 88개) 가운데 외래어를 분석하고자 한다. 구체적으로 표로 제시하면 다음의 **표 1**과 같다.

| 표 1_ 어종별로 본 여성 패션 관련 어휘(%)

	순수 일본어	한자어	외래어	혼종어
아이템	0	0	100	0

---

[2] 음성 표기는 저자가 한 것이다.

소재	0	2	97	1
색채	0	0	100	0
무늬	0	0	80	20
스타일룩	0	0	100	0
디테일 테크닉	1	2	89	8
전체	0.2%	0.8%	97%	6%

　표 1을 보면 순수 일본어(和語)와 한자어, 혼종어가 차지하는 비율은 지극히 미미한 반면, 외래어가 97%로 압도적으로 많음을 확인할 수 있다.

　'아이템'이란 '품목'을 말하며 구체적으로 'アンフォラパンツ', 'イブニングドレス', 'エスパドリーユ', 'エルボー・パッチ', 'エンパイアドレス', 'オーバーコート', 'オールインワン', 'カクテルドレス', 'カーゴパンツ', 'カットソー', 'カフス', 'カマーバンド', 'カメリア', 'クルー・ネック', 'クロップドトップス', 'キャミソール', 'キュロット', 'クラバットケープレット', 'グラディエーターサンダル', 'クリノリン', 'クロップドパンツ', 'ケープレット', 'ケリーバッグ', 'ケーブル・ニット', 'コートドレス', 'サシェ', 'サックドレス', 'サファリジャケット', 'サブリナ・パンツ', 'サルエルパンツ', 'サンドレス', 'シアリング・コート', 'シフトドレス', 'ステンカラーコート', 'スウィングトップ', 'ストローハット', 'セル・フレーム', 'センタープレスパンツ', 'タイトスカート', 'ダウンジャケット', 'チェスターコート', 'チャイナドレス', 'チュニックドレス', 'ティアードスカート', 'ティアード・ワンピース', 'ナロースカート', 'バイカージャケット', 'バニティーケース', 'パナマハット', 'フレアスカート', 'フレアパンツ', 'Pコート', 'ホルタードレス', 'ボンバージャケット', 'リジッドデニム', 'リトルブラックドレス', 'レターマンジャケット', 'ローブ・デコルテ', 'ワイドパンツ' 등을 들 수 있다.

'소재'란 '재질'을 말하며 구체적으로 'アセテート', 'アッパー・レザー', 'アルパカ', 'アンゴラ', 'イカット', 'ウレタン樹脂', 'ウール', 'オーガニック・コットン', 'オーストリッチフェザー', 'オーガンザ', 'カウハイド', 'カシミア', 'ガンクラブチェック', 'キッドスキン', 'キャメル', 'キャンバス', 'キュプラ', 'ギャバジン', 'グリッター', 'グログラン', 'コーデュラ', 'コーデュロイ', 'コットン・ボイル', 'サテン', 'シアサッカー', 'シアリング', 'シェットランドウール', 'ジャカード', 'タンレザー', 'ダイヤモンドパイソン', 'ダブルフェイス', 'チューブ・トップ', 'テキスタイル', 'ディアスキン', 'トワール', 'ナイロン', 'ヌバック', 'ネオプレン', 'ハウンドトゥース', 'ハリスツイード', 'バロックパール', 'バンブー', '平織', 'ビジュー', 'ビスコース', 'ファブリック', 'フランネル', 'ベロア', 'ポプリン', 'マイクロファイバー', 'マッキントッシュ', 'ムートン', 'メリノウール', 'モスリン', 'ラフィア', 'ラムスキン', 'リネン', 'ルレックス', 'レオパード', 'ローデン', 'ワッフルクロス', 'イールスキン', '千鳥格子' 등을 들 수 있다.

'색채'란 글자 그대로 소재의 색을 말하며 구체적인 예로 'アイボリー', 'アシッドカラー', 'アッシュグレー', 'アップルグリーン', 'アースカラー', 'イヴ・クライン・ブルー', 'インディゴ', 'エクリュ', 'オフホワイト', 'サフラン・イエロー', 'カーキ', 'ガンメタル', 'グラファイト', 'コニャック', 'コーラル', 'ジェイドグリーン', 'サフラン・イエロー', 'サンドカラー', 'サンドベージュ', 'サーモン・ピンク', 'スノーホワイト', 'セージグリーン', 'タンジェリン', 'ターコイズ', 'ダルトーン', 'チャコールグレー', 'ツートーン', 'テラコッタ', 'トリコロールカラー', 'ヌードカラー', 'パステルカラー', 'フォレストグリーン', 'ペールトーン', 'ボトルグリーン', 'マスタードイエロー', 'マルチカラー', 'ミッドナイトブルー', 'モノクローム', 'ライラック', 'ローズピンク', 'ヴィヴィッド' 등을 들 수 있다.

'무늬'에 관련된 구체적인 예로 'アラン模様', 'アーガイル', 'ウィンドーペー

ン’, ‘鹿の子’, ‘ギンガムチェック’, ‘グレンチェック’, ‘ストライプ’, ‘タッタソール’, ‘タータンチェック’, ‘チョークストライプ’, ‘ノルディック柄’, ‘ハウスチェック’, ‘フェアアイル柄’, ‘プリンスオブウェールズ’, ‘ペイズリー’, ‘モノグラム’, ‘リバティプリント’ 등을 들 수 있다.

‘스타일 룩’이란 외관, 모양을 나타내며 구체적인 예로는 ‘アイビー’, ‘アスレチック’, ‘アウトドアファッション’, ‘アメカジ’, ‘アメトラ’, ‘アーバン’, ‘アーミールック’, ‘アワーグラス’, ‘エキセントリック’, ‘エスニック’, ‘エッグ・ライン’, ‘オリエンタル’, ‘オーバルライン’, ‘カジュアルダウン’, ‘ガーリッシュ’, ‘カラーブロック’, ‘キッチュ’, ‘クラシック’, ‘グランジ’, ‘コクーン’, ‘コケティッシュ’, ‘コロニアルスタイル’, ‘コンケーブ’, ‘コンサバティブ’, ‘コンテンポラリー’, ‘サイケデリック’, ‘サファリ・ルック’, ‘シャビールック’, ‘ショルダー・ライン’, ‘シースルー’, ‘ジプシー・ルック’, ‘ジャッキースタイル’, ‘スキニールック’, ‘スピンドル’, ‘セットアップ’, ‘チュニックライン’, ‘テーパード’, ‘ドレスコード’, ‘ナスティ・ファッション’, ‘ニュートラ’, ‘ネービールック’, ‘ハイエンド’, ‘フレンチカジュアル’, ‘フェミニン’, ‘ボックスシルエット’, ‘ボディコンシャス’, ‘ボヘミアン’, ‘マスキュラン’, ‘マリンテイスト’, ‘モッズ’, ‘モンドリアンルック’, ‘ユニセックス’, ‘ヨーロピアンカジュアル’, ‘リアルクローズ’, ‘ヴィクトリアン’ 등을 들 수 있다.

마지막으로 ‘디테일 테크닉’이란 세부 기술을 말하는데, 구체적으로 ‘アシンメトリー’, ‘アンコンストラクテッド’, ‘アルスターカラー’, ‘イントレチャート’, ‘ウイングカラー’, ‘ウェルトポケット’, ‘エンパイアウエスト’, ‘エンボス加工’, ‘オパール加工’, ‘オールドウォッシュ’, ‘カモフラージュ・プリント’, ‘ガンフラップ’, ‘キルティング’, ‘ゴージライン’, ‘サテン仕上げ’, ‘サルトリア’, ‘シャーリング’, ‘ショルダーノッチ’, ‘ストーンウォッシュ’, ‘ステッチ’, ‘製品染め’, ‘セ

ンタープレス', '側章', 'タッセル', 'チンツ加工', 'テクスチュア', 'トゥーファ
キャスト', 'トリプルステッチ', 'ドロップショルダー', 'ニドム加工', 'ニードル
パンチ', 'ノースリーブ', 'ハイウエスト', 'バイアスカット', 'パイピング', 'パフ
スリーブ', 'ピボットスリーブ', 'ピークラペル', 'フルレングス', 'ペイズリー
プリント', 'ホルターネックトップ', 'ボックスプリーツ', 'マクラメ', 'マリンス
トライプ', 'メッシュ', 'ラグランスリーブ', '立体裁断', 'レイヤード', 'ロープ
ド・ショルダー' 등을 들 수 있다.

위에서 제시한 패션 관련 어휘를 모두 정의한다는 것은 불가능하다. 부록
에서 패션 관련 어휘의 원어를 표시해 두었으므로 원어의 의미를 알면 자연
스럽게 외래어의 정확한 의미도 알 수 있을 것이다. 몇 몇 패션 관련 어휘에
관련된 사진과 정의를 제시하면 다음과 같다. 아이템에서 말하는 'アンフォ
ラ・パンツ'란 두 개의 손잡이가 있고 가늘고 긴 동체 모양을 본 따서 만든
실루엣 형태의 바지를 일컫는다. 그 다음 소재에서 말하는 'アセテート'란 알
칠 셀룰로이즈로 만들어진 섬유질의 소재를 말한다. 견직물과 유사한 광택과
감촉을 지닌다. 셋째, 색채에서 말하는 'アイボリー'란 상아색을 일컫는다. 넷
째, 무늬에서 말하는 'アラン模様'란 니트의 다양한 모양 중의 하나로 '어부
스웨터(fisherman sweater)' 짜기 방식으로 물고기 잡을 때에 사용하는 로프를
이미지화한 것이 그 특징이다. 스타일 룩에서는 말하는 'アイビー'란 하버드
대학과 같이 미국 동부의 명문 아이비리그 학교 학생들이 선호한 복장에서
모티브를 얻어서 만들어진 패션이다. 마지막으로 'アシンメトリー(アシメト
リー)'란 '좌우 비대칭'이란 의미이다.
다음은 이상 설명한 외래어에 관련된 사진이다.

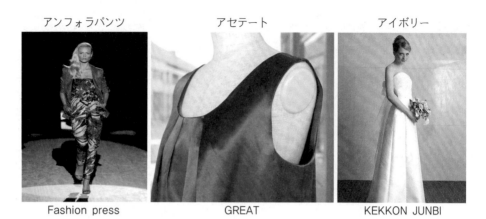

アンフォラパンツ　　　　　アセテート　　　　　　　アイボリー

Fashion press　　　　　　GREAT　　　　　　KEKKON JUNBI

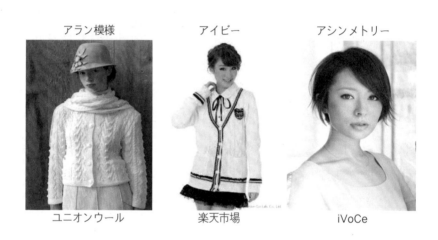

アラン模様　　　　　　　　アイビー　　　　　　アシンメトリー

ユニオンウール　　　　　　楽天市場　　　　　　　iVoCe

　　다음의 제5절에서는 이상 언급한 여성 패션 관련 어휘를 대상으로 패션 관련 외래어가 선행 연구에서 밝혀진 대로 외래어의 일본어화 현상이 나타나는지 여부, 나타난다면 어떻게 나타나는지 그 양상을 살펴보고자 한다.

5_ 여성 패션 관련 외래어의 내부구조

제3절에서 살펴본 바와 같이 외래어에 '생략', '혼종어', '개음절화', '촉음 삽입', '모음의 일본어화', '자음의 일본어화' 등의 현상이 작용함으로써 외래어의 내부구조가 결정되는 사실을 확인할 수 있었다.

먼저 '생략'에는 제3절에서 이미 언급한 바와 같이 기능 형태소의 생략이 있는데 기능 형태소의 생략에는 다시 복수 접미사 {-s}의 생략, 아포스트로피 {'s}의 생략, 과거 접미사 {-ed}의 생략, 진행형 {-ing}의 생략, 정관사 {the}의 생략을 들 수 있다. 아래의 표 2는 여성 패션 외래어에 나타난 기능 형태소의 생략 양상을 나타낸 것이다.

▎표 2_ 여성 패션 관련 외래어에 나타난 기능 형태소의 생략

	{-s} 생략	{-'s} 생략	{-ed} 생략	{-ing} 생략	{the} 생략
아이템	2개	0개	2개	0개	0개
소재	1개	1개	0개	0개	0개
색채	0개	0개	0개	0개	0개
무늬	0개	0개	0개	0개	0개
스타일룩	1개	0개	0개	0개	0개
디테일 테크닉	0개	0개	2개	0개	0개
전체	4개	1개	4개	0개	0개

위의 표 2에서 제시된 바와 같이 복수 접미사 {-s}가 생략된 예는 모두 4개가 있었다. 아포스트로피 {'s}가 생략된 예는 1개가 있었으며 과거 접미사 {-ed}가 생략된 예는 모두 4개가 있었다. 진행형 {-ing}와 정관사 {the}가 생략된 외래어는 1개도 없었다. 이하 실제 예를 제시하면 다음과 같다. 복수 접

미사 {-s}가 생략된 것으로 'trousers'→'トラウザー', 아포스트로피 {'s}가 생략된 것으로 'Hound's Tooth'→'ハウンドトォース', 과거 접미사 {-ed}가 생략된 것으로는 'paneled skirt'→'パネルスカート'를 확인할 수 있었다.

단어 일부의 생략은 단어의 후반부 생략, 전반부 생략, 복합어의 생략을 들수 있는데, 여성 패션 외래어 일부의 생략을 살펴본 결과 **표 3**과 같은 결과를 확인할 수 있었다.

┃표 3_ 여성 패션 관련 외래어 일부의 생략 현상

	후반 생략	전반 생략	복합어 생략
아이템	0	0	1
소재	1	0	0
색채	1	0	0
무늬	0	0	0
스타일 룩	3	0	2
디테일 테크닉	0	0	0
전체	5	0	3

표 3을 보면 외래어의 후반부가 생략된 예는 모두 5개가 있었다. 외래어의 전반부가 생략된 예는 1개도 없었으며, 복합어가 생략된 예는 모두 3개였다. 단어 후반부가 생략된 예로 'grunge fashion'→'グランジ', 복합어가 생략된 예로는 'American Casual'→'アメカジ'를 들 수 있다.

둘째, 외래어가 혼종어의 일부가 되는 현상을 살펴보면 다음의 **표 4**와 같다.

표 4_ 여성 패션 관련 외래어가 혼종어의 일부가 되는 현상

	순수 일본어+외래어	외래어+순수 일본어	한어+외래어	외래어+한어
아이템	0	0	0	0
소재	0	0	0	1
색채	0	0	0	0
무늬	0	0	0	2
스타일 룩	0	0	0	0
디테일 테크닉	0	1	0	5
전체	0	1	0	8

표 4를 보면 '순수 일본어+외래어'와 '한어+외래어'의 순으로 조합을 이룬 혼종어는 1개도 없으며, '외래어+순수 일본어'의 순으로 된 혼종어는 1개, '외래어+한어'의 순으로 조합을 이룬 혼종어는 8개가 있었다. '외래어+순수 일본어'의 순서로 된 혼종어 예로는 'Satin Finish'→'サティン仕上げ', 외래어+한어의 순서로 된 혼종어 예로는 'opal finishing'→'オパール加工'을 들 수 있다.

셋째, 개음절화 현상을 살펴보면 다음의 표 5와 같다.

표 5_ 여성 패션 관련 외래어의 개음절화 현상

	아이템	소재	색채	무늬	스타일 룩	디테일 테크닉	전체
개음절화	110	48	24	8	45	46	281개

표 5를 보면 개음절화 현상이 여성 패션 관련 외래어에서 두드러지게 나타나고 있음을 확인할 수 있다. 예를 들면 '아이템'에서는 'armlet'→'アームレット[aːmuretto]', '소재'에서는 'cowhide'→'カウハイド[kauhaido]', '색채'에서

는 'sand beige'→サンドベージュ[sando beːzɯ]', '무늬'에서는 'Gingham check'→'ギンガムチェック[gingamɯ chekɯ]', '스타일 룩'에서는 'casual down'→'カジュアルダウン[kazyuarɯ daɯn]', '디테일 테크닉'에서는 'Tassel'→'タッセル[tasserɯ]' 등의 예를 들 수 있다. 그밖에 개음절화 현상이 보이는 외래어를 제시하면 다음과 같다. 외래어와 원어만 제시한다.

먼저 아이템에서 개음절화된 외래어는 다음과 같다.

- アーム・ロング(arm long)/イブニングドレス(evening dress)/エスパドリーユ(Espadrille)/エンパイアドレス(Empire dress)/オーバーコート(overcoat)/オールインワン(all-in-one)/カクテルドレス(cocktail dress)/カフス(cuffs)/カマーバンド(cummerbund)/カーゴパンツ(cargo pants)/キャミソール(Camisole)/キュロット(culotte)/クラバット(cravat)/クルー・ネック(crew neck)/クロッグ(clog)/クロップドパンツ(cropped pants)/ケリーバッグ(Kelly bag)/ケーブル・ニット(cable stich)/ケープレット(capelet)/コートドレス(coat dress)/サックドレス(sack dress)/サファリジャケット(safari jacket)/サブリナ・パンツ(Sabrina pants)/サルエルパンツ(sarrouel pants)/サンドレス(sun dress)/シフトドレス(shift dress)/シュミーズドレス(chemise dress)/ジャンプスーツ(jump suit)/スウィングトップ(swing-top)/スキニージーンズ(skinny jeans)/ステンカラーコート(soutien collar coat)/スポーツウェア(sports wear)/スリップ・ドレス(slip dress)/スリングバックシューズ(sling-back-shoes)/センタープレスパンツ(center press pants)/ダッフルコート(duffel coat)

소재에서 개음절화된 외래어는 다음과 같다.

- イカット(ikat)/ウール(wool)/カウハイド(cowhide)/ガンクラブチェック (Gunclub check)/キャメル(camel)/キャンバス(canvas)/コットン・ボイル (cotton boil)/ゴブラン・プリント(gobelin print)/シアリング(searing)/シェットランドウール(Shetland wool)/ジャカード(Jacquard)/ジュート(jute)/スウェット(sweat)/スエード(suede)/チューブ・トップ(tube top)/ツイード(tweed)/トワール(toile)/ヌバック(nubuck)/ハリスツイード(Harris Tweed)/バロックパール(baroque pearl)/パイル(pile)/ファブリック(fabric)/フランネル(flannel)/ブレード(blade)/ブロケード(brocade)/ブロークンツイル(Broken Twill)/ブロードクロス(broadcloth)/プレイド(plaid)/プレキシガラス(PLEXIGLAS)/ベロア (velours)/マテリアル(material)/マドラスチェック(Madras check)/ラムスキン (rum skin)/ワッフルクロス(waffle cloth)/ イールスキン(eel skin)

색채에서 개음절화된 외래어는 다음과 같다.

- アシッドカラー(acid color)/アッシュグレー(ash-gray)/ガンメタル(gunmetal)/コニャック(cognac)/コーラル(coral)/サンドカラー(Sand Color)/サーモン・ピンク(salmon pink)/スノーホワイト(snow white)/チャコールグレー(charcoal gray)/トリコロールカラー(tricolour color)/ヌードカラー(nude color)/パステルカラー(pastel color)/フューシャピンク(fuchsia pink)/マルチカラー(multi-color)/ライラック(lilac)/ローズピンク(rose pink)/ヴィヴィッド(Vivid)

무늬에서 개음절화된 외래어는 다음과 같다.

- ギンガムチェック(Gingham Check)/タッタソール(tattersall)/タータンチェック

(tartan check)/ハウスチェック(house check)/プリンス オブ ウェールズ
(Prince of Wales)/モノグラム(monogram)/リバティプリント(Liberty print)

스타일 룩에서 개음절화된 외래어는 다음과 같다.

- アスレチック(athletic)/アワーグラス(hourglass)/アーミールック(Army look)/エキセントリック(eccentric)/エスニック(ethnic)/オリエンタル (Oriental)/カラーブロック(color-block)/ガーリッシュ(girlish)/キッチュ (kitsch)/クラシック(classic)/コケティッシュ(coquettish)/サイケデリック (psychedelic)/シャビールック(shabby look)/シースルー(see through)/ジ プシー・ルック(gypsy look)/スキニールック(skinny look)/スリット(slit)/ セットアップ(set up)/トライバル(tribal)/トラッド(trad)/ドレスコード(dress code)/ドレスダウン(dress down)/ドローストリング(drawstring)/ニュー・ トラディッショナル(new traditional)/ノスタルジック(nostalgic)/ノーマディッ ク(nomadic)/プレッピー(Preppy)/ポロネック(polo neck)/ミニマム(minimum)/ ミニマル(minimal)/モッズ(Mods)/ユニセックス(unisex)

디테일 테크닉에서 개음절화된 외래어는 다음과 같다.

- ウェルトポケット(welt pocket)/オフショルダー(off shoulder)/オールド ウォッシュ(old wash)/カットワーク(cutwork)/カモフラージュ・プリント (camouflage print)/ガンフラップ(Gun Flap)/キルティング(quilting)/シャー リング(shirring)/ショールカラー(shawl collar)/シーム(seam)/ステンシル (stencil)/スモッキング(smocking)/センタープレス(center press)/タック(tuck)/

タッセル(Tassel)/ダーツ(darts)/トゥーファキャスト(tufa cast)/トリミング(trimming)/ノッチ(notch)/ハイウエスト(High Waist)/バイアスカット(bias cut)/パイピング(piping)/パンチング(punching)/ピークトラペル(peaked lapel)/フリル(Frill)/フルレングス(full length)/ベアトップ(bare top)/ボンディング(bonding)/メッシュ(mesh)/ラペル(lapel)/レリーフ(relief)/ロストワックス(lost wax)

넷째, 촉음 삽입 현상을 살펴보면 다음의 **표 6**과 같다.

▌표 6_ 여성 패션 관련 외래어의 촉음 삽입 현상

	아이템	소재	색채	무늬	스타일 룩	디테일 테크닉	전체
촉음 삽입	42	21	9	5	41	21	139개

표 6을 보면 여성 패션 관련 외래어에서 확인되는 '촉음 삽입 현상'은 무려 139개나 확인되었다. 실제 예를 들면 '아이템'에서는 'Elbow patch'→ '에르보ー・パッチ', '소재'에서는 'upper leather'→ 'アッパー・レザー', '색채'에서는 'acid color→ 'アシッドカラー', '무늬'에서는 'tattersall'→ 'タッタソール', '스타일 룩'에서는 'ethnic'→ 'エスニック', '디테일 테크닉'에서는 'shoulder knot'→ 'ショルダーノッチ'가 확인되었다.

이하 촉음 삽입을 예시하는 예를 더 들어보도록 하겠다. 아이템에서 촉음이 삽입된 외래어는 다음과 같다.

- アームレット(armlet)/エルボー・パッチ(Elbow patch)/カットソー(cut and sewn)/キュロット(culotte)/クラバット(cravat)/クルー・ネック(crew neck)/クロッグ(clog)/クロップドトップス(Cropped tops)/クロップドパン

ツ(cropped pants)/ケリーバッグ(Kelly bag)/ケープレット(capelet)/サックド
レス(sack dress)/サファリジャケット(safari jacket)/スウィングトップ
(swing-top)/スタッズ(studs)/ストローハット(Straw Hat)/スモック(Smock)/
ダイバーズウォッチ(diver's watch)/チュニック(Tunic(tunique))/チュニック
ドレス(tunic dress)/テンガロンハット(ten-gallon hat)/ナポレオンジャケッ
ト(Napoleon jacket)/ノヴァック・バッグ(Novak bag)/フラップ(flap)/フ
ロックコート(frock coat)/ボディバッグ(body bag)/リトルブラックドレ
ス(little black dress)/ロークロッチ(low crotch)/

소재에서 촉음이 삽입된 외래어는 다음과 같다.

- アッパー・レザー(upper leather)/イカット(ikat)/オーガニック・コットン
(organic cotton)/オーストリッチフェザー(ostrich feather)/ガンクラブチェッ
ク(Gunclub check)/キッドスキン(kidskin)/グリッター(glitter)/コットン・ボ
イル(cotton boil)/スウェット(sweat)/チューブ・トップ(tube top)/ヌバッ
ク(nubuck)/バロックパール(baroque pearl)/ピマ・コットン(Pima Cotton)/
ファブリック(fabric)/ベルベット(velvet)/マッキントッシュ(mackintosh)/
マドラスチェック(Madras check)/ルレックス(Lurex)/ワックス(wax)/ワッ
フルクロス(waffle cloth)

색채에서 촉음이 삽입된 외래어는 다음과 같다.

- アシッドカラー(acid color)/アッシュグレー(ash-gray)/アップルグリーン
(apple green)/コニャック(cognac)/テラコッタ(terra cotta)/ポスト・イッ

ト・イエロー(post-it yellow)/ミッドナイトブルー(mid night blue)/ライラック(lilac)/ヴィヴィッド(Vivid)

무늬에서 촉음이 삽입된 외래어는 다음과 같다.

• ギンガムチェック(Gingham Check)/グレンチェック(glen check)/タッタソール(tattersall)/タータンチェック(tartan check)

스타일 룩에서 촉음이 삽입된 외래어는 다음과 같다.

• アウトドアファッション(outdoor fashion)/アスレチック(athletic)/アーミールック(Army look)/エキセントリック(eccentric)/エッグ・ライン(egg line)/カラーブロック(color-block)/ガーリッシュ(girlish)/コケティッシュ(coquettish)/サイケデリック(psychedelic)/ジャッキースタイル(Jackie style)/スリット(slit)/セットアップ(set up)/チュニックライン(tunic line)/チューリップライン(tulip line)/トラッド(trad)/ドレッシー(dressy)/ニュー・トラディッショナル(new traditional)/ノスタルジック(nostalgic)/フラッパー(flapper)/プレッピー(Preppy)/ポロネック(polo neck)/ロールアップ(roll up)

디테일 테크닉에서 촉음이 삽입된 외래어는 다음과 같다.

• エポーレット(Epaulette)/オールドウォッシュ(old wash)/カットワーク(cutwork)/ショルダーノッチ(shoulder knot)/ステッチ(stitchi)/ストーンウォッシュ(stone washed)/スモッキング(smocking)/タッセル(Tassel)/ノッチ(notch)/バックル

(buckle)/バッスル(bustle)/パッチワーク(Patchwork)/ピボットスリーブ
(pivot sleeve)/ベアトップ(bare top)/ホルターネック(halter neck)/ボック
スプリーツ(box pleats)/レーザーカット(laser cut)/ロストワックス(lost
wax)

다섯째, 모음의 일본어화 현상에 대해서 살펴보면 다음의 **표 7**과 같다.

표 7_ 여성 패션 관련 외래어에 나타난 원어 모음의 일본어화 현상

	아이템	소재	색채	무늬	스타일 룩	디테일 테크닉	전체
æ→a	45	13	11	1	17	6	93개
ə→a	34	18	10	2	23	17	104개
ʌ→a	14	5	9	0	5	10	43개
a→a	11	0	1	2	1	5	20개

먼저 '[æ]→[a]'의 변환은 93개, '[ə]→[a]'로의 변환은 104개에 이른다. '[ʌ]→
[a]'는 43개이며, '[a]→[a]'는 20개이다. '[æ]→[a]'의 예로는 'Kelly bag'→ 'ケ
リーバッグ', '[ə]→[a]'의 예로는 'ostrich feather'→ 'オーストリッチフェザー',
'[ʌ]→[a]'의 예로는 'Gunclub check'→ 'ガンクラブチェック', '[a]→[a]'의 예
로는 'tartan check'→ 'タータンチェック'를 들 수 있다. '[a]'에서 '[a]'의 변환
은 변환이라 할 수는 없지만, 변환하지 않는 것도 일본어 외래어음의 특징이
될 수 있으므로 변환으로 간주한다. 이하 예를 좀 더 들어보도록 하겠다.

[æ]→[a]의 변환이다. 이하 아이템에 관련된 외래어만을 예시한다.

• アンフォラパンツ(amphora pants)/エルボー・パッチ(Elbow patch)/クラ

バット(cravat)/グラディエーターサンダル(gladiator sandal)/ストローハット(Straw Hat)/ スパンコール(spangle)/スラックス(slacks)/スリングバックシューズ(sling-back-shoes)/セル・フレーム(Selfram)/ダウンジャケット(Down Jacket)/ナロースカート(narrow skirt)/ナロー・タイ(Narrow tie)/ノヴァック・バッグ(Novak bag)/バニティーケース(vanity case)/バングル(Bangle)/パナマハット(Panama Hat)/フラップ(flap)/ラップドレス(wrap dress)/レターマンジャケット(letterman jacket)

[ə]→[a]의 변환이다. 이하 소재에 관련된 외래어만을 예시한다.

- アッパー・レザー(upper leather)/アンゴラ(angora)/オーストリッチフェザー(ostrich feather)/カシミア(cashmere)/シアサッカー(seersucker)/ジャカード(Jacquard)/ジャージ(jersey)/タンレザー(tan-leather)/ダンガリー(dungaree)/ハリスツイード(Harris Tweed)/バロックパール(baroque pearl)/モヘア(mohair)/リザード(lizard)/レオパード(leopard)

[ʌ]→[a]의 변환이다. 이하 스타일 룩에 관련된 외래어만을 예시한다.

- カラーブロック(color-block)/グランジ(grunge fashion)/パンクファッション(punk fashion)/ミニマム(minimum)/ロールアップ(roll up)

[a]→[a]의 변환이다. 이하 디테일 테크닉에 관련된 외래어만을 예시한다.

- ダーツ(darts)/トゥーファキャスト(tufa cast)/ラグランスリーブ(raglan sleeve)/

ロストワックス(lost wax)

마지막으로 자음의 통합에 대해서 살펴보면 다음의 **표 8**과 같다.

▌표 8_ 여성 패션 관련 외래어에 나타난 자음 통합

	[l]→[r]	[θ]→[s]	[ð]→[z]	[v]→[b]
아이템	46개	0개	0개	6개
소재	36개	3개	5개	5개
색채	24개	1개	0개	3개
무늬	6개	0개	0개	0개
스타일 룩	52개	3개	0개	5개
디테일 테크닉	47개	2개	0개	4개
전체	211개	9개	5개	23개

표 8을 보면 '[l]→[r]'로 통합된 것은 211개이며, '[θ]→[s]'는 9개이다. '[ð] →[z]'는 5개이며 '[v]→[b]'는 23개임을 알 수 있다. '[l]→[r]'의 예로는 'paisley'→ 'ペイズリー', '[θ]→[s]'의 예로는 'athletic→ 'アスレチック', '[ð]→ [z]'의 예로는 'tan leather'→ 'タンレザー', '[v]→[b]'의 예로는 'velours'→ 'ベ ロアー'를 들 수 있다.

지금까지 여성 패션 관련 외래어의 내부구조를 살펴보았다. 그런데 문제는 여성 패션 관련 외래어의 내부구조에서 드러난 양상이 구체적으로 어떠한 연 구적 의의를 지니느냐 하는 것이다. 만약 여기에서 연구가 멈춘다면 본 연구 는 결국 기존의 외래어 연구의 성과를 재확인한 것에 불과한 것이 되고 말 것이다. 물론 여성 패션 관련 외래어에 드러난 내부구조가 일본어 전체 외래어 내부구조 파악에 시사하는 점이 있을 수도 있겠지만 말이다. 예를 들면 어떤 외래어에는 생략 현상이 적용되거나 혹은 되지 않는다든지, 혹은 적용되는 외래어는 왜 적용되며 적용되지 않는 외래어는 왜 적용되지 않는가 하는 것이다. 이 문제에 대해서는 그간 많은 음운론이나 형태론 연구자들이 다루어 왔을 것이므로 본 저자가 더 이상 관여할 여지가 없다고 생각한다. 본 저자는 방향을 틀어서 여성 패션 관련 외래어의 내부구조를 바탕으로 외래어의 사회언어학적 연구 가능성을 모색하고자 하는 데에 그 목적이 있음을 재차 강조한다.

6_ 여성 패션 관련 외래어와 문화인류학

제2절에서 언급한 바와 같이 사회언어학적 연구는 '사회성', '집단성', '변이성', '개방성', '실천성'을 지향하는 데에 그 특징이 있다고 하였다. 이 절에서는 이 가운데에서 개방성에 주목하여 여성 패션 관련 외래어와 문화인류학과의 소통 가능성에 대해서 모색해 보고자 한다.

문화인류학(cultural anthropology)은 문화를 통해 인류를 연구하려는 인류학의 일분야이다. 특정 국가나 국가들간의 사회구조 비교, 언어문화, 자국인과 외국인과의 원활한 의사소통 문제 등이 주요 테마가 될 수 있다. 자국인과 외국인과의 원활한 의사소통 문제가 문화인류학에서 주요 테마가 될 수 있다는 견해는 진노우치(陣內 2007 : 25-26)에 의해서도 지지된다.

외래어의 사용은 당연히 언어문화와 직결이 되는데, 진노우치(陣內 2007 : 3-17)에 의하면 일본인들이 외래어를 보는 시점에는 두 가지가 있다고 한다. 하나는 언어문화론적 관점이고 다른 하나는 언어생활론적 관점이다. 전자의 언어문화론적 관점은 일본어나 일본문화 속에서 외래어가 긍정적인 혹은 부정적인 영향을 미친다는 관점이다. 반면에 후자의 언어생활론적 관점은 의사소통의 마찰이 발생할 경우, 외래어가 그러한 마찰을 어떻게 해결할 수 있느냐는 문제해결적인 문제의식을 지닌 관점이다.

전자의 언어문화론적 관점의 하나로 일본어의 외래어는 중간언어문화라는 관점이 있다. 이 관점의 타당성은 제3절과 제5절에서 확인한 바와 같이 원어와 외래어의 발음과 어형의 차이에서 비롯된 즉 일본어 외래어의 불완전성에서 뒷받침된다. 진노우치(陣內 2007 : 8)에 의하면 이 불완전성에서 상반된 시각이 나타나는데, 하나는 일본인은 외래어를 원어(영어)를 차용해서 만들어진 일본어화한 것이라 보는 반면에, 다른 하나는 외국인은 일본어의 외래어를 일본어의 영어화로 본다는 것이다.

한편 언어생활론적 관점의 하나로 일본어 외래어가 의사소통 문제가 발생할 소지를 안고 있다는 점이다. 외래어가 다양한 분야에서 사용되며 전문용어로 사용되기 때문에 난해하다는 것인데, 궁극적으로 이러한 외래어의 속성은 일본인들끼리의 원활한 의사소통을 저해할 소지를 지닐 수밖에 없다고 진노우치(陣內 2007 : 7)는 지적한다.

이상 본 것처럼 일본어의 외래어는 언어문화론적으로 또는 언어생활론적으로 일본이라는 공간속에서 항상 갈등의 소지를 지니고 있다. 이하의 절에서는 이들 양쪽의 관점으로 제5절에서 분석한 내용을 토대로 논의를 진행하고자 한다. 다만 본 장에서는 언어생활론적이란 관점의 폭을 일본인과 외국인(영어를 모어로 사용하는 사람)과의 의사소통 가능성에 무게를 두고 논의를 진행한다.

1) 언어문화론적 관점

앞서 언급한 바와 같이 언어문화론적 관점을 지닌 일본인은 외래어를 부정적인 혹은 긍정적인 관점을 지니는 사람으로 생각할 수 있는데, 먼저 외래어를 부정적인 관점으로 보는 것부터 살펴보자. 부정적인 관점으로 보는 이유는 다양하겠지만, 순수한 언어학적인(음성학적인) 차원에서 보면 여성 패션 관련 외래어가 다양한 박자수를 가진다는 점 때문에 일본이나 일본문화 속에서 부정적으로 여겨질 가능성이 높다. 그러면 아래의 표 9를 보도록 하자. 아래의 표 9는 여성 패션 관련 외래어가 취하는 박자수를 비율로 나타낸 것이다.

▌표 9_ 여성 패션 관련 외래어의 박자수(%)

	1박	2박	3박	4박	5박	6박	7박	8박	9박	10박	11박	12박
아이템	0	2	6	11	11	25	22	12	5	3	2	1
소재	0	1	16	28	22	13	12	5	1	3	0	0
색채	0	0	13	10	23	23	15	6	8	2	0	0
무늬	0	0	0	0	33	25	25	8	0	8	0	0
스타일룩	0	0	4	16	25	22	15	9	6	1	1	0
디테일 테크닉	0	0	10	18	18	19	18	10	3	3	1	0
전체	0	1	9	17	19	20	17	9	4	3	1	1

표 9에서 4박어가 17%, 5박, 6박, 7박어가 각각 19%, 20%, 17%나 된다. 2박의 예로는 'ジ/レ(gilet)', 3박의 예로는 'カ/ー/キ(khaki)', 4박의 예로는 'ヴィ/ヴィ/ッ/ド(vivid)', 5박의 예로는 'ア/セ/テ/ー/ト(acetate)', 6박의 예로는 'カ/ー/フ/ス/キ/ン(calfskin)', 7박의 예로는 'イ/ン/ト/レ/チャ/ー/ト(intrecciato)', 8박의 예로는 'ア/ル/ス/タ/ー/カ/ラ/ー(ulster color)', 9박의 예로는 'エ/ン/パ/

イ/ア/ウ/エ/ス/ト(empire waist)'을 들 수 있다. 이하 예를 좀 더 들어보도록
하겠다.

3박어로 된 외래어이다. 아이템에 관련된 외래어만을 예시한다.

● カフス/ガウン/クルタ/ケープ/チャーム/ビスチェ/ボレロ/ポンチョ

4박어로 된 외래어이다. 색채에 관련된 외래어만을 예시한다.

● コニャック/コーラル/ネイビー/ボルドー/ヴィヴィッド

5박어로 된 외래어이다. 이하 스타일 룩에 관련된 외래어만을 예시한다.

● エスニック/ガーリッシュ/クラシック/コケティッシュ/シースルー/スピン
ドル/ツーピース/テーパード/テーラード/デコラティブ/トライバル/ド
レッシー/ニュールック/ハイエンド/ビンテージ/フラッパー/プレッピー/
ボヘミアン/ボンデージ/ポロネック/マスキュラン/ミリタリー/ワンショ
ルダー

6박어로 된 외래어이다. 이하 소재에 관련된 외래어만을 예시한다.

● オーガンジー/カーフスキン/キッドスキン/シアサッカー/シルクガーゼ/
シープスキン/ダブルフェイス/チューブ・トップ/テキスタイル/ピマ・
コットン/メリノウール

7박어로 된 외래어이다. 이하 스타일 룩에 관련된 외래어만을 예시한다.

- アーミールック/オーバルライン/カジュアルダウン/カラーブロック/サイケデリック/ショルダー・ライン/ジプシー・ルック/スキニールック/チュニックライン/ナスティ・ファッション/マリンテイスト/リアルクローズ/ロングトルソー

8박어로 된 외래어이다. 이하 디테일 테크닉에 관련된 외래어만을 예시한다.

- アルスターカラー/トリプルステッチ/ドルマンスリーブ/ピボットスリーブ/ボックスプリーツ/ロストワックス/ロープド・ショルダー

박자수가 길수록 비교적 짧은 박을 선호하는 일본인들로서는 긴 박자수를 지닌 외래어의 사용에 불편함을 느낄 것으로 예상되며 결국 일본어나 일본문화 속에서 여성 패션 관련 외래어에 대한 부정적인 관점을 초래할 가능성이 크다고 생각된다.

이러한 본 저자의 견해는 일본어의 어휘(和語·漢語·外来語·混種語)에서 일반적으로 4음절을 취하는 것이 가장 많다는 점에서도 지지된다(cf. 아키모토(秋元 2002 : 51-52)). '촉음'과 '장음', '발음(ん)'과 같은 '특수음'을 따로 인정하는 박자와 달리 이들 특수음을 인정하지 않는 음절이라는 단위로 외래어를 살펴보면 다음의 표 10과 같다.

┃ 표 10_ 여성 패션 관련 외래어의 음절수(%)

	1	2	3	4	5	6	7	8	9	10
아이템	0	6	15	24	21	21	8	2	2	0
소재	0	15	35	25	8	12	3	2	0	0
색채	0	10	23	31	15	10	8	2	0	0
무늬	0	0	0	42	33	8	8	8	0	0
스타일룩	0	4	24	27	25	12	4	2	2	1
디테일 테크닉	0	6	26	23	19	15	5	4	0	0
전체	0	8	23	26	18	15	6	1	1	1

표 10을 보면 3음절, 4음절, 5음절, 6음절어가 각각 23%, 26%, 18%, 15% 나 된다. 큰 비중을 차지하는 3음절과 4음절은 전체의 외래어 중에서 49%나 되지만 그것보다 더 긴 음절어도 42%나 차지한다. 2음절의 예로는 'アー/バン (urban)', 3음절의 예로는 'がー/リッ/シュ(girlish)', 4음절의 예로는 'エ/ス/ ニッ/ク(ethnic)', 5음절의 예로는 'コン/サ/バ/ティ/ブ(conservative)', 6음절의 예로는 'サ/イ/ケ/デ/リッ/ク(psychedelic)', 7음절의 예로는 'プ/レ/キ/シ/ガ/ラ /ス(plexiglas)'를 들 수 있다. 예를 좀 더 들어보도록 하겠다. 이하 2음절부터 6음절 외래어만 예시하겠다.

2음절로 된 외래어는 다음과 같다. 이하 아이템 관련 외래어만 예시한다.

- ガウン/サシェ/チャーム/バーキン/ポンチョ

3음절로 된 외래어는 다음과 같다. 이하 소재 관련 외래어만 예시한다.

- アンゴラ/イカット/オーガンザ/キャメル/キャンバス/キュプラ/ギャバジ

ン/クレープ/グリッター/コーデュラ/コーデュロイ/コードバン/シーチン
グ/ジャカード/スウェット/スエード/タフタ/タンレザー/ダンガリー/ツ
イード/トワール/ナイロン/ヌバック/パイル/ブレード/ブークレ/ヘリン
ボーン/ベロア/ポプリン/メルトン/モスリン/モヘア/ラフィア/リザード/
ワックス

4음절로 된 외래어는 다음과 같다. 이하 색채 관련 외래어만 예시한다.

● アイボリー/アッシュグレー/アースカラー/ガンメタル/サンドカラー/サン
ドベージュ/サーモン・ピンク/セージグリーン/ターコイズ/テラコッタ/
ヌードカラー/バイカラー/フューシャピンク/ライラック/ローズピンク

5음절로 된 외래어는 다음과 같다. 이하 스타일 룩 관련 외래어만 예시한
다.

● アワーグラス/オリエンタル/オーバルライン/カラーブロック/コンサバ
ティブ/コンテンポラリー/サファリ・ルック/ショルダー・ライン/スキ
ニールック/チュニックライン/チューリップライン/デコラティブ/トライ
バル/ドレスコード/ドレスダウン/ナスティ・ファッション/バレルライン
/ボディコンシャス/ユニセックス/ロングトルソー/ヴィクトリアン

6음절로 된 외래어는 다음과 같다. 이하 디테일 테크닉 관련 외래어만 예시
한다.

● アルスターカラー/ウェルトポケット/トロンプルイユ/ドルマンスリーブ/
ハイウエスト/バイアスカット/ピボットスリーブ/ピークトラペル/ボック
スプリーツ/ラグランスリーブ/ロストワックス/ロープド・ショルダー

외래어에 대해 긍정적인 관점을 지니는 사람들은 3음절이나 4음절이 차지
하는 비중이 전체의 49%나 된다는 점에서 외래어 수용에 대해 적극적인 의
사를 가질 것이고, 5음절, 6음절, 7음절의 외래어도 생략이나 어형의 단축을
통해 음절수를 줄이려는 등의 적극적인 노력을 기울이고자 할 것이다. 제3절
과 제5절에서 이미 확인한 바와 같이 외래어의 내부구조가 생략으로 이루어
진 예들이 바로 이러한 노력의 실체를 뒷받침하는 것이다.

2) 언어생활론적 관점

그러면 이번에는 여성 패션 관련 외래어와 외국인(영어를 모어로 하는 외국인)
과의 의사소통 가능성에 대해서 살펴보도록 하자. 그 가능성을 모색하기 위
한 전단계로 제5절에서 분석한 것을 토대로 여성 패션 관련 외래어에 나타난
결과가 궁극적으로 원어가 일본어화한 것인지, 아니면 일본어의 영어화인지
에 대해서 살펴보도록 한다.

아래의 표 11은 여성 패션 관련 외래어에서 생략된 것과 생략되지 않은 것
을 동시에 나타낸 것이다. 음영 표시는 생략이 되지 않은 것을 의미한다.

| 표 11_ 여성 패션 관련 외래어의 생략 양상(갯수)

	{-s} 생략	{-s} 생략	{-'s} 생략	{-ed} 생략	{-ed} 생략	{-ing} 생략	{-ing} 생략	{the} 생략
아이템	2	21	0	2	2	0	3	0

소재	1	1	1	0	0	0	3	0
색채	0	0	0	0	0	0	0	0
무늬	0	1	0	0	0	0	0	0
스타일룩	1	1	0	0	0	0	1	0
디테일 테크닉	0	1	0	2	4	0	8	0
전체	4	25	1	4	6	0	15	0

표 11은 여성 패션 관련 외래어의 내부구조가 생략되어 이루어진 것보다 생략이 되지 않고 이루어진 것이 더 많다는 것을 나타내고 있다. 예를 들어 복수 접미사가 생략된 외래어보다 생략되지 않은 것이 25개로 훨씬 많다. 아포스트로피 {'s}의 생략도 1개에 불과하다. 그리고 과거 접미사가 생략된 외래어가 4개에 불과한 반면, 과거 접미사가 생략되지 않은 외래어가 6개로 오히려 많다는 것을 알 수 있다. 또한 진행형이라는 기능 형태소의 생략은 1건도 보이지 않는 반면에 진행형이 생략되지 않은 외래어가 15개로 훨씬 많다. 정관사의 생략은 단 1건도 보이지 않았다. 복수 접미사가 생략되지 않은 외래어로는 'ダーツ(darts)', 과거 접미사가 생략되지 않은 예로는 'レイヤード(layered)', 진행형이 생략되지 않은 예로는 'キルティング(quilting)'를 들 수 있다. 표 11은 영어 원어민이나 영어를 사용하는 외국인과 일본인들이 서로 의사소통의 가능성이 높다는 것을 시사해 주는 것이다. 그리고 표 11에서 나타난 수치는 여성 패션 관련 외래어가 일본어화한 것도 있지만 대부분 일본어의 영어화라는 사실을 단적으로 나타내 주는 것으로 생각할 수 있다.

이러한 여성 패션 관련 외래어의 언어 현상은 다음의 표 12에서 보듯 원어 일부의 생략의 정도를 확인하는 것에 의해서도 뒷받침된다.

표 12_ 여성 패션 관련 원어 일부의 생략 양상(갯수)

	후반 생략	전반 생략	복합어 생략	생략 없음	총 외래어수
아이템	0	0	1	130	131
소재	1	0	0	101	102
색채	1	0	0	47	48
무늬	0	0	0	12	12
스타일 룩	3	0	2	88	93
디테일 룩	0	0	0	78	78
전체	5	0	3	456	464

표 12를 보면 원어의 후반부가 생략된 것은 5개, 전반 부분이 생략된 것은 1개도 없으며, 복합어가 생략된 것은 3개로 전체 총 외래어 464개 가운데 8건만이 생략되었음을 알 수 있다. 이러한 사실을 통해서도 외국인과 일본인들이 서로 의사소통의 가능성이 높으며 일본어가 영어화한 증거로 생각할 수 있다.

또 다른 증거로 표 13에서 보듯 외래어가 들어간 혼종어가 전체 외래어 중에서 차지하는 비중이 매우 낮다는 사실을 들 수 있다.

표 13_ 여성 패션 관련 외래어가 들어간 혼종어(갯수)

	순수 일본어+외래어	외래어+순수 일본어	한어+외래어	외래어+한어	총 어휘수
아이템	0	0	0	0	131
소재	0	0	0	1	105
색채	0	0	0	0	48
무늬	0	0	0	2	15
스타일 룩	0	0	0	0	93

디테일 룩	0	1	0	5	88
전체	0	1	0	8	480

표 13을 보면 480개의 총 어휘 중에서 외래어가 들어간 혼종어수는 9개에 지나지 않는다. 예를 들어 'ラミネート加工'라는 혼종어는 원어인 'lamination'보다 일본어를 모르는 외국인과의 의사소통 가능성이 훨씬 떨어질 수밖에 없을 것이다. 만약 혼종어의 숫자가 압도적으로 많다면 그것은 원어의 일본어화라고 강력한 증거가 되겠지만, 실제는 그렇지 않다. 따라서 표 13에서 나타난 언어 현상은 여성 패션 관련 외래어가 외국인과의 의사소통 가능성을 높이는 데에 유효하며 결국 일본어의 영어화라는 사실을 강력하게 지지해 주는 것이라 생각할 수 있다.

그러나 문제는 그렇게 간단하지 않다. 다음의 표 14를 보면 원어에 없던 모음이 추가되는 즉 개음절화 현상이 압도적으로 발생하는 것을 볼 수 있다.

▌표 14_ 여성 패션 관련 외래어의 개음절화 양상(갯수)

	아이템	소재	색채	무늬	스타일 룩	디테일 테크닉	전체
개음절화	110	48	24	8	45	46	281
폐음절화	8	24	8	0	15	3	58

표 14에서 말하는 개음절화는 원어에는 모음이 존재하지 않던 예를 들어 'ikat'가 'イカット[ikatto]'와 같이 외래어가 되면서 모음이 추가되는 경우를 말하는 것이다. 한편 폐음절화는 예를 들어 'grosgrain'이 외래어 'グログラン[gɯrogɯraN]'이 되면서 원어의 자음이 외래어가 된 이후에도 그대로 남아 있는 경우이다. 개음절화는 일본어에 있어서 인위적인 것이고, 유표지이며 폐

음절화는 일본어에 있어서 비인위적인 것이며 무표지인 셈이다. 표 14를 통해서 알 수 있는 것은 개음절화를 통해 원어의 음가가 훼손되고 그 결과 외국인과의 의사소통 가능성을 저해할 가능성이 대두될 염려가 있다는 것이다. 이점에 대해서는 후술한다. 따라서 표 14는 일본어의 영어화가 아닌 영어의 일본어화가 매우 활발하게 이루어지고 있다는 것을 나타낸다고 할 수 있다.

또 한 가지 흥미로운 사실은 일본어는 한국어나 영어와는 달리 개음절 구조를 지니면서도 예외적으로 발음(ん)과 촉음(っ)으로 끝을 맺는 폐음절 구조를 허용하는데, 여성 패션 관련 외래어에서는 'グログラン[gɯrogɯraN]'에서 보듯 발음(ん)에 한해서만 폐음절 구조가 허용된다는 사실이다. /-n/으로 끝나는 원어의 경우 외래어가 되어도 발음으로 폐음절화하는 데에 대한 일본인들의 심적 부담이 비교적 덜하기 때문일 것이다.

영어의 일본어화를 지지하는 또 다른 증거가 있다. 다음의 표 15에서 보듯 원어가 외래어가 되면서 촉음이 삽입되는 현상이 전체 464건의 외래어 가운데 142건이나 확인되기 때문이다.

▮표 15_ 여성 패션 관련 외래어에 나타난 촉음 삽입 현상(갯수)

	아이템	소재	색채	무늬	스타일룩	디테일 테크닉	전체
촉음 삽입	42	21	9	5	41	21	142
전체	131	105	48	15	93	88	464

촉음 삽입이 외국인과의 의사소통에 문제가 되는 것은 예를 들어 'baroque pearl'→'バロックパール'에서 보듯 원어에는 없던 촉음이 삽입되기 때문이다. 촉음이 삽입되면서 영어의 일본어화가 일어나버리는 것이다. 이점에 대해서 후술한다.

또 다른 증거로 원어 모음의 일본어화 현상을 들 수 있다. 구체적으로 제시하면 다음의 표 16과 같다.

표 16_ 여성 패션 관련 외래어에 나타난 원어 모음의 일본어화 현상(갯수)

	아이템	소재	색채	무늬	스타일 룩	디테일 테크닉	전체
æ→a	45	13	11	1	17	6	93
ə→a	34	18	10	2	23	17	104
ʌ→a	14	5	9	0	5	10	43
a→a	11	0	1	2	1	5	20

원어의 모음 '[a]'가 외래어에서도 '[a]'가 된 것은 전체 20개에 불과한 반면에(그러므로 이 현상은 무표지라고 할 수 있다.), '[æ]'가 '[a]'가 된 것은 93개, '[ə]'가 '[a]'가 된 것은 104개, '[ʌ]'가 '[a]'가 된 것은 43개나 된다(그러므로 이 현상들은 유표지라고 할 수 있다.). 원어 모음의 이러한 일본어 현상은 일본어 모음에 '[æ], [ə], [ʌ]'가 존재하지 않기 때문에 일어나는 필연적인 현상이라고 할 수 있지만, 분명 외국인과의 의사소통에 문제가 되며 나아가 영어의 일본어화를 보여주는 결정적인 증거라고 할 수 있다. 이점에 대해서는 후술하겠다.

마지막 증거로 아래의 표 17과 같은 일본어 자음의 통합 현상을 들 수 있다.

표 17_ 여성 패션 관련 외래어에 나타난 일본어 자음 통합 양상(갯수)

종류	[l]→[r]	[r]→[r]	[θ]→[s]	[s]→[s]	[ð]→[z]	[z]→[z]	[v]→[b]	[b]→[b]	[v]→[v]
회수	211	144	9	203	5	54	23	65	5

표 17을 보면 알 수 있듯이 '[l]→[r]'로 통합되는 외래어는 무려 211건에

이른다. '[θ]→[s]'로 통합되는 외래어는 9건, '[ð]→[z]'로 통합되는 외래어는 5건, '[v]→[b]'로 통합되는 외래어는 23건이나 확인된다. '[r]→[ɾ]'로 통합되는 외래어는 무표지이지만, '[l]→[ɾ]', '[θ]→[s]', '[ð]→[z]', '[v]→[b]'로 통합되는 외래어는 원어의 자음들이 일본어에 존재하지 않으므로 모두 유표지이다. 이들 유표지적 현상은 분명 외국인과의 의사소통에 문제가 되며, 영어의 일본어화를 단적으로 말해준다고 할 수 있다.

3) 의사소통 가능성의 모색

앞의 2)에서는 기능 형태소의 생략, 전후반부의 생략, 혼종어의 일부가 되는 정도가 여성 패션 관련 외래어에서 지극히 낮다는 점에서 일본인과 외국인(미국인)과의 의사소통 가능성이 높으며 일본어의 영어화가 진전되고 있다는 사실을 확인할 수 있었다.

그러나 이와는 반대로 개음절화, 촉음 삽입, 원어 모음의 일본어화, 원어 자음의 일본어 자음화라는 현상을 통해 일본인과 외국인(미국인, 영국인)과의 의사소통에 지장이 초래될 가능성이 높으며 이는 영어의 일본어화를 지지하는 결정적인 증거가 된다고 본 저자는 지적하였다.

여기에서 중요한 것은 이러한 특성들을 지니는 일본어의 외래어가 인류의 의사소통 가능성을 탐구하는 문화인류학적 연구 과제와 소통이 가능하냐라는 점일 것이다. 이를 알아보기 위해 본 저자는 저자가 근무하는 학교에 유학 온 영국 유학생(영어영문학과 1학년, 20세, 부친은 영국인, 모친은 한국인, 한국어 말하기와 독해가 매우 낮은 단계임)에게 몇 가지 판정을 의뢰했다. 즉 ①원어-개음절화된 외래어, ②원어-촉음이 삽입이 된 외래어, ③원어-원어 모음이 일본어화된 외래어, ④원어-일본어 자음으로 통합된 외래어를 2번씩 들려주고 그 의미를 맞히도록 하였다. 구체적으로 말하면 첫 번째는 그 유학생이 영어 원어를 보지 않은 채 외래어음을 들려주고 그 의미를 맞히도록 하였고, 두 번째는 그 유학생이 원어를 보면서 본 저자가 외래어를 들려주고 해당 외래어와 원어가 동일한지 여부를 유학생이 대답하는 방식을 취했다.

먼저 원어-개음절화된 외래어에서 소통 가능성을 살펴본 결과, 유학생은 외래어의 발음을 듣고 원어의 의미를 맞히지 못했을 뿐만 아니라, 원어와의 동일성을 인정하지도 않았다. 이는 해당 단어를 사용하는 원어민과 외래어를 사용하는 일본인과의 의사소통이 불가능하다는 것을 말해 주는 것이다. 아래의 '×'표시는 외래어의 발음을 듣고 원어의 의미를 맞히지 못했을 뿐만아니라, 외래어와 원어와의 동일성도 인정하지 않았다는 것을 의미한다(이하 동일).

표 18_ 원어-개음절화된 외래어의 의사소통 가능성

원어	외래어	1회 청취	2회 청취
cowhide	カウハイド	×	×
camel	キャメル	×	×
lizard	リザード	×	×
waffle cloth	ワッフルクロース	×	×
patch work	パッチワーク	×	×

둘째, 원어-촉음이 삽입된 외래어에서 알아본 소통 가능성은 다음과 같다.

표 19_ 원어-촉음이 삽입된 외래어의 의사소통 가능성

원어	외래어	1회 청취	2회 청취
buckle	バックル	×	×
bustle	バッスル	×	×

pivot sleeve*	ピボットスリーブ	×	×
mesh	メッシュ	×	×
organic cotton	オーガニックコットン	○	○

　원어-촉음이 삽입된 외래어에서는 'organic cotton'을 제외하고는 소통 가능성은 거의 불가능하다는 사실을 알 수 있었다. 'pivot sleeve'는 영어이긴 하지만 우리가 한국어 사전에 있는 한국어 단어의 의미를 알지 못하는 것이 있듯이, 유학생이 해당 단어의 의미를 처음부터 알지 못한다고 대답하였기 때문에 소통 가능성을 측정하는 재료로써는 부적합하다고 할 수 있겠다.

　셋째, 원어-원어 모음이 일본어화된 외래어와의 의사소통 가능성을 살펴보면 다음과 같다.

▍표 20_ 원어-원어 모음이 일본어화된 외래어의 의사소통 가능성

원어	외래어	1회 청취	2회 청취
bamboo	バンブー	○	○
fabric	ファブリック	×	×
mohair*	モヘアー	×	×
leopard	レオパード	×	×
Gunclub check*	ガンクラブチェック	×	×
dungaree	ダンがりー	×	○

　유학생은 'mohair'와 'Gunclub check' 자체를 모른다고 대답하였기 때문에 원어와 외래어와의 소통 가능성을 묻는 재료로는 처음부터 부적절한 것이었다. 한편 'fabric'과 'leopard'는 외래어와의 소통 가능성이 불가능한 반면에, 'bamboo'는 소통이 가능한 것을 확인할 수 있었다. 'dungaree'는 비록 1회 청

취시에는 그 의미를 몰랐으나 원어를 보고서는 해당 원어의 의미를 인정하였기 때문에 소통 가능성이 있는 것을 확인할 수 있었다.

마지막으로 원어와 일본어 자음화된 외래어와의 소통 가능성은 다음과 같다.

▌표 21_ 원어-일본어 자음화된 외래어의 소통 가능성

원어	외래어	1회 청취	2회 청취
ivy	アイビー	×	○
oval line	オーバルライン	×	×
athletic	アスレチック	×	○
see through	シースルー	×	○
liberty print	リバティプリント	×	○
color block	カラーブロック	×	×
tan-leather	タンレザー	×	×
feather	フェザー	×	×

위의 표 21에서 알 수 있듯이 2회 청취에 한해서 [v]→[b], [θ]→[s], [l]→[r]로 변환된 외래어에 한해서는 소통 가능성이 있음을 확인할 수 있다. 반면에 [ð]→[z]로 변환된 외래어에 대해서는 소통 가능성이 없다는 사실을 확인할 수 있다.

표 18-표 21의 결과를 통해서 한 가지 결론을 내릴 수 있을 것으로 생각된다. 그것은 일본인에게 있어서 외래어가 원어(영어)를 차용해서 만들어진 일종의 일본어화된 것이라는 관점이 타당하다는 것이다. 만약 원어민들의 논리대로 일본어의 외래어가 일본어의 영어화로 보아야 한다면 표 18-표 21에서 나타난 현상을 제대로 설명할 수 없기 때문이다. 그래도 의사소통의 가능

성을 제고해 주는 것은 제5절에서 지적한 바와 같이 생략 현상이 여성 패션 관련 외래어에서 거의 나타나지 않았다는 사실일 것이다.

　지면 관계상 심도 있는 논의는 어려울 것이라 생각되지만, 원어와 외래어의 이러한 의사소통의 불가능성을 해소하기 위한 방안으로 대략 두 가지를 고려해 볼 수 있다. 하나는 여성 어휘 패션 업계에 종사하는 일본인과 원어민(미국인, 영국인) 중에서 원어민에게 일본어 외래어 특징을 교육시키는 것이다. 예를 들면 'cowhide'와 같이 원어에는 없는 모음이 외래어가 되면 반드시 모음이 추가된다는 것을 원어민에게 주지시키는 것이다.

　다른 하나는 일본인에게 정확하게 원어 발음을 교육하는 것이다. 일본어에 존재하지 않는 예를 들어 [v], [θ], [l], [ð]를 정확하게 발음하도록 하는 것이 무리일 수도 있지만, 최근의 음성학의 발달로 인해 이들 문제점은 충분히 해결될 수 있으리라 본다.

7_ 나오는 말

　본 장에서는 여성 패션에 관련한 일본어 외래어의 음성학적, 형태론적 특성을 고찰하였다. 그 결과 기능 형태소의 생략이 일어나고 있으며, 원어의 일부가 생략된 형태로 외래어가 성립하며, 외래어가 혼종어가 되기도 하며, 원어에는 없던 개음절화 현상, 촉음 삽입 현상, 원어 모음의 일본어화 현상, 자음 통합 현상이 발생하고 있음을 확인할 수 있었다. 그리고 박자수를 기준으로 5박, 6박, 7박을 지닌 외래어가 많으며, 음절수를 기준으로 5음절, 6음절과 같은 비교적 길이가 긴 외래어가 많다는 사실을 확인할 수 있었다. 그러나 일본어 외래어에 대한 이러한 음성학적, 형태론적 고찰은 이미 많이 행해져 왔으며 그 자체 신선한 학문적 담론을 다루고 있다고는 생각하기 어렵다.

사정이 이러함에도 불구하고 본 연구가 일궈낸 학문적 성과를 요약하면 대략 두 가지로 요약할 수 있다. 하나는 외래어의 음성학적, 형태론적 연구에 대한 공헌 가능성이다. 기존의 외래어 연구에서는 기능 형태소의 생략이 외래어에서 나타난다는 것을 지적하고 있지만, 그것은 마치 외래어 전반에서 반드시 발생하는 현상인 것처럼 주장되어 왔다. 그러나 본 장에서 확인된 것처럼, 여성 패션 관련 외래어에서는 원어의 기능 형태소와 원어 일부가 생략되는 경우보다 오히려 생략이 안 되는 경우가 많다는 것을 확인할 수 있었다. 물론 어떠한 원어가 외래어가 되면서 기능 형태소 혹은 원어 일부가 생략되는지 혹은 생략되지 않는지에 대해서는 금후 심도 있는 연구가 이루어져야 할 것이다. 또한 기존의 외래어 연구에서는 외래어가 혼종어가 되는 사실을 다루고 있지만, 여성 패션 관련 외래어에서는 외래어가 혼종어가 되지 않는 경우가 훨씬 많다는 것이다. 그리고 기존의 연구에서 지적된 개음절화 현상, 촉음 삽입 현상, 원어 모음의 일본어화 현상, 일본어 자음 통합 현상이 여성 패션 관련 외래어에서도 많이 나타난다는 것이다. 기존의 외래어 연구 방식이라면 음성학적, 형태론적 현상이 여성 패션 관련 외래어에서도 예외 없이 나타났어야 했다.

다른 하나는 본 연구의 사회언어학적인 연구에 대한 공헌 가능성이다. 외래어의 사회언어학적 연구는 제6절에서 언급한 바와 같이 언어문화론적 관점과 언어생활론적 관점이 중심축을 이룬다. 본 장에서 밝혀진 언어문화론적 관점은 여성 패션 관련 외래어에서 일본어에서 많이 나타나는 4박어와 4음절어보다 더 많은 박자수와 음절수가 보인다는 점에서 여성 패션 관련 외래어에 대한 일본인들의 부정적인 관점을 심화시킬 수 있다는 것이다. 그러나 생략을 통해서 긴 박자어와 음절어를 4박어와 4음절화할 수 있는 방법이 있으므로 여성 패션 관련 외래어에 대한 부정적인 관점을 어느 정도 해소할 수 있는 가능성은 항상 열려 있다고 하겠다. 다른 한편으로 언어생활론적 관점에서 여성 패션 관련 외래어를 보면 원어(영어)의 일본어화 혹은 일본어의 원어(영어)화라는 상반된 관점이 동시에 존재한다는 것을 알 수 있었다. 원어의 기능 형태소 생략, 원어 일부의 생략, 원어의 혼종어화 등은 그 수치가 미미하다는 점에서 일본어의 원어화(영어화)라는 관점이 우세해지는 반면에, 여성 패션 관련 외래어의 개음절화, 촉음의 삽입, 원어 모음의 일본어 모음화, 일본어 자음 통합 현상은 모두 원어의 일본어화라는 관점을 뒷받침하는 것이다. 원어의 일본어화는 의사소통 가능성을 추구하는 문화인류학의 사명에 분명 위배되는데, 그것은 원어민의 판정을 통해서도 충분히 입증할 수 있었다. 의사소통의 가능성은 원어민의 일본어 외래어에 대한 이해를 통하든가, 아니면 일본인의 원어에 대한 발음을 교정하는 것에 의해서 비로소 실현될 수 있다는 점을 본 저자는 강조하였다.

이러한 모든 현상은 일본어의 여성 패션 관련 외래어가 원어의 일본어화를 지향하는 것과는 별도로 원어민과의 의사소통 가능성을 지향하는 일본어의 원어화라는 모순된 면을 내포하기 있기 때문에 나타나는 것으로 어느 쪽을 지향하는가는 당연히 일본인들의 몫이다.

참고문헌

가와구치 사치코(川口さち子 2003a)외, 『上級の力をつける 聴解ストラテジー』(上), 凡人社.

가와구치 사치코(川口さち子 2003b)외, 『上級の力をつける 聴解ストラテジー』(下), 凡人社.

각켄 붓슈 지넨히로코(カッケンブッシュ知念寛子 2008), 「外来語研究の視点」, 『日本語教育と 音声』, くろしお出版.

고쿠리쓰고쿠고겐큐죠(国立国語研究所 1995), 『外来語形成とその教育』, 大蔵省印刷局.

기다마리(木田真理)・고다마 야스에(児玉安恵)・나가사카 미아키(長坂水晶 2009), 『国際交流 基金 日本語教授法シリーズ 5-話すことを教える』, ひつじ書房.

김효경(金孝卿)・마쓰우라 도모코(松浦とも子)・야나시마 후미에(梁島史恵 2010), 『国際交流 基金 日本語教授法シリーズ 8-書くことを教える』, ひつじ書房.

니홍고교이쿠각카이(日本語教育学会 1995a), 「第4章運用能力の育成-聞く力」, 『タスク日本語 教授法』, 凡人社.

니홍고교이쿠각카이(日本語教育学会 1995b), 「第4章運用能力の育成-話す力」, 『タスク日本語 教授法』, 凡人社.

니홍고교이쿠각카이(日本語教育学会 1995c), 「第4章運用能力の育成-書く力」, 『タスク日本語 教授法』, 凡人社.

니홍고교이쿠각카이(日本語教育学会 1995d), 「第4章運用能力の育成-読む力」, 『タスク日本語 教授法』, 凡人社.

민광준(2010), 『일본어 음성학 입문』, 건국대학교 출판부.

사쿠마 에이(佐久間英 1972), 『日本人の姓』, 六芸書房.

쓰다 다케시(津田武 1988), 『カタカナ語新辞典』, 旺文社.

아베요코(阿部洋子)・기타니 나오유키(木谷直之)・야나시마 후미에(梁島史恵 2008), 『国際交 流基金 日本語教授法シリーズ 7-読むことを教える』, ひつじ書房.

아즈마 기요히코(あずまきよひこ, 2001), 『あずまんが大王①』, 角川書店.

아키모토 미하루(秋元美晴 2007), 『이해하기 쉬운 語彙』, 語文学社.

야스이 이즈미(安井泉 2010), 『ことばから文化へ』, 開拓社.

양민호(梁敏鎬 2009), 『外来語の受容に関する日韓対照研究』, 東北大学大学院博士学位論文.

요코야마 노리코(横山紀子 2008), 『国際交流基金 日本語教授法シリーズ5-聞くことを教える』, ひつじ書房.

임현하(2003), 『게임을 활용한 고등학교 일본어 교과서 어휘지도법 연구』, 계명대학교 교육 대학원 일어교육전공, 석사학위논문.

진노우치 마사다카(陳内正敬 2007), 『外来語の社会言語学』, 世界思想社.

천유진(千侑珍 2008), 『外来語の使用意識に関する研究』, 韓国慶北大学校教育大学院碩士論文.

천호재(2009), 『일본어 학습에 대한 의식』, 한국문화사.

천호재(2011a), 『일본의 옛날이야기 20선』, 인문사.

천호재(2011b), 「제3장 패션 관련 생활문화를 활용한 일본어교육의 가능성과 연구 방법」, 『인 터넷 기반 일본어교육의 가능성과 연구 방법』, 한국문화사.

천호재(2011c), 「제4장 동영상 자료를 활용한 일본어교육의 가능성과 연구 방법」, 『인터넷 기반 일본어교육의 가능성과 연구 방법』, 한국문화사.

천호재(2012a), 「제2부 교실활동 단계 제14장 듣기지도」, 『일본어 교육론』, 어문학사.

천호재(2012b), 「제2부 교실활동 단계 제15장 말하기지도」, 『일본어 교육론』, 어문학사.

천호재(2012c), 「제2부 교실활동 단계 제16장 읽기지도」, 『일본어 교육론』, 어문학사.

천호재(2012d), 「제2부 교실활동 단계 제17장 쓰기지도」, 『일본어 교육론』, 어문학사.

천호재(2012e), 「제2부 교실활동 단계 제18장 복합적인 교실활동」, 『일본어 교육론』, 어문학사.

천호재(2013), 『언어의 이해』, 어문학사.

천호재(2014a), 「오야지 개그(おやじギャグ)의 언어적 고찰」, 『日語日文学』 61, pp.123-139, 대한일어일문학회.

천호재(2014b), 「일본어 외래어의 사회언어학적 연구」, 『日本文化研究』 50, pp.347-367, 동아 시아일본학회.

천호재·윤명옥(2011), 『문화 콘텐츠를 활용한 일본어 교수법』, 도서출판 책사랑.

천호재·윤주희(2011a), 「제2부 제2장 사진교재를 활용한 교실활동 방안」, 『일본어 교재론』, 제이앤씨.

천호재·윤주희(2011b), 「제2부 제3장 사진교재를 통해서 본 일본의 이미지와 일본어교육 방안」, 『일본어 교재론』, 제이앤씨.

천호재·이은선(2010), 『일본어교육의 다각적 연구 방법을 위한 다양한 시론』, 한국문화사.

최광준(2012), 『일본문화의 이해』, 신라대학교 출판부.

하가 야스시(芳賀綏 1976), 『社会の中の日本語』, 大修館書店.

부록

제4부의 오야지 개그와 외래어 분석의 투명성을 높이기 위해서 관련된 자료를 부록의 형태로
공개한다.

1 본서에서 분석한 오야지 개그 자료

- シャッター押ししゃった〜
- お皿をさらった
- 屋上に置くじょ
- 苦心の屈伸
- 囲いが格好いい
- タンスとダンス
- 海岸で開眼
- ましなマシーン
- 仏像をぶつぞ〜
- 傷に気付いた
- 地蔵の事情
- オラのおなら
- お頭かしら
- あっしの足
- 商いは飽きない
- メガネに目がねぇ
- 雇用して来よう

- ガムを嚙む
- 投資の見通し
- おっちゃんのお茶
- お金はおっかねぇ
- 車が来るまで
- 私用にしよう
- 通過待ちでつ〜かれた
- カードで買うど
- メダルをねだる
- ホントのフォント
- ボールをほうる
- 斎藤のサイト
- 汗に焦った
- あくせくアクセス
- 切手を切って
- 火曜に通う
- 電話に出んわ

- 英会話習ってもええかい
- 久留米のグルメ
- ま～どんなマドンナ
- カナダからだな
- ギターが来たー
- 台湾に行きたいわん
- 四郎を知ろう
- インドにいるど
- 国会はどこっかい
- ドイツ人はどいつだ
- 内臓がないぞ～
- イランはいらん
- 腸が超痛い
- オランダはオランだ
- 歯痛で吐いた
- スイスにスイスイ
- ネコが寝込んだ
- 靴がくっついた
- 犬が居ぬ
- 黄色を着ぃろ
- ラクダは楽だ
- コーデネイトはこ～でねぇと
- 牛がうっしっし
- 住まいは汚すまい
- 猿が去る
- 家だイエ～ィ
- オットセイを落っとせい

- 家具をかぐ
- イルカはいるか
- 棚には困ったな
- 虫は無視
- ベットは別途お求め下さい
- 蚕を解雇
- カーテンには勝て～ん
- ある日のアヒル
- 布団がふっ飛んだ
- 象だぞう
- 枕で真っ暗
- 近所の金魚
- きちんとしたキッチン
- イカはいっか
- 正直な掃除機
- ヘビーな蛇
- 夫はおっとっと
- クジラのくじだ
- おやじのおじや
- 時計はほっとけぃ
- 母さんには貸さん
- 可憐なカレンダー
- 私のタワシ
- 土曜に動揺
- 椅子はいいっス
- 坊ちゃんがボッチャン
- 仏はほっとけ

- 畑ではたけ
- 惰性はダセー
- コンニャクは今夜食う
- 専用にはせんよ～
- レバー食べれば～
- あくまで悪魔
- タラも食べたら
- 封筒をふぅ～と
- クサヤはくさいや
- レストランは決めとらん
- たいした鯛だ
- 最後は最高
- 慰安旅行でいや～ん
- あたいの値
- 筑波着くまで
- 産婆のサンバ
- ボートにおう吐
- ダラスのガラス
- シラフのシラク
- 昨日の機能
- オードリーの盆踊りぃ
- 丈夫なびょうぶ
- ドジャースはどーじゃ？
- おかんの悪寒
- グランプリは知らんぷり
- 重大な十代
- 内緒はないっしょ

- 導火線をどーかせんと
- 予定によってぇ
- たわわなバナナ
- 秘書と避暑
- アメは甘めぇ
- 運良く混浴
- ウメは旨めぇ
- ホテルでほてる
- カレーはかれぇ
- 宴会やってもええんかい？
- コショウ少々
- けったいな接待
- パスタはパスだ
- 快調な会長
- モーレツなオムレツ
- ついたてについた手
- そばのソバ屋
- ネタは寝たまま
- ドジョウをどうじょ
- わたくし支度し
- ハダカのメダカ
- モノレールで戻れ～る？
- ハマチハウマッチ
- わたくしはタクシーで
- ツチノコうちの子
- 見上げた土産
- ネズミのイレズミ

- ふらちなプラチナ
- ラッコを抱っこ
- 店頭で転倒
- タコをはたこう
- ダサイの下さい
- ヤモリは森へ
- スイカ安いか
- コウモリの子守
- ゴジラはこちら
- けなげな枝毛
- コアラの小ワザ
- コンセントは何セント？
- 僕らはモグラ
- 肩凝るカタログ
- 哲也が徹夜
- 灯りのありか
- あっしは敦史
- 火サスでさす傘
- 太郎がしたろう
- 歯科医の司会
- 次郎がジロ〜
- 入れ歯がいれば
- 英雄のビデオ
- バシッと抜歯
- 佐藤が殺到
- 痛いと言いたい
- 加藤に勝とう

- サイコの細工
- 道子の小道
- こん棒を梱包
- 太志のシフト
- 丸見えのマロニエ
- 転職で天職
- ライバルのララバイ
- ハッタリで貼ったり
- ベランダのベテラン
- 熱帯夜でも寝たいや
- タバコの小箱
- 渡したタワシ
- 道路で労働
- 屋根はや〜ね〜
- 隊長の体調
- 御用邸のご予定
- モットーを持とう
- 総統卒倒
- 兵庫の標語
- ウルグアイで売る具合
- 市長の主張
- ツタンカーメンの仮面
- 村長を尊重
- オーメンのお面
- 先代は仙台
- 怨念がおるねん
- 鞍馬の枕

- 妖怪に用かい？
- スイッチを押す位置
- ネスケですけぇ
- 内容がないよ〜
- カッターを買ったぁ
- ラブレターが破れたぁ
- コンセントはこうせんと
- シャイな社員
- ナイスな椅子
- 支社の使者
- 新しいのがあったらしい
- 転勤の転機
- 惑星はくせえ
- 本格な本宅
- 木星もくせえ
- 妾と出かけ
- まさかマッカーサー
- はとバスは飛ばす
- 野暮な野望
- 失踪しそう
- ウランは売らん
- でか目のメダカ
- まっとうな的
- ワカメは噛め
- 理不尽な貴婦人
- ユーカリのゆかり
- ヨルダンは夜だ

- モダンな旦那
- 昼間はビルマ
- もてるモデル
- 常夏のココナツ
- 機内で着ないで
- ハバナのバナナ
- 半纏が反転
- ハイチのライチ
- タオルを折る
- 南国で何個食う
- ものぐさな百草
- チリの地理
- 師匠が失笑
- 今世紀の痕跡
- ランナーはいらんなぁ
- 遺跡が移籍
- バッターがバタっ
- 天才の祭典
- ピッチャーがピチャ
- あんさんのアンサー
- ショートが賞取る
- 私の証
- 館内がわかんない
- 板垣の下書き
- 球場の窮状
- 三分で散文
- でまかせで負かせ

- 道場に同情
- おニューなメニュー
- 卓球で脱臼
- シャーベットがしゃべるとぉ
- 結構な石膏
- マスターが騙すた〜
- 陶芸の送迎
- 薬のリスク
- ダイハツで配達
- 新郎の心労
- 今夜は本屋
- 新婦の新譜
- 胃炎で言えん
- 嫁は読めん
- ドナルドが怒鳴るど
- 姫の運命
- コックさんは国産
- 甥の気負い
- 奥さんも国産
- 丹念に三年
- 伴さんの晩餐
- 総理の草履
- おだしをお出し
- だっせーセーター
- メインは言えん
- タガログのカタログ
- 松茸を待つだけ

- 変人が返信
- 舞茸に参ったっけ
- 高井が打開
- ダンサーの番さぁ
- ショートで消灯
- 若人のレコード
- 停電してんでぇ
- カセットがセット
- ライトが暗いと
- データが出たぁ
- 化粧を消そう
- サンプルを散布
- 隣人の人参
- メモでもめても
- 由縁は言えん
- 麻生を探そう
- ニワトリ二羽捕れ
- 氷の小売
- カルガモを飼うかも
- デカンターが出たんだぁ
- シマウマをしまうな
- カウンターが浮かんだぁ
- 公開を後悔
- たかりを語り
- 漫画は我慢
- 厚揚げをカツアゲ
- ジョッキーのチョッキ

- アサリを漁り
- ガンバ～レのファンファーレ
- 鎖がグサリ
- マラカスで笑かす
- リゾートでリゾット
- スイマーの睡魔
- マイアミ　まあイヤミ
- マスカラ貸すから
- アリゾナにありそぅな
- あいつのアイス
- リスの居留守
- 天丼食べんどん
- カリブ海を借りるかい
- 弁当に返答
- カリフォルニアで借りとる庭
- 神田が噛んだ
- アカプルコでバカぶる子
- 結構なコケコッコー
- ワイフの財布
- 内輪のうちわ
- 事前に慈善
- 竹は高けぇ
- 朝顔を朝買おう
- 桶を置け
- メモリーの目盛り
- 回覧板が帰らんわん
- 地下室に理科室
- カステラを出す寺
- 屋上に牧場
- 食べかけの壁掛け
- 迂闊な部活
- ようかんはよう噛んで
- ヨーデルはよう出る
- 無頼漢のフライパン
- 指揮者は識者
- 掟を置きてぇ
- 森のお守り
- ワンタンが満タン
- 要人の用心
- お徳用置いとくよぉ
- 粗大ゴミの醍醐味
- 売りかけのふりかけ
- 財津の座椅子
- 真田のサラダ
- 勝司の活字
- レンコンの怨恨
- めざしは目覚まし
- 怨霊の音量
- 温かいタイあったかい？
- スピーカーはすっぴんかぁ
- 前田の前歯
- スキャナー好きゃなぁ
- 今度は近藤
- アダプターであたふた

- 二十歳代の二次災害
- 見せかけの店だけ
- レンジを展示
- お隣にお泊まり
- クーラー売るわぁ
- オハイオでおはよう
- 選択肢は洗濯機
- マンハッタンで何しはったん
- 洗剤が潜在
- ニューヨークで入浴
- 水道安いどう
- フロリダで風呂煮た
- 印鑑に引火
- ハリウッドで針売るど
- 滝田氏の炊き出し
- テキサスで敵意出す
- 御食事券の汚職事件
- ペンシルバニアで演じるマニア
- 巡査の順さ
- イリノイの義理の甥
- 千両を占領
- セントルイスの銭湯居留守
- ビデオで見てよ
- インディアナがいいんだなぁ
- 修司の習字
- デトロイトでトロイどぉ
- 書道の衝動

- ラスベガスで貸すべからず
- 雅楽の科学
- ギャンブラーのタンブラー
- インカの印鑑
- ボトルは踊る
- 退屈な採掘
- バーテンダーやってんだぁ
- アテネで会ってね
- 開けかけの酒だけ
- アルマーニじゃあるまいに
- おかわりのこだわり
- 今週の恩讐
- 飲んだくれを呼んでくれ
- 症状の賞状
- 酒浸りで叫びたい
- 新年会のチンゲン菜
- 過失で脱出
- 白菜は臭い
- 出口で愚痴る
- 出前の前で
- 公費でコーヒー
- 布巾の付近
- 弁解やめんかい
- 板わさが入ったわさ
- 私的に指摘
- めぼしい梅干
- 親切な新説

- 椎茸をしいたげ
- 机に付く絵
- 栄養がええよ～
- 加賀は画家
- 貴殿の秘伝
- 池田が行けた
- 厳寒の玄関
- 安藤が感動
- 玄界灘の限界だな
- どうした大下
- 河口を下降
- 五郎のフォロー
- 怒涛のトド
- 内藤がいないとぉ
- カンガルーも考える
- 宮下逃がした
- 公道で行動
- 無粋な臼井
- 公衆の講習
- 井上の身の上
- 改札で挨拶
- 賢作の検索
- 場末の罵声
- 某氏の帽子
- 程々の報道
- 忠則がタダ乗り
- 懸賞を検証

- 機内で着ないで
- 億ションのオークション
- 戦車の洗車
- 現金は厳禁
- トラベル比べる
- 会社内で返さない
- ラベルで調べる
- デパートでパート
- アラスカで荒らすか
- 百貨店の落下点
- モロッコのトロッコ
- マダガスカル島でまだ助かるどう
- 専務を兼務
- イタリアに行ったりや
- 次長が自重
- ルーマニアで売るマニア
- 打算は出さん
- シューベルトがするベルト
- 委員長の委任状
- ガラクタのキャラクター
- 名士の名刺
- トンチキな探知機
- 銅像をどうぞ
- イカルスが怒るっす
- 破門の波紋
- 正直な掃除機
- 性急な請求

- 素朴な土木
- 父さんの倒産
- 向こうは無効
- 余生は寄席へ
- 参事の賛辞
- 伝統の電灯
- 三項を参考
- 近郊の均衡
- 園児のベンチ
- 保安官の不安感
- 生姜臭せえ小学生
- 商家を消火
- お汁粉を知る子
- 民宿でひんしゅく
- 餅つきで落ち着き
- 番台で万歳
- 頑固な団子
- 普段寝るフランネル
- なるとに成ると
- カーニバルで兄いばる
- なるべく食べるべく
- 童謡に動揺
- 閑職の間食
- 晩夏の挽歌
- 夏季の牡蛎
- 草刈ったら臭かった
- 不屈な腹痛
- 凡才の盆栽
- 内科は無いか？
- みんなで見んな
- 管理職の肝移植
- 引用してもいいんよう
- 副社長は複写中
- おしまいに押すまい

❷ 본서에서 분석한 패션 관련 용어 자료

아이템

- アンフォラパンツ(amphora pants)
- アームレット(armlet)
- アーム・ロング(arm long)
- イブニングドレス(evening dress)
- エスパドリーユ(espadrille)
- MA-1(MA-1)
- エルボー・パッチ(elbow patch)
- エンパイアドレス(Empire dress)
- オーバーコート(overcoat)
- オールインワン(all-in-one)

- カクテルドレス(cocktail dress)
- カクテル・ドレス(cocktail dress)
- カットソー(cut and sewn)
- カフス(cuffs)
- カマーバンド(cummerbund)
- カメリア(camellia)
- カーゴパンツ(cargo pants)
- ガウン(gown)
- キャミソール(Camisole)
- キュロット(culotte)
- クラバット(cravat)
- クリノリン(crinoline)
- クルタ(kurta)
- クルー・ネック(crew neck)
- クロッグ(clog)
- クロップドトップス(cropped tops)
- クロップドパンツ(cropped pants)
- グラディエーターサンダル
  (gladiator s andal)
- ケリーバッグ(Kelly bag)
- ケーブル・ニット(cable stich)
- ケープ(cape)
- ケープレット(capelet)
- コートドレス(coat dress)
- サシェ(sachet)
- サックドレス(sack dress)
- サファリジャケット(safari jacket)
- サブリナ・パンツ(Sabrina pants)
- サルエルパンツ(sarrouel pants)
- サンドレス(sun dress)
- シアリング・コート(shearing coat)
- シフトドレス(shift dress)
- シャツドレス(shirt dress)
- シュミーズドレス(chemise dress)
- ジャンプスーツ(jump suit)
- ジレ(gilet)
- スウィングトップ(swing-top)
- スカーフ(scarf)
- スキニージーンズ(skinny jeans)
- スキニーデニム(skinny denim)
- スタッズ(studs)
- ステンカラーコート(soutien collar coat)
- ストローハット(straw hat)
- スヌード(snood)
- スパンコール(spangle)
- スペンサージャケット(Spencer jucket)
- スポーツウェア(sports wear)
- スモック(smock)
- スモーキング(smoking)
- スラックス(slacks)
- スリップ・ドレス(slip dress)
- スリッポン(slip-on)
- スリングバックシューズ
  (sling-back-shoes)

- スワガーコート(swagger coat)
- セル・フレーム(selfram)
- センタープレスパンツ(center press pants)
- タイトスカート(tight skirt)
- タキシード(tuxedo)
- ダイバーズウォッチ(diver's watch)
- ダウンジャケット(Down Jacket)
- ダッフルコート(duffel coat)
- ダブルブレスト(double-breasted)
- チェスターコート(chester coat)
- チェスターフィールドコート(chesterfield coat)
- チャイナドレス(mandarin gown)
- チャーム(charm)
- チュニック(tunic(tunique))
- チュニックドレス(tunic dress)
- チョーカー(choker)
- ティアードスカート(tiered skirt)
- ティアード・ワンピース(tiered-one-piece)
- ティペット(tippet)
- テンガロンハット(ten-gallon hat)
- テーパード・パンツ(tapered pants)
- トラウザー(trousers)
- トートバッグ(totebag)
- ドロワーズ(drawers)
- ナポレオンジャケット(Napoleon jacket)
- ナロースカート(narrow skirt)
- ナロー・タイ(narrow tie)
- ノヴァック・バッグ(Novak bag)
- バイカージャケット(biker jucket)
- バギーパンツ(baggy pants)
- バニティーケース(vanity case)
- バブルドレス(bubble dress)
- バミューダ(Bermuda)
- バングル(bangle)
- バーキン(birkin)
- パナマハット(Panama Hat)
- パネルスカート(paneled skirt)
- パラソル・スカート(parasol skirt)
- パンタロン(pantaloons)
- ビスチェ(bustier)
- Pコート(pea coat)
- フラップ(flap)
- フレアスカート(flare skirt)
- フレアパンツ(flare pants)
- フレグランス(fragrance)
- フロックコート(frock coat)
- ブルゾン(blouson)
- プルオーバー(pullover)
- ベビードール(baby doll)
- ペグトップパンツ(pegtop pants)
- ペチコート(petticoat)
- ペンシルスカート(pencil skirt)

- ホルタードレス(holter dress)
- ボタンダウン(button down)
- ボディバッグ(body bag)
- ボレロ(Bolero)
- ボンバージャケット(bomber jucket)
- ボーイフレンドデニム
  (boyfriend denim)
- ポンチョ(poncho)
- マイクロミニ(micro mini)
- モッズコート(mods coat)
- モーターサイクルジャケット
  (motorcycle jucket)
- モーニングコート(morning coat)
- ライダース・ジャケット

- (Ryders jucket)
- ラップドレス(wrap dress)
- ラップパンツ(wrap pants)
- ラップ・スカート(lap skirt)
- リジッドデニム(rigid-denim)
- リップド・ジーンズ(ripped jeans)
- リトルブラックドレス
  (little black dress)
- ルダンゴート(redingote)
- レターマンジャケット
  (letterman jacket)
- ロークロッチ(low crotch)
- ローブ・デコルテ(robe décolletée)
- ワイドパンツ(wide pants)

소재

- アセテート(acetate)
- アッパー・レザー(upper leather)
- アルパカ(Alpaca)
- アンゴラ(angora)
- イカット(ikat)
- ウレタン樹脂(urethane)
- ウール(wool)
- オーガニック・コットン
  (organic cotton)
- オーガンザ(organza)
- オーガンジー(organdie)

- オーストリッチフェザー
  (ostrich feather)
- カウハイド(cowhide)
- カシミア(cashmere)
- カツラギ(drill)
- カーフスキン(calfskin)
- ガンクラブチェック(Gunclub check)
- キッドスキン(kidskin)
- キャメル(camel)
- キャンバス(canvas)
- キュプラ(cuprammonium rayon)

- ギャバジン(gabardine,gaberdine)
- クレープ(crepe)
- グログラン(Grosgrain)
- グリッター(glitter)
- コットン・ボイル(cotton boil)
- コーデュラ(cordura)
- コーデュロイ(corduroy)
- コードバン(cordovan)
- ゴブラン・プリント(gobelin print)
- サテン(satin)
- シアサッカー(seersucker)
- シアリング(searing)
- シェットランドウール(shetland wool)
- シフォン(chiffon)
- シャンタン(shantung)
- シルクガーゼ(silk gauze)
- シーチング(sheeting)
- シープスキン(sheep skin)
- ジャカード(Jacquard)
- ジャージ(jersey)
- ジュート(jute)
- スウェット(sweat)
- スエード(suede)
- タフタ(taffeta)
- タンレザー(tan-leather)
- ダイヤモンドパイソン(diamond python)

- ダブルフェイス(double face)
- ダンガリー(dungaree)
- 千鳥格子(Hound's Tooth)
- チューブ・トップ(tube top)
- ツイード(tweed)
- テキスタイル(texstyle)
- ディアスキン(deer skin)
- トワール(toile)
- ナイロン(nylon)
- ヌバック(nubuck)
- ネオプレン(neoprene)
- ハウンドトゥース(Hound's Tooth)
- ハリスツイード(Harris Tweed)
- バロックパール(baroque pearl)
- バンブー(bamboo)
- パイル(pile)
- パテントレザー(patent leather)
- 平織(Plain Weave)
- ビジュー(bijou)
- ビスコース(Viscose)
- ピマ・コットン(Pima Cotton)
- ピーブイシー(PVC)
- ファブリック(fabric)
- フェザー(Feather)
- フランネル(flannel)
- ブレード(blade)
- ブロケード(brocade)

- ブロークンツイル(Broken Twill)
- ブロードクロス(broadcloth)
- ブークレ(bouclé)
- プレイド(plaid)
- プレキシガラス(PLEXIGLAS)
- プレシャスストーン(Precious Stone)
- ヘリンボーン(herring bone)
- ベルベット(velvet)
- ベロア(velours)
- ポプリン(poplin)
- マイクロファイバー(microfiber)
- マッキントッシュ(mackintosh)
- マテリアル(material)
- マドラスチェック(Madras check)
- ムートン(mouton)
- メリノウール(merino wool)
- メルトン(melton)
- モスリン(muslin)
- モヘア(mohair)
- ラフィア(raffia)
- ラムスキン(rum skin)
- リザード(lizard)
- リネン(linen)
- リブ(rib)
- ルレックス(Lurex)
- レオパード(leopard)
- レース(lace)
- レーヨン(rayon)
- ローデン(roden)
- ワックス(wax)
- ワッフルクロス(waffle cloth)
- イールスキン(eel skin)

색채

- アイボリー(ivory)
- アシッドカラー(acid color)
- アッシュグレー(ash-gray)
- アップルグリーン(apple green)
- アースカラー(earth color)
- インディゴ (indigo)
- イヴ・クライン・ブルー(Yves Klein Blue)
- エクリュ(ecru)
- オフホワイト(off-white)
- カーキ(khaki)
- ガンメタル(gunmetal)
- グラファイト(graphite)
- コニャック(cognac)
- コーラル(coral)
- サフラン・イエロー(saffron yellow)
- サンドカラー(sand color)
- サンドベージュ(sand beige)

- サーモン・ピンク(salmon pink)
- ジェイドグリーン(jade-green)
- スノーホワイト(snow white)
- セージグリーン(sage green)
- タンジェリン(tangerine)
- ターコイズ(turquoise)
- ダルトーン(dull tone)
- チャコールグレー(charcoal gray)
- ツートーン(two tone)
- テラコッタ(terra cotta)
- トリコロールカラー(tricolour color)
- トープ(taupe)
- ヌードカラー(nude color)
- ネイビー(navy)
- バイカラー(bi-color)
- パステルカラー(pastel color)

- フォレストグリーン(forest-green)
- フューシャピンク(fuchsia pink)
- ペールトーン(pale tone)
- ボトルグリーン(bottle green)
- ボルドー(Bordeaux)
- ポスト・イット・イエロー(post-it yellow)
- マスタードイエロー(mustard yello)
- マルチカラー(multi-color)
- ミッドナイトブルー(mid night blue)
- モノクローム(monochrome)
- モノトーン(mono tone)
- モーブ(mauve)
- ライラック(lilac)
- ローズピンク(rose pink)
- ヴィヴィッド(Vivid)

무늬

- アラン模様(Aran pattern)
- アーガイル(Argyle)
- ウィンドーペーン(window pane)
- 鹿の子(Kanoko)
- ギンガムチェック(Gingham Check)
- グレンチェック(glen check)
- ストライプ(stripe)
- タッタソール(tattersall)
- タータンチェック(tartan check)

- チョークストライプ(chalk stripe)
- ノルディック柄(Nordic)
- ハウスチェック(house check)
- フェアアイル柄(fair isle)
- プリンス オブ ウェールズ(Prince of Wales)
- ペイズリー(paisley)
- モノグラム(monogram)
- リバティプリント(Liberty print)

스타일 룩

- アイビー(Ivy)
- アウトドアファッション
  (outdoor fashion)
- アスレチック(athletic)
- アメカジ(American Casual)
- アメトラ(American Traditional)
- アメリカンカジュアル
  (American Casual)
- アメリカントラディショナル
  (American Traditional)
- アワーグラス(hourglass)
- アーバン(urban)
- アーミールック(Army look)
- エキセントリック(eccentric)
- エスニック(ethnic)
- エッグ・ライン(egg line)
- Aライン(A-LINE)
- オリエンタル(Oriental)
- オーバルライン(oval line)
- カジュアルダウン(casual down)
- カラーブロック(color-block)
- ガーリッシュ(girlish)
- キッチュ(kitsch)
- クラシック(classic)
- グランジ(grunge fashion)
- コクーン(cocoon)
- コケティッシュ(coquettish)

- コロニアルスタイル(colonial style)
- コンケーブ(concave)
- コンサバティブ(conservative)
- コンテンポラリー(Contemporary)
- サイケデリック(psychedelic)
- サファリ・ルック(safari style)
- シャビールック(shabby look)
- ショルダー・ライン(shoulder line)
- シースルー(see through)
- ジプシー・ルック(gypsy look)
- ジャッキースタイル(Jackie style)
- スキニールック(skinny look)
- スピンドル(spindle)
- スポーティ(sporty)
- スリット(slit)
- セットアップ(set up)
- チュニックライン(tunic line)
- チューリップライン(tulip line)
- ツーピース(two piece)
- テーパード(Tapered)
- テーラード(tailored)
- デコラティブ(decorative)
- トライバル(tribal)
- トラッド(trad)
- トラペーズライン(trapeze line)
- ドレスコード(dress code)

- ドレスダウン(dress down)
- ドレッシー(dressy)
- ドローストリング(drawstring)
- ナスティ・ファッション (nasty fashion)
- ニュー トラ(new traditional(和製造語))
- ニュールック(new look)
- ニュー・トラディッショナル (new traditional)
- ネービールック(navy look)
- ノスタルジック(nostalgic)
- ノーマディック(nomadic)
- ハイエンド(High end)
- バルーン・シルエット (ballon silhouette)
- バレルライン(barrel silhouette)
- パンクファッション(punk fashion)
- ビッグルック(big look)
- ビンテージ(vintage)
- フェミニン(feminine)
- フォルム(forme)
- フォークロア(folklore)
- フラッパー(flapper)
- フレンチカジュアル(french casual)
- プレッピー(Preppy)

- ボックスシルエット(box silhouette)
- ボディコンシャス(body-conscious)
- ボヘミアン(Bohemian)
- ボンデージ(bondage)
- ポロネック(polo neck)
- マキシ(maxi)
- マスキュラン(masculin)
- マスキュリン(masculine)
- マニッシュ(manish)
- マリンテイスト(marine taste)
- マリン・ルック(marine look)
- ミニマム(minimum)
- ミニマル(minimal)
- ミリタリー(military)
- モッズ(Mods)
- モンドリアンルック(mondrian look)
- ユニセックス(unisex)
- ヨーロピアンカジュアル (european casual)
- リアルクローズ(real clothes)
- ロングトルソー(long torso)
- ロールアップ(roll up)
- ワンショルダー(one shoulder)
- ワークルック(work look)
- ヴィクトリアン(Victorian style)

디테일 테크닉

- アシンメトリー(asymmetry)
- アルスターカラー(ulster collar)
- アンコンストラクテッド (unconstructed)
- インターシャ(intarsia)
- イントレチャート(intrecciato)
- ウイングカラー(wing collar)
- ウェルトポケット(welt pocket)
- エポーレット(Epaulette)
- エンパイアウエスト(Empire Waist)
- エンボス加工(Emboss)
- オパール加工(opal finishing)
- オフショルダー(off shoulder)
- オールドウォッシュ(old wash)
- カットワーク(cutwork)
- カモフラージュ・プリント (camouflage print)
- ガンフラップ(Gun Flap)
- キルティング(quilting)
- ゴージライン(gorge line)
- サテン仕上げ(Satin Finish)
- サルトリア(sartoria)
- シャーリング(shirring)
- ショルダーノッチ(shoulder knot)
- ショールカラー(shawl collar)
- シーム(seam)

- ステッチ(stitchi)
- ステンシル(stencil)
- ストーンウォッシュ(stone washed)
- スモッキング(smocking)
- 製品染め(garment dye)
- センタープレス(center press)
- 側章(side stripe)
- タック(tuck)
- タッセル(Tassel)
- ダーツ(darts)
- チンツ加工(chintz finish)
- テクスチュア(texture)
- テンプル(temple)
- テーラリング(tailoring)
- デヴォラ(dévorer)
- トゥーファキャスト(tufa cast)
- トリプルステッチ(triple stitch)
- トリミング(trimming)
- トグルボタン(toggle button)
- トレーン(train)
- トロンプルイユ(trompe-l'oei)
- ドルマンスリーブ(dolman sleeve)
- ドレープ(drape)
- ドロップショルダー(drop sholder)
- なめし(tan)
- ニドム加工(processing with a Nidom

machine)

- ニードルパンチ(needle punch)
- ノッチ(notch)
- ノースリーブ(no sleeve)
- ハイウエスト(High Waist)
- ハイゲージ(High Gauge)
- ハイブリッド(hybrid)
- バイアスカット(bias cut)
- バックル(buckle)
- バッスル(bustle)
- パイソン(Python)
- パイピング(piping)
- パッチワーク(Patchwork)
- パフスリーブ(puff sleeve)
- パンチング(punching)
- ピボットスリーブ(pivot sleeve)
- ピークトラペル(peaked lapel)
- フリル(Frill)
- フリンジ(fringe)
- フルレングス(full length)
- フレア(flare)
- フローラル(floral)
- プリーツ(pleat)
- ベアトップ(bare top)
- ベルスリーブ(bell sleeve)
- ペイズリープリント(paisley print)
- ペプラム(peplum)

- ホルターネック (halter neck)
- ホルターネックトップ(holter neck strap)
- ボックスプリーツ(box pleats)
- ボンディング(bonding)
- マクラメ(macrame)
- マリンストライプ(marine stripe)
- メッシュ(mesh)
- ラグランスリーブ(raglan sleeve)
- ラッフル(ruffle)
- ラペル(lapel)
- ラミネート加工(lamination)
- 立体裁断(Three-dimensional cutting)
- レイヤード(layered)
- レリーフ(relief)
- レーザーカット(laser cut)
- ロストワックス(lost wax)
- ローゲージ(low guage)
- ロープド・ショルダー (roped shoulder)